助力中国企业走向“一带一路”

蓝迪国际智库报告

2016 下册

A COMPANION FOR CHINESE COMPANIES TO THE BELT AND ROAD INITIATIVE

RDI ANNUAL REPORT 2016

荣誉主编 王伟光
主　　编 赵白鸽 蔡 昉
副 主 编 王 镭 王灵桂 朱晓进

中国社会科学出版社

下册目录

第一部分

蓝迪国际智库专家委员会
名单及简历

蓝迪国际智库专家委员会由外交与国际政治、法律政策、可持续发展、宏观经济、金融、企业管理、社会民生、历史文化等各个重要领域的著名专家学者和企业精英组成，共同参与蓝迪国际智库的决策和发展。

全国人大常委会委员、外事委员会副主任委员，中国社会科学院蓝迪国际智库项目专家委员会主席赵白鸽任蓝迪国际智库专家委员会主席；中国社会科学院副院长蔡昉任专家委员会副主席。

蓝迪国际智库专家委员会委员 60 人，包括专家学者、企业专家和行业专家。

专家学者 33 人（按姓氏拼音排序，下同）：

蔡建华、常修泽、陈东晓、迟福林、贺文萍、黄平、金鑫、李绍先、李希光、李向阳、李永全、刘世锦、卢山、吕祥、穆显奎、潘家华、沙祖康、孙玉清、孙壮志、王镭、王灵桂、王荣军、王文、王益谊、王玉主、吴崇伯、杨光、翟崑、张丽娜、张兴凯、张宇燕、郑功成、智宇琛。

企业专家 16 人：

刁志中、郭家学、黄代放、李仙德、刘家强、卢朋、谭晓东、童亚辉、王济武、王伟兴、文剑平、武钢、袁宏永、袁建民、詹斑、赵明。

行业专家11人：

陈锋、陈新发、房秋晨、胡卫平、柯志华、李爱仙、刘宗德、吕红兵、王大宁、王丽、邢军。

赵白鸽（专家委员会主席）
Baige ZHAO

全国人大常委会委员、外事委员会副主任委员
中国社会科学院蓝迪国际智库项目专家委员会主席

赵白鸽，现任全国人大常委会委员，全国人大外事委员会副主任委员，中国社会科学院蓝迪国际智库领导小组副组长、专家委员会主席，红十字会与红新月会国际联合会副主席，国家气候变化专家委员会委员，国家行政学院兼职教授，中国外交学会常务理事。

赵白鸽1989年获英国剑桥大学博士学位。1989—1994年，赵白鸽任上海科学院计划生育科学研究所所长，并担任世界卫生组织合作中心主任，世界卫生组织亚太区专家委员会成员，在此期间完成了一系列新药研究与开发工作。

1994—1998年，赵白鸽担任中国国家科委生命科学技术发展中心（美国）主任，成功地完成了海外专家委员会的建立，国家中医药现代化重大项目的国际推介、融资、注册等工作，推动一批中国医药企业走向国际。

1998—2011年，赵白鸽担任国家人口计生委副主任，积极参与制定国家人口发展战略，积极推进人口领域改革、优质服务和计划生育政策的调整完善，推动科研、技术和产业结合，加强南—南合作与南—北对话，成功获得国际社会对中国人口项目的支持。她参加哥本哈根联合国气候变化大会，提出将人口问题纳入应对气候变化的综合方案。曾担任国际人口方案管理委员会主席，世界家庭联盟亚太区副主席等职务。

2011—2014 年，赵白鸽担任中国红十字会常务副会长，并当选红十字会与红新月会国际联合会副主席，负责协调亚太地区（包括中东、太平洋岛国等地区）事务，积极应对国际人道主义危机，开展冲突和灾害管理，成功组织了应对菲律宾海燕台风、缅甸北部难民、四川雅安地震等的人道救援工作。

2013 年至今，赵白鸽作为全国人大常委会委员、外事委员会副主任委员，担任中英议会交流机制主席、中国—南非议会交流机制常务副主席，是全国人大对英国等欧洲 8 国、对非洲 15 国的双边友好小组组长。通过开展与外国议员交流，促进全国人大与外国议会交流，2015 年被选为亚洲议会大会经济委员会主席。

2015 年，赵白鸽被聘为中国社会科学院蓝迪国际智库领导小组副组长、专家委员会主席，组织了蓝迪国际智库重大项目的研究工作，启动了“一带一路”中巴经济走廊和中国—伊朗、中国—哈萨克斯坦、中国—印度尼西亚合作的相关工作，组建了助推企业走出去的服务团队，为“一带一路”建设发挥了示范作用。

赵白鸽是中国共产党第十四次、第十七次、第十八次全国代表大会代表，上海市三八红旗手标兵、先进科技工作者和 20 世纪 80 年代全国优秀研究生。

蔡昉（专家委员会副主席）
Fang CAI

全国人大常委会委员、农业与农村委员会委员
中国社会科学院副院长，党组成员
中国社会科学院蓝迪国际智库项目专家委员会副主席

蔡昉，现任全国人大常委会委员，全国人大农业与农村委员会委员，中国社会科学院副院长、党组成员。

蔡昉1976年参加工作，1982年毕业于中国人民大学农业经济系，获经济学学士学位。1985年毕业于中国社会科学院研究生院，获经济学硕士学位，1989年获经济学博士学位。1985年以来，曾任中国社会科学院农村发展研究所助理研究员、副研究员，并任研究室主任。1993年被评为研究员后，调任中国社会科学院人口研究所副所长并兼任中国社会科学院研究生院人口学系主任，1998年起任中国社会科学院人口与劳动经济研究所所长，博士生导师，并任《中国人口科学》杂志主编。

2008年3月任全国人大常委、农业与农村委员会委员，兼任中国人口学会和中国农业经济学会副会长、农业部软科学委员会委员、劳动与社会保障部专家委员会委员等。2014年8月任中国社会科学院副院长、党组成员。

著有《中国的二元经济与劳动力转移——理论分析与政策建议》《十字路口的抉择——深化农业经济体制改革的思考》《穷人的经济学》和《中国劳动力市场发育与转型》等，合著《中国的奇迹：发展战略与经济改革》和《中国经济》等，主编《中国人口与劳动问题报告》系列、《中国经济转型30年》等。

蔡昉曾获1998年度国家级“有突出贡献的中青年专家”称号，2003年被7部委授予出国留学人员杰出成就奖，是第四届中国发展百人奖获得者，第四届中国农村发展研究奖获得者，被评选为“影响新中国60年经济建设的100位经济学家”之一。2009年2月8日，与谭崇台、吴敬琏、刘遵义、姚洋、胡必亮等学者，获第二届张培刚发展经济学研究优秀成果奖。

一　专家学者（以姓氏拼音首字母为序）

蔡建华
Jianhua CAI

国家卫生计生委干部培训中心党委书记，副主任

蔡建华，现任国家卫生计生委干部培训中心党委书记，副主任。

蔡建华自复旦大学生物系毕业后，在上海市计划生育科研所从事计划生育药物的研发组织工作，并参与世界卫生组织合作项目；之后在上海市科委工作，担任上海市科委发展计划处处长、科技成果奖励办公室主任，负责并组织上海科技规划制定、科技政策研究、研究资源分配、科技成果评价和科技产业推进等工作，设计相关科研专项，推动科技公共服务平台建设；筹建了上海新药研究开发中心，并以此作为上海生物医药产业发展的平台，在上海张江高科技园区开展建设。

2005—2009 年任中国生殖健康家庭保健培训中心主任，同时兼任人口与发展南南合作伙伴组织中国办事处主任，组织开展了人口领域的南南合作工作，开发了生殖健康咨询师国家职业。

2009—2015 年任国家人口计生委培训交流中心副主任、主任，从事人口计生系统干部队伍能力建设，组织出国团组培训，开展了婴幼儿早期发展项目。

自 2015 年 10 月起，在合并之后的国家卫生计生委干部培训中心（党校）担任党委书记、副主任（副校长），负责研究工作和项目合作。

常修泽
Xiuze CHANG

国家发展和改革委员会宏观经济研究院教授

常修泽，现任国家发展和改革委员会宏观经济研究院教授、博士生导师，清华大学中国经济研究中心研究员，兼任中国经济学术基金（香港）学术委员会副秘书长，香港亚太法律协会产权顾问等。

常修泽教授长期在南开大学经济研究所和国家宏观经济研究机构从事经济理论与经济决策研究。历任南开大学经济研究所副所长、国家计委（国家发改委）经济研究所常务副所长、国家发展和改革委员会学术委员会委员等职。

常修泽教授长期致力于制度经济学领域人的发展理论、广义产权理论和中国转型理论的研究。著有《人本体制论》《广义产权论》《包容性改革论》等学术理论著作，被学界称为中国“人的发展经济学领军人物之一”和“对产权问题素有研究的经济学家”。其理论贡献被收入《中国百名经济学家理论贡献精要》第2卷。

常教授主持完成的重点科研项目《建立比较完善的社会主义市场经济体制若干重要问题研究》（为中共十六大报告起草工作提供的内部研究报告）等三项成果，曾分获国家发展和改革委员会优秀科研成果一等奖（2000，2004，2005）。

常教授是1949—2009年《中国百名经济学家理论贡献精要》入选者，美国传记研究中心和英国剑桥国际传记中心出版的《国际名人录》入选者，近年多次应邀到海外讲授其“人本体制论”“广义产权论”和“中国第三波转型理论”，是享受国务院特殊津贴专家。

陈东晓
Dongxiao CHEN

上海国际问题研究院院长

陈东晓，现任上海国际问题研究院院长，中国国际关系学会副会长，研究员，博士生导师。外交部国际经济司咨询专家，东盟地区论坛（ARF）专家名人小组（EEP）中方专家，曾担任联合国经社理事会可持续发展系统改革（2016）高级别独立顾问组（ITA）专家。

陈东晓毕业于复旦大学国际政治系，法学博士，1990年8月参加工作，1996—1997年间以客座研究员身份在日本国际问题研究所访学。主要从事中国外交、中美关系、联合国集体安全机制等领域的研究，曾主持国家社科基金、中外办、外交部、财政部和国台办等数十项课题。2012 年入选上海市领军人才。

陈东晓主要著述包括《全球安全治理与联合国安全机制改革》等。他也是《国际展望》和 *China Quarterly of International Strategic Studies*（*CQISS*）的主编。

陈东晓是上海市政协委员，政协对外友好委员会副主任，并担任上海市长国际企业家咨询会议（IBLAC）中方顾问，上海市外办及上海市台办咨询专家等职务。

迟福林
Fulin CHI

中国（海南）改革发展研究院院长，研究员
全国政协委员

迟福林，现任中国（海南）改革发展研究院院长，首席研究员，博士生导师。兼任中国经济体制改革研究会副会长、中国行政体制改革研究会副会长。海南省人民政府咨询顾问、上海市人民政府决策咨询特聘专家。国家行政学院、中国井冈山干部学院、北京大学、浙江大学、东北大学等多家高等院校的特聘教授，是第十一届、十二届全国政协委员。

迟福林 1968—1976 年在沈阳军区技术侦察支队任宣传干事；1977—1984 年在国防大学政治部任宣传干事、马列主义基础教研室教员（其中 1978—1979 年在北京大学国际政治系学习）；1984—1986 年在中央党校理论部攻读硕士学位；1986—1987 年在中央政治体制改革研讨小组办公室工作；1988—1993 年任海南省委政策研究室和海南省体制改革办公室的主要负责人，主持两个机构全面工作；1991 年至今历任中国（海南）改革发展研究院常务副院长、执行院长、院长。

迟福林多年致力于经济转轨理论与实践研究，围绕我国改革开放进程中的重大经济、社会问题，在政府转型和基本公共服务均等化等多方面进行深入研究。在上述研究领域，共出版包括《转型抉择》《市场决定》《改革红利》《第二次改革》等中英文专著 40 余本，公开发表学术论文 800 余篇，主笔或主持研究形成研究报告 70 余本，提交了大量政策建议报告，在决策和实践层面产生了积极影响。

迟福林曾获得“全国五个一工程”“孙冶方经济科学论文奖”“中国发展研究奖”等研究奖项，享受国务院特殊津贴。2002 年被中组部、中宣部、国家人事部和国家科学技术部联合授予“全国杰出专业技术人才”荣誉称号，2009 年入选“影响新中国 60 年经济建设的 100 位经济学家”。

贺文萍
Wenping HE

中国社会科学院西亚非洲研究所首席研究员

贺文萍，现任中国社会科学院西亚非洲研究所首席研究员。

贺文萍自 2004 年以来任中国社会科学院西亚非洲研究所博士生导师、研究员，国务院政府特殊津贴待遇专家，中国亚非学会、中国非洲问题研究会和中国亚非交流协会常务理事，中国国际问题研究基金会非洲研究中心研究员、中国经济社会理事会中国—非洲经济技术合作委员会专家顾问、中非工业合作发展论坛专家顾问、察哈尔学会高级研究员。

贺文萍是南非斯泰伦博什大学中国研究中心客座研究员以及世界经济论坛（非洲）全球议程委员会委员（2009—2011）。印度非洲研究学会*Africa Review*学术期刊国际编委；并应邀担任新华社、中国国际电台《环球资讯》国际时事特邀评论员，以及中央电视台英语频道评论嘉宾。曾赴美国耶鲁大学、英国伦敦大学、瑞典北欧非洲研究所、德国发展研究所以及巴西金砖国家研究中心做访问学者。2007年受美国国务院邀请为“国际访问者计划”访问学者。2016年2月受法国外交部邀请为“国际精英计划”访问学者。此外，多次赴美、英、德、挪威、瑞典、南非、肯尼亚、埃塞俄比亚等国访问和参加国际学术会议。

贺文萍主要研究领域为非洲政治、中非关系、非洲国际关系和南南合作等。主要著作和论文有：《非洲国家民主化进程研究》（专著）、《南非政治经济的发展》（合著），论文“大国在非洲的卷入”“国际格局转换与中非关系”“非洲对外政策和中非关系”以及英文论文*The Balancing Act of China's Africa Policy*，*“All-weather Friend”*：*The Evolution of China's African Policy*，*China's Perspective on Contemporary China-Africa Relations*，*Overturning the Wall*：*Building Soft Power in Africa*，*The Darfur Issue*：*a New Test for China's Africa Policy*及*China's Aid to Africa*：*Policy Evolution*，*Characteristics and its Role*等200多篇中英文论文、研究报告及评论。

黄平
Ping HUANG

中国社会科学院欧洲研究所所长，研究员

黄平，现任中国社会科学院欧洲研究所所长，兼任中国与中东欧智库网络秘书长、中国社科院世界政治研究中心主任、台港澳研究中心主任，并担任中华美国学会会长、中国国际关系学会副会长、中国世界政治研究会副会长、全国港澳研究会副会长、中国人民对外友协理事、外交学会理事。

黄平1991年毕业于伦敦经济学院，获社会学博士学位。历任中国社会科学院社会学研究所副所长、国际合作局局长、美国研究所所长。期间曾当选联合国教科文组织（UNESCO）社会转型管理政府间理事会副理事长（1998—2002）、教科文组织重大科学项目国际评审委员（2003—2005）、国际社会科学理事会副理事长（2004—2006）和国际社会学会副会长（2002—2012）。

黄平在社会发展、人口流动、城乡关系、中美关系、中欧关系、全球化、中国道路、现代性等领域有长期的专门研究，出版过《寻求生存》《未完成的叙说》《误导与发展》《与地球重新签约》《公共性的重建》（上、下）、《中国农民工反贫困》（中英文）、《西部经验》《乡土中国与文化自觉》《梦里家国：社会发展，全球化，中国道路》《华侨华人在中国软实力建设中的作用》《中国与全球化：华盛顿共识还是北京共识?》，*China Reflected* 等著作，翻译过《现代性的后果》《亚当·斯密在中国》等重要著作，在《中国社会科学》《社会学研究》《人口研究》《欧洲研究》发表过论文，在英、美、法、荷、日、越、泰、印等国发表过文章，并担任过《读书》杂志的执行主编（1996—2006），他也是《社会蓝皮书》最早的核心组成员并担任过副主编，曾任《美国研究》和《美国蓝皮书》主编，现为《欧洲研究》《欧洲蓝皮书》主编，*The British Journal of Sociology*，*Current Sociology*，*Comparative Sociology*，*Sociology of Development*，*Global Social Policy* 等国际著名学术刊物的国际编委。

黄平在布鲁塞尔、巴黎、北京等地组织过四届有中欧领导人出席的“中欧文化高峰论坛”，在华盛顿、伦敦等地举办过“中国社会科学论坛”等国际问题圆桌或高端对话，负责过国家社科基金、中央部委委托课题、联合国粮农组织、教科文组织、欧盟等委托的课题。黄平任总策划的作品多次获得过国家“五个一”工程奖和“飞天”一等奖；他也是国家“四个一批”和哲学社会科学领军人才，享受国务院特殊津贴专家。

金鑫
Xin JIN

中共中央对外联络部当代世界研究中心主任
“一带一路”国际智库合作联盟秘书长

金鑫，现任中共中央对外联络部当代世界研究中心主任，“一带一路”国际智库合作联盟秘书长。同济大学、兰州大学兼职教授，全国青联委员，中国国际法学会理事，教育部区域和国别研究评审专家，国家社会科学基金评审专家。

金鑫先后就读于兰州大学历史系、中国社会科学院研究生院世界经济与政治研究系、中欧国际工商学院、南开大学周恩来政府管理学院国际政治系，高层管理人员工商管理硕士、法学博士，研究员。2003—2004 年，在英国剑桥大学国际问题研究中心做访问学者。先后任中联部国际信息中心副处长，中联部办公厅秘书二处处长，当代世界出版社副社长，《当代世界》杂志总编辑，当代世界研究中心参赞，安徽池州市委常委、副市长。

金鑫长期从事国际问题研究，先后参与中央马克思主义理论研究与建设工程、中央党建课题、国家社科基金项目、中国社科院和中联部重大课题的研究工作，在国家核心期刊和有关部委内部刊物发表论文和内部报告上百篇，出版著作 9 部，有多篇论文在全国和省部级成果评比中获奖，有多篇调研报告受到中央领导和有关部门的好评。专著《中国问题报告》曾被评为“2001 年度全国十部有影响的著作”“2004 年度全国十大政经图书”。《世界问题报告》获评“全国优秀畅销书奖”。《中国民族问题报告》以其对涉疆涉藏等问题的预测性分析和前瞻性思考受到学界和中央有关部门的好评。“一带一路”倡议提出以来，金鑫同志牵头组织撰写的一批相关调研报告受到中央领导同志的肯定性批示。

李绍先
Shaoxian LI

宁夏大学中国阿拉伯研究院院长，研究员

李绍先，中国著名中东问题专家，现任宁夏大学中国阿拉伯研究院院长，中国中东学会副会长。

李绍先 1985—1988 年间就读于国际关系学院，获政法专业硕士。

1988 年至 2014 年就职于中国现代国际关系研究院（CICIR），历任助理研究员、研究员、副院长。李绍先从事中东问题逾 30 年，是国家中东问题研究领域重要智库的负责人之一，为中国中东政策和战略决策提供了可靠的建议。

李绍先组织开展了宁夏大学中阿院在中国与阿拉伯国家间的国际关系、能源合作、经贸合作、产业科技创新与推广、博览会机制、人文交流和人才培养诸多领域的工作，研究报告得到了中办、中央外办、国安办、教育部、外交部、中联部和宁夏回族自治区党委政府的充分肯定。

李绍先是中央电视台、中央人民广播电台国际问题顾问、特约评论员，全国五一劳动奖章获得者，享受政府特殊津贴。因主持研究关于新疆问题的研究报告，李绍先曾获国家二级英模称号。主要著作包括《李绍先眼中的阿拉伯人》《海湾寻踪》等。

李希光
Xiguang LI

清华大学国际传播研究中心主任，教授

李希光，现任清华大学教授、博士生导师；清华大学国际传播研究中心主任、清华大学巴基斯坦文化与传播研究中心主任、健康传播研究所所长、清华大学网络信息与社会管理研究中心首席专家；西南政法大学全球新闻传播学院名誉院长、世界与中国议程研究院院长、喜马拉雅研究所所长；卫生部应急专家委员会成员、联合国教科文组织媒介素养与文明对话教席负责人、中巴经济走廊网总编辑。

李希光曾任清华大学新闻与传播学院常务副院长、新华社高级记者、哈佛大学新闻政治与公共政策中心研究员、《华盛顿邮报》科学与医学记者、联合国教科文组织丝绸之路青年学者。早在1990年，李希光就曾随巴基斯坦杰出学者丹尼教授乘船来到卡拉奇，沿印度河采访考察古丝绸之路。作为联合国教科文组织丝绸之路青年学者，李希光已在海上丝绸之路、草原丝绸之路、沙漠丝绸之路、阿尔泰游牧路线行走5万多公里，被誉为“走遍丝路第一人”。

2010年以来，李希光分别受扎尔达里总统、吉拉尼总理、穆沙希德参议员等邀请，先后六次率领团组深入巴基斯坦访问考察，并带领清华巴基斯坦研究团队每年与巴基斯坦国家科技大学或国家信息科技大学共同召开中国—巴基斯坦联合智库年会。李希光对巴基斯坦积极开展公共外交，他多次与巴基斯坦领导人深入交谈，曾当面向穆沙拉夫总统、扎尔达里总统、侯赛因总统、吉拉尼总理等深入介绍中国社会政治、经济文化的发展。2015年3月，巴基斯坦侯赛因总统专门听了李希光的演讲《一带一路与伊斯兰世界》。2015年夏天，李希光与穆沙希德参议员率领中巴远征队全程考察了中巴经济走廊。

李希光教授著有《写在亚洲边地》《谁蒙住了你的眼睛——人人必备的媒介素养》《新闻采访写作教程》《初级新闻采访写作》《软实力与中国梦》《舆论引导力与文化软实力》《对话西藏：神话与现实》《新闻教育未来之路》《发言人教程》等。在《科学》《求是》《红旗文稿》《人民论坛》《华盛顿邮报》等发表过有影响的文章。

李希光曾获联合国艾滋病防治特殊贡献奖、巴基斯坦总统奖和全国十大教育英才等荣誉称号，享受国务院政府津贴。

李向阳
Xiangyang LI

中国社会科学院亚太与全球战略研究院院长，研究员

李向阳，现任中国社会科学院亚太与全球战略研究院院长，研究员；兼任中国世界经济学会副会长、中国美国经济学会副会长、中国亚太学会副会长。

李向阳1979—1983年在中央财经大学学习，获经济学学士学位，1985—1988年在中国社会科学院研究生院学习，获经济学硕士学位，1995—1998年在中国社会科学院研究生院学习，获经济学博士学位。1988—2009年在中国社会科学院世界经济与政治研究所工作，2009年调任中国社会科学院亚太所，主要研究领域为国际经济学。

李向阳先后发表了《建设“一带一路”过程中需要优先处理的关系》《论海上丝绸之路的多元化合作机制》《跨太平洋伙伴关系协定：中国崛起过程中面临的重大挑战》《全球经济重心东移的前景》《全球气候变化规则及其对世界经济的影响》《区域经济合作中的小国战略》《国际经济规则的实施机制》《国际经济规则的制定机制》《新区域主义与大国战略》等多项重要研究成果，出版《企业信誉、企业行为与市场机制》《市场缺陷与政府干预》等多项专著。

李向阳1992年获中国社会科学院首届青年优秀科研成果论文二等奖，1993年获中国社会科学院优秀青年称号，1994年获中国社会科学院首届优秀科研成果论文奖，1996年获中国社会科学院“有突出贡献的中青年专家”称号，1998年获国务院政府特殊津贴，2002年获中国社会科学院第四届优秀科研成果论文三等奖，2007 年获中国社会科学院第六届优秀科研成果论文二等奖，2009 年入选中宣部“四个一批”工程。

李永全
Yongquan LI

中国社会科学院俄罗斯东欧中亚研究所所长，研究员

李永全，现任中国社会科学院俄罗斯东欧中亚研究所所长，中国社会科学院“一带一路”研究中心主任、中国俄罗斯东欧中亚学会常务副会长，《俄罗斯东欧中亚研究》杂志主编，《俄罗斯发展报告》（黄皮书）主编。中国国际问题研究基金会欧亚中心执行主任。

李永全 1975 年毕业于辽宁大学外语系，1990 年毕业于苏联莫斯科大学历史系，历史学博士，长期在中共中央编译局从事马克思主义经典著作翻译以及俄罗斯历史和当代国际问题研究。1999—2004 年及 2009—2011 年间任《光明日报》驻莫斯科记者并曾荣获中国新闻奖。2005—2009 年间，任中国国务院发展研究中心欧亚社会发展研究所常务副所长。

主要著作有：《列宁的新经济政策原则及其国际意义》（俄文专著），《俄国政党史——权力金字塔的形成》（专著）（1999 年出版，2006 年第三次印刷）、《莫斯科咏叹调》（2005）。在国内外各种刊物上发表学术论文及政论作品百余篇。

主要译著有：瓦·博尔金《戈尔巴乔夫沉浮录》（*В. Болдин*，*Крушение пьедестала*）（中央编译出版社 1996 年版）、尼·雷日克夫《大动荡的十年》（*Н. Рыжков*，*Десять лет великих потрясений*）（中央编译出版社 1998 年

版）、肖洛霍夫《他们为祖国而战》（*М. Шолохов*，*Они сражались за Родину*）（东方出版社 2005 年版）、伊·列昂诺夫《独臂长空》（*И. Леонов*，*Был назван человеком из легенды*）（东方出版社 2005 年版）等。

刘世锦
Shijin LIU

国务院发展研究中心原副主任
中国发展改革研究基金会副理事长

刘世锦，国务院发展研究中心原副主任，现任中国发展改革研究基金会副理事长，兼任中国国际经济交流中心副理事长。研究员，博士生导师。

刘世锦 1982 年 2 月毕业于西北大学经济系，获经济学学士学位。1982—1986 年，在西北大学经济系（后为经济管理学院）工作，任讲师、教研室主任，并在职读硕士学位。1989 年 11 月获中国社会科学院研究生院经济学博士学位。1989—1994 年在中国社会科学院工业经济研究所工作，任副研究员、研究室副主任。1994—2001 年，先后任国务院发展研究中心市场经济研究所副所长、宏观经济研究部副部长、产业经济研究部部长。2002—2005 年，任国务院发展研究中心党组成员、办公厅主任、学术委员会秘书长。2005 年 3 月起任国务院发展研究中心副主任、党组成员。2015 年至今，任中国发展研究基金理事会副理事长。

刘世锦长期以来致力于经济理论和政策问题研究，主要涉及企业改革、经济制度变迁、宏观经济政策、产业发展与政策等领域，先后在《人民日报》《求是》《经济日报》《光明日报》《经济研究》《管理世界》

等国内外重要刊物上发表学术论文及其他文章200余篇，独著、合著、主编学术著作20余部。

刘世锦是近年来一系列产生广泛影响的研究成果的直接领导者和主笔者，包括与世界银行联合进行的《2030年的中国：建设现代、和谐、有创造力的社会》等研究报告；提出中国经济增长速度将会放缓、进入增长阶段转换等判断的著作《陷阱与高墙：中国经济面临的真实挑战与选择》；较早引入中国经济新常态重要观点的著作《在改革中形成增长新常态》等。

刘世锦是中共十八届三中和五中全会报告的起草者之一，是中国国家"十三五"规划专家委员会委员、国家应对气候变化专家委员会委员、中国经济50人论坛成员等，兼任多所大学的教授和博士生导师以及城市顾问。曾多次获得全国性有较大影响力的学术奖励，包括两次获得经济研究界最高奖——孙冶方经济科学奖、中国发展研究特等奖等。

卢山
Shan LU

中国电子信息产业发展研究院院长
工业和信息化部软件与集成电路促进中心主任

卢山，现任工业和信息化部软件与集成电路促进中心主任、中国电子信息产业发展研究院院长。

卢山2000年毕业于北方交通大学工商管理系管理科学与工程专业，获博士学位。毕业后任职于国家信息产业部计算机与微电子发展研究中心赛迪咨询顾问有限公司，担任总裁助理。2000—2001 年任中国计算机报社副总编，2001—2002 年任赛迪信息技术评测公司执行总裁，2002—2003 年任中国计算机报社执行总编，2003—2004 年任中国电子信息产业发展研究院团委书记、中国计算机报社执行总编，2004—2006 年任中国计算机报社常务副社长、执行总编、中国电子信息产业发展研究院团委书记，2006—2009 年任赛迪传媒投资股份有限公司总经理、中国电子信息产业发展研究院团委书记，2009—2014 年任中国电子信息产业发展研究院副院长。其间，2012—2014 年挂职重庆市，任重庆南岸区委常委、副区长。2014 年 7 月至今，任工业和信息化部软件与集成电路促进中心主任，2015 年 12 月至今任中国电子信息产业发展研究院院长。

卢山长期从事计算机软件总体设计、质量保证以及数据共享等方向研究。曾完成多项国家级重大科研项目和国家公共技术服务平台建设，在电子信息系统可靠性及测试领域做出了重要贡献。

卢山是全国青联第十一届委员，中央国家机关第四届青联委员，曾先后获得 2000—2001 年度中央国家机关优秀青年、全国优秀共青团干部等荣誉称号，享受政府特殊津贴。

吕祥
Xiang LÜ

中国社会科学院世界政治研究中心特聘研究员

吕祥，现任中国社会科学院世界政治研究中心特聘研究员，美国研究所特邀研究员，兼任中国世界政治学会副秘书长。

吕祥1985年毕业于南京大学哲学系，获学士学位。1991年毕业于中国社会科学院研究生院，获西方哲学专业博士学位。1991年起先后在国家旅游局、三联书店和私营部门任职，曾任IBM公司战略传播顾问，涉及传媒、企业战略传播和产品营销、投资咨询等多个领域。2011年，加入中国社会科学院美国研究所及世界政治研究中心。2012—2013年，在美国战略与国际研究中心（CSIS）担任访问学者。

吕祥早年学术研究集中于哲学领域，先后出版《希腊哲学中的知识问题及其出路》（2016年，该著经修订并更名为《希腊哲学的悲剧》再版）、《现象学与哲学的危机》等专著和译著，并在《哲学研究》等刊物发表多篇哲学论文。

近年来，吕祥集中研究国际政治与国际战略问题，主要涉及国家战略传播、世界地缘政治格局、中国对外战略等领域。专著《内观美国》将于2017年出版。

穆显奎
Xiankui MU

军事科学院研究员

穆显奎，现任军事科学院研究员，博士生导师，博士后导师组组长，军队专业技术三级，国家专业技术人才专家库专家、《中国人民解放军现役军官法》专家组顾问。曾任军事科学院军队建设研究部主任；中国军事法学会副会长兼秘书长；中国人民解放军共同条令编修课题组组长；中国人民解放军信息化工作条令课题组组长。

穆显奎专业领域为军事战略管理、国防军事立法、军队信息化建设、中美问题、中亚问题、台湾问题等。曾获三等功11次；获叶剑英军事科学奖；获全军军事科研特别奖8项；获军事科研一等奖98项；获军事科研二等奖45项；获军事科研三等奖16项；获军事科研优秀奖69项；获军事科学院优秀党支部书记，军事科学院优秀共产党员，军事科学院优秀主任等荣誉称号。

代表作有：当代中国丛书《中国人民解放军卷》陆军、海军、空军、第二炮兵卷（主编张爱萍）；《国防动员学》（主编迟浩田）；《中国军事改革的总设计师——邓小平》等。

潘家华
Jiahua PAN

中国社科院城市发展与环境研究所所长
国家气候变化专家委员会委员

潘家华，现任中国社会科学院城市发展与环境研究所所长，兼任中国城市经济学会副会长、中国生态经济学会副会长、中国能源学会副会长、国家气候变化专家委员会委员、国家外交政策咨询委员会委员、北京市政府专家顾问委员会委员、《城市与环境研究》主编、国家973项目首席专家。

潘家华曾任湖北省社科院长江经济研究所副所长、UNDP北京代表处高级项目官员、能源与发展顾问、联合国气候变化专门委员会社会经济评估工作组（荷兰）高级经济学家。

主要研究领域包括可持续发展经济学、可持续城市化、土地与资源经济学、世界经济等。曾任联合国气候变化专门委员会（IPCC）第三工作组“减缓气候变化”评估报告第三次（1997—2001）报告共同主编（剑桥大学出版社）、主要作者，第四次（2003—2007）和第五次报告（2010—2014）主要作者。在《中国社会科学》《经济研究》以及英文期刊《科学》（2008，10）、《自然》（2009，10）、《牛津经济政策评论》（2009，10）等国内外刊物上发表中英文论（译）著300余篇（章、部）。

2010年2月，潘家华应邀在中央政治局第19次集体学习时讲解控制温室气体排放目标。曾获中国社科院优秀科研成果一等奖和二等奖、孙冶方经济科学奖（2011），享受国务院特殊津贴，2010/2011中国年度绿色人物。

沙祖康
Zukang SHA

中巴友好协会会长
国际绿色经济协会名誉会长

沙祖康，现任中巴友好协会会长，国际绿色经济协会名誉会长。

沙祖康1970年毕业于南京大学英语系，1971—1974年任中国驻英国大使馆科员，1974—1980年任中国驻斯里兰卡大使馆科员，1980—1985年任中国驻印度大使馆随员、三秘，1985—1988年任中国外交部国际司三秘、副处长、一秘，1988—1992 年任中国常驻联合国代表团一秘、参赞，1992—1995 年任中国外交部国际司参赞、副司长，1995—1997 年任中国常驻联合国日内瓦办事处及瑞士其他国际组织副代表、中国裁军事务大使，1997—2001 年任中国外交部军控司司长，2001—2007 年任中国常驻联合国日内瓦办事处及瑞士其他国际组织代表、大使，2007—2012 年任联合国副秘书长（经济和社会事务），2010—2012 年任联合国可持续发展峰会筹备会及峰会秘书长，2015 年至今任外交部外交政策咨询委员会委员。

沙祖康在长达 43 年的外交生涯中，涉足政治、安全、经济、社会、人权、人道等广泛领域。他作为中国政府和军方的顾问，参与了中国政府在许多重大外交问题上的决策，是中国一系列重大军控和裁军倡议的设计者之一，也是改革开放以来中国外交的参与者和见证人。

沙祖康作为中国政府代表，1993 年在沙特的配合下，与美方谈判，妥善解决了“银河号”事件。作为中国外交部高级官员，他于 1993—1994 年参与了第一次朝核危机的处理。作为外交部长唐家璇的主要顾问，他于 1998 年参与处理南亚核危机，参加五国外长关于南亚核问题联合声明的起草和磋商，并为此后联合国安理会通过 1172 号决议做出了贡献。作为中国大使，他参与了中国政府和世界卫生组织对 2003 年“非典事件”的处理。

沙祖康于 1997 年组建中国外交部军控司并担任首任司长，在中国履行军控、人权国际条约过程中，他多次承担中国政府各部门、军队和民间社会之间的协调工作，提出履约报告，配合履约视察和联合国工作组及报告员的调查访问，倡导成立中国非政府组织，推动国际组织在中国设立代表处。

作为一位杰出的谈判者，沙祖康也参与了《不扩散核武器条约》《全面禁止核试验条约》《禁止化学武器公约》《禁止生物武器公约》和《特定常规武器公约》等军控和裁军领域重大国际条约的谈判和审议，参与起草了联大和安理会通过一些重要的关于军控和国际安全的决议，以全球视野和战略眼光，积极倡导国际安全合作，维护国际和平和地区稳定与安全。

孙玉清
Yuqing SUN

大连海事大学校长

孙玉清，现任大连海事大学校长、教授、博士生导师。

孙玉清1986年本科毕业于大连海运学院轮机管理专业，1989年硕士毕业于大连海运学院轮机管理工程专业，1997年博士毕业于大连海事大学轮机工程专业。1989年起留校任教，历任科研处副处长，“211工程”办公室副主任、主任、校长助理、副校长。2010年任交通运输部管理干部学院院长、党委副书记兼部党校常务副校长。2014年至今，任大连海事大学校长。

孙玉清主要从事轮机工程、船舶机电一体化等领域研究。曾多次荣获高等教育国家级教学成果奖、辽宁省科技进步奖等奖项。多次担任国家科学技术奖励、国家国际科技合作专项和国家自然科学基金项目的评审专家。

孙玉清是国家制造强国建设战略咨询委员会委员、第七届教育部科学技术委员会能源与交通学部委员、第五届海峡两岸航运交流协会副理事长、海底工程技术与装备国际联合研究中心主任、中国航运50人论坛执委。

孙壮志
Zhuangzhi SUN

中国社会科学院社会学所党委书记，研究员
中国社会科学院上合组织研究中心秘书长

孙壮志，现任中国社会科学院社会学所党委书记、副所长、研究员，中国社科院研究生院俄罗斯东欧中亚系教授，博士生导师。兼任中国社科院上海合作组织研究中心秘书长，中国上海合作组织睦邻友好合作委员会委员，中国亚非学会常务理事，中联部当代世界研究中心常务理事，对外经贸大学、上海大学、新疆大学兼职教授等。

孙壮志2000年毕业于中国社科院研究生院，法学博士学位，专业为国际政治，研究方向为中亚地区国际关系与上海合作组织。

主要著作有《中亚五国对外关系》（1999）、《中亚新格局与地区安全》（2001）、《中亚安全与阿富汗问题》（2003）、《独联体国家“颜色革命”研究》（2011），论文有《上合组织新发展与我国对外经济合作的新机遇》（2012）、《中亚新形势与上合组织的战略定位》（2011）、《上海合作组织：中国与中亚合作的重要平台》（2011）等。

王镭
Lei WANG

中国社会科学院国际合作局局长，研究员

王镭，现任中国社会科学院国际合作局局长，兼任联合国教科文组织社会变革管理计划（MOST）中国国家协调人、中国人民对外友好协会理事、中国欧洲学会理事，享受国务院特殊津贴专家。

王镭于中国社会科学院研究生院获经济学博士学位，荷兰社会科学研究院（ISS）获公共政策与管理学硕士学位。

王镭专注于研究中国对外经济关系中的贸易、投资、税收等问题。曾在荷兰蒂尔堡大学法律系、比利时鲁汶大学从事国际经贸制度研究。在《工业经济》《财贸经济》《国际经济评论》《国际转移定价》（荷兰国际财政文献局）等中外学术期刊发表研究论文。出版的专著《WTO与中国涉外企业所得税收制度改革》（社科文献出版社），填补了中国企业“走出去”税制研究的空白，被商务部列为 WTO 研究重点推荐书目。

王镭积极组织和从事对外人文学术交流，设计和实施一系列高层次对外培训、研讨项目，包括周边与发展中国家经济发展研修班、非洲总统顾问研讨班、国际知名汉学家研讨班等，宣介中国经济、社会发展，增进中外人文沟通。

王镭致力推进中外深度研究合作与高端智库交流，与欧盟合作组织实施了中欧人文社会科学大型共同研究计划（Co-reach）。通过公开招标方式，在经济、法律、社会学、环境等领域，开展系列中欧合作研究项目。Co-reach 模式被中欧双方誉为开展国际科研合作的典范。同时，与俄罗斯、美国、英国、印度、韩国等建立了高端智库对话交流机制，探讨加强互信与合作共赢之道。与联合国教科文组织、经济合作与发展组织、世界经济论坛、红十字与红新月会国际联合会、拉美开发银行等合作，围绕全球经济、科技创新、政策规制、人道发展、文化多样性等领域重大议题，开展机制性交流，发出中国声音，促进世界和谐发展。

王镭同时还担任国际科学理事会和国际社会科学理事会灾害风险综合研究计划（IRDR）中国委员会副主席，国际科学理事会和国际社会科学理事会“未来地球计划”中国委员会指导委员会副主席，《中国经济学人》（英文版）编委。

王灵桂
Linggui WANG

中国社会科学院亚太与全球战略研究院党委书记，研究员

王灵桂，现任中国社会科学院亚太与全球战略研究院党委书记，法学博士，研究员。

王灵桂 1988 年毕业于北京外国语大学；1988 年 8 月至 2005 年 4 月，历任《经济日报》社会部和国际部实习记者、记者、主任记者；2005 年 4 月至 2010 年 12 月，历任国务院发展研究中心副研究员、研究员，处长、副局长；2010 年 12 月至 2014 年 11 月，任中国社科院当代中国研究所党组成员、副所长（正局）；2014 年 11 月至今，任中国社科院亚太与全球战略研究院党委书记。

王灵桂的主要代表作有《中国伊斯兰教史》（专著）、《一脉相传阿拉伯人》（合著）、《一脉相传犹太人》（合著）、《中东怪杰》（合著）、《天使与魔鬼共舞：一个中国记者的黑非洲采访札记》（独著）、《对综合安全观的现实思考》（独著）等，在《人民日报》《经济日报》《光明日报》发表文章150余篇。

王荣军
Rongjun WANG

中国社会科学院亚太与全球战略研究院副院长，研究员

王荣军，现任中国社会科学院亚太与全球战略研究院研究员，副院长。

王荣军1987年9月至1991年7月在华东师范大学历史系学习，获历史学学士学位；1991年9月至1994年7月在北京大学历史系学习，获历史学硕士学位。1999年1月至6月在荷兰蒂尔堡大学经济学院进修；2000年2月至5月在香港大学美国研究中心做访问学者；2005年3月至2006年3月在美国马里兰大学政府与行政学院做访问学者。

王荣军主要从事美国经济政策、中美经贸关系和美国经济史研究，关注的最主要领域是美国的经济政策及中美经贸关系问题，在研究工作中非常重视将政策和对策研究建立在理论性系统性研究的基础之上，将美国对外政策的研究建立在对其国内经济和政策背景的深刻理解之上。近期主要著作有《美国长期经济增长面临的挑战及其对中国的影响》（2014）、《TPP发展中的美国因素》（2013）、《美国制造业复兴的前景》

（2012）、《当代美国经济》（2011）、《中美贸易“再平衡”：路径与前景》（2010）等。

王文
Wen WANG

中国人民大学重阳金融研究院执行院长

王文，现任中国人民大学重阳金融研究院（人大重阳）执行院长，兼任中国金融学会绿色金融专业委员会秘书长、中国社会科学院世界社会主义研究中心常务理事、新华社特约分析师等，并在多所大学担任客座教授。

王文先后就读于兰州大学、香港浸会大学、南京大学—约翰斯·霍普金斯大学、北京大学。2005 年加入人民日报工作，曾任《环球时报》编委（主管评论、社评），在 20 多个国家从事采访工作。

2013 年年初，王文参与创办新型智库人大重阳。三年多来，他撰写、牵头的研究报告多次获中国国家领导人的重要批示，连续三年参加 G20 峰会，与 G20 国家多数领导人均有面对面交流。2016 年 5 月 17 日，习近平总书记主持哲学社会科学工作座谈会，王文是其中受邀参加并发言的十位学者代表之一。

王文被评为“2014 年中国智库十大代表人物”（中国网），获“2011 年中国新闻奖”“2015 年中国最佳评论作品奖”（中国政府网）、“2015 年中国改革发展领军人物”（中国发展网）等荣誉。2014 年来，人大重阳连续两年入围由美国宾州大学评定的“全球智库 150 强”，也被官方任命为2016年G20共同牵头智库、“一带一路”智库合作联盟理事单位等。

王文的专著、编著与译著包括《美国的焦虑》《2016：G20与中国》《世界治理：一种观念史的研究》《G20与全球治理》《政治思想中的国际关系学》等。

王益谊
Yiyi WANG

中国标准化研究院标准化理论与战略研究所所长

王益谊，现任中国标准化研究院标准化理论与战略研究所所长。

王益谊1999年毕业于西安交通大学管理学院工商管理专业，获管理学学士学位。2005年获西安交通大学管理学院工商管理专业管理学博士学位。

王益谊研究了全球标准生态系统内的国际、国家、学协会类标准组织的战略政策、运行模式、机制规则和重点领域等。研究了标准比对的通用方法与技术，总结出国际标准研制的方法。深入研究了标准化的基本概念及概念体系、标准化的基本作用机理、标准化活动的一般规律和基本规则等，参与起草了标准化工作导则、标准化工作指南等十余项基础国家标准。开展了标准化效益评价研究，承担了ISO理事会有关战略政策问题的研究，研究通过标准化推动政府管理创新的理论和方法，研究建设了行政审批标准体系，参与了《行政许可标准化指引（2016年版）》的制定，作为主编出版了年度国际标准化发展研究报告。

王益谊承担了我国标准体制与机制改革的系列重大问题研究，提出了完善技术标准体系、改革强制性推荐性标准、发展团体标准的总体思路和措施建议，作为主要成员参与起草了国务院发布的《深化标准化工作改革方案》；主持了标准与知识产权领域重要政策和机制的研究与建设，完成了《国家知识产权战略纲要》中标准与专利有关问题的研究，主持起草了《国家标准涉及专利的管理规定（暂行）》，并作为第一起草人制定了配套国家标准。

王玉主
Yuzhu WANG

中国社会科学院亚太与全球战略研究院研究员
中国社科院研究生院教授、博士生导师

王玉主，现任中国社会科学院亚太与全球战略研究院研究员，区域合作研究室主任，区域合作项目首席研究员，中国社科院研究生院教授、博士生导师。兼任中国亚太学会秘书长；中国社科院亚太经合组织与东亚合作中心主任；太平洋合作全国委员会常委、学术委员会委员；中国国际问题研究基金会研究员；国家开发银行咨询专家；中国社科院研究生院教授、博士生导师；广西大学中国东盟研究院特聘研究员、博士生导师；海上丝绸之路研究中心主任；华侨大学海上丝绸之路研究中心副主任。

王玉主 2006 年毕业于中国社科院研究生院，获经济学博士学位。2006—2009 年任中国社科院亚太所编辑部主任、《当代亚太》杂志执行主编，2009 年起担任区域合作研究室主任，2011 年晋升为研究员。2010 年起为商务部东亚合作专家组成员，泛北部湾合作中方专家组成员。

王玉主主要研究领域包括区域合作问题、东盟问题以及中国东盟关系问题等。主要成果包括：《中国东盟关系中的相互依赖与战略塑造》《东盟热与冷思考》《中国东盟合作关系：回顾与展望》《区域一体化背景下的中国与东盟贸易：一种政治经济学解释》《“新雁行模式”促中国东盟共同繁荣》《轮状体系转活东盟定位》《中新贸易的结构特点与发展趋势》《中国东盟双边合作的政治经济学》《泰国新政府的经济发展政策》《外资、外债管理与经济稳定》《东盟自由贸易区的成立与发展》等。

吴崇伯
Chongbo WU

厦门大学南洋研究院东南亚经济研究所所长

吴崇伯，现任厦门大学南洋研究院东南亚经济研究所所长，教授、博士生导师，中山大学、天津大学兼职教授，中国国际经济关系学会常务理事，中国东南亚学会常务理事，厦门市经济师协会副会长，福建省政协常委，农工党厦门市委会副主委、厦门大学总支主委。

吴崇伯 1983 年毕业于山东大学经济系政治经济学专业，作为访问学者，1992 年前往荷兰阿姆斯特丹大学亚洲研究中心学习，2000 年 4 月至 2001 年 4 月于澳大利亚墨尔本大学国际商学院学习。2005 年 12 月毕业于厦门大学南洋研究院世界经济专业，获经济学博士学位。1987 年留校任教至今。

吴崇伯一直从事世界经济领域的研究与教学，主要研究领域为亚太地区财政与金融、东南亚经济、港澳经济、东南亚华侨华人经济。先后多次到美国华盛顿大西洋理事会、日本京都大学、新加坡国立大学、台湾地区台中东海大学、香港特区香港大学参加学术研讨会；到法国巴黎、英国伦敦、新西兰、马来西亚、印度尼西亚、泰国、柬埔寨进行学术考察与学术交流。

主要研究成果包括：《战略伙伴框架下中国与印尼经济关系发展与对策研究》《东盟国家核能发展战略与新动向分析》《福建构建21世纪海上丝绸之路战略的优势、挑战与对策思考》《印尼海洋经济发展及其与中国海洋经济合作研究》《印尼新总统新海洋战略观与海洋经济战略研究》《关于深化与沿线国家合作推动一带一路建设的对策建议》、*A Study on Sino-Indonesian Economic Relations and Policy Suggestion* 等，承担和完成的课题包括：外交部“一带一路”框架下中国与东盟国家产能合作研究、建设21世纪海上丝绸之路战略研究——海西经济区（中央政策研究室牵头）、深圳参与共建21世纪海上丝绸之路的战略和策略问题等。

杨光
Guang YANG

中国社会科学院西亚非洲研究所所长、研究员

杨光，现任中国社会科学院西亚非洲研究所所长、研究员，《西亚非洲》学刊主编，中国社会科学院研究生院教授委员会委员、博士研究生导师，中国中东学会会长，中国非洲问题研究会第一副会长，中国亚非学会副会长，中国新兴经济体研究会副会长。

杨光1975—1978年间在北京外国语学校学习，1982—1984年间在法国巴黎政治学院学习，1989—1990年间在美国威斯康星大学做访问学者，1997—1999年间在中国社会科学院研究生院学习。

杨光自1978年起在中国社会科学院西亚非洲研究所从事研究工作，

是国际能源安全、西亚非洲经济发展、中国与西亚非洲国家关系等研究领域的知名专家。他主编或参与出版了《中东市场指南》（1993）、《石油输出国组织》（1995）、《中东的小龙：以色列经济发展研究》（1997）、《21 世纪发展中国家面临的新挑战》（1999）、《西亚非洲国家的社会保障制度》（2002）、《中东非洲发展报告》（1998—2015）、《西亚非洲国家经济发展问题研究》（2016），*Globalization of Energy*（2010），*Secure Oil and Aternative Energy*（2012），*Security Dynamics of East Asa in the Gulf Region*（2014）等研究著作，《世界规模的积累》《新现实》等翻译学术著作，《中国的第三世界国家战略》《发展中国家的债务问题》《安全的依赖：石油进口安全的国际经验》等长篇研究报告，以及大量学术论文。

翟崑
Kun ZHAI

北京大学国际关系学院教授，博士生导师

翟崑，现任北京大学国际关系学院教授、博士生导师；北京大学全球互联互通研究中心主任、北京大学国际战略研究院特约研究员；国家行政学院兼职教授，东盟地区论坛（ARF）中方专家名人、中国东南亚研究会副会长，中国外交学会理事。

翟崑 1995 年毕业于国际关系学院国际新闻系，获学士学位；1998 年毕业于国际关系学院，获国际关系专业硕士学位；2010 年毕业于中国现代国际关系研究院，获国际关系专业博士学位。

翟崑 1998 年起就职于中国现代国际关系研究院，历任中国现代国际关系研究院世界政治研究所所长（2011—2014）、南亚东南亚及大洋洲研究所所长（2008—2011）。2014 年 9 月起就职于北京大学国际关系学院。

翟崑长期从事全球和周边形势研究，国内和国际区域合作研究，参与多项国际和国家战略规划和项目设计。撰写了大量报送中央领导的内部研究报告，目前主要从事“一带一路”、国际战略和国际形势研究，中外文化与传播，跨国青年交流以及创新创业的研究与实践；并受多个地方、部委、企业等委托，参与了“一带一路”的咨询设计，研究评估，交流互访等，被相关部委和中央媒体指定为“一带一路”的政策解读和咨询专家。近期主要研究成果有《突破中国崛起的周边困境》《成全缅甸，成就中国——中缅走适应性共赢之路》《中国经济年鉴一带一路卷》（2015）等。

张丽娜
Lina ZHANG

国家发改委体改司原巡视员

重大项目稽查特派员办公室原正司长级特派员

张丽娜，国家发改委体改司原巡视员，重大项目稽查特派员办公室原正司长级特派员，兼任中国经济体制改革研究会常务理事，中国（海南）改革发展研究院特约研究员。

张丽娜 1978 年毕业于中山大学经济系政治经济学专业，1996 年获得中国社会科学院财贸所财政学硕士学位，2015 年上海交大金融 EMBA 班毕业。2001、2009 和 2014 年分别参加中央党校厅局级干部班学习。

张丽娜 1978—1984 年在商业部政策研究室、经济研究所工作，1984—1998 年间，历任国家体改委理论组、综合司、办公厅副处长、处长，1998 年任国务院体改办宏观司副巡视员，1998—2001 年任西藏自治区经贸委副主任，2001—2003 年任国务院体改办产业司副巡视员。2003—2016 年在国家发改委工作，历任副巡视员、巡视员、司长。

张丽娜长期从事经济体制改革理论与政策的研究制定，曾参与市场流通、产业和企业、宏观和公共服务及社会领域改革工作。近几年参与了国有企业和混合所有制改革、行业协会脱钩改革、城镇化和中小城市综合改革及天津滨海新区综合配套改革试点等方案制订和实施工作。落实和启动中英两国政府财经对话关于政府和社会资本合作（PPP）的研究和推进工作。张丽娜熟悉改革理论及政策，曾参与了改革不同阶段的相关重要工作，是中国改革开放的见证者之一。

研究成果包括参与新中国商业 30 年总结工作并纳入当代中国系列丛书，参与编写并出版《中国改革开放（1978—2008）》，参与廖季力主编的宏观平衡调控专著，主持世界银行重大课题“中国事业单位改革研究”并出版相关著作，主持了亚行以及其他相关国际课题的研究。

张兴凯
Xingkai ZHANG

全国人大常委会委员、环境与资源保护委员会委员
民革中央教科文卫体委员会副主任
中国安全生产科学研究院院长

张兴凯，现任全国人大常委会委员、全国人大环境与资源保护委员会委员，民革中央委员，中国安全生产科学研究院院长，国家安全监管总局矿山采空区灾害防治重点实验室主任。北京市高等学校（青年）学科带头人、青年科技骨干，享受政府特殊津贴专家、博士、教授。兼任

民革中央教科文卫体委员会副主任，民革北京市委员会副主委、朝阳区委员会主委。

受聘国家安全生产专家、非煤矿山组专家、法律组副组长，国家安全监管总局技术委员会委员、非煤组副组长、法律组委员，国家安全监管总局职业卫生专家，环保部新化学物质评审委员会委员，公安部特约监督员，工业与信息化部安全生产专家，北京市安全生产专家，国家安全生产标准化技术委员会委员、副秘书长，全国安全职业教育教学指导委员会副主任委员，中国安全生产协会检测检验技术委员会主任。

张兴凯长期从事安全生产、公共安全的科研和教学工作。获得国家自然科学基金（面上项目、青年项目）、中国博士后基金、北京市青年人才培养基金、教育部优秀教师基金等资助，主持或参加完成了安全生产领域的国家“九五”“十五”“十一五”和“十二五”科技攻关（支撑）项目或课题，参加了山西襄汾“9·8”特别重大尾矿库溃坝事故等多起特别重大事故应急抢险、重庆开县“12·23”特别重大井喷事故等多起特别重大事故调查分析，汶川地震尾矿库抢险与灾害评估分析。

2000 年以来，张兴凯在公共安全、非煤矿山安全等领域取得 40 多项科研成果，其中有 29 项获得省部级科技进步奖或科技成果奖，发表学术论文 30 多篇，出版专著 3 部，出版合著教材 5 部，组织制定国家或行业标准 7 项。

代表论著有《对中国安全生产的几点认识》（中国环境科学出版社 2013 年版）、《地下工程火灾原理及应用》（首都经济贸易大学出版社 1997 年版）。代表科研成果有“矿井火灾风流非稳定流动的通风原理”“爆破烟尘的行为理论及环境效应评价”“非煤矿山典型灾害预测控制关键技术研究与示范工程”等。

张宇燕
Yuyan ZHANG

中国社科院世界政治与经济研究所所长，研究员

张宇燕，现任中国社科院世界政治与经济研究所所长，博士生导师，研究员。兼任中国世界经济学会会长、新兴经济体研究会会长、外交部外交政策咨询委员会委员、中国公共外交协会会员。

张宇燕 1986—1997 年间历任中国社会科学院世界经济与政治研究所研究实习员、助理研究员、副研究员、理论与政策研究室主任、所长助理；1992 年 1 月至 1993 年 1 月任美国马里兰大学经济系访问学者；1997 年 10 月至 1999 年 10 月任中国驻纽约总领事馆领事；1999 年 10 月至 2002 年 12 月任中国社会科学院院长学术秘书，研究员；2000 年 3 月起任中国社会科学院研究生院教授，博士生导师；2001 年 4 月至 2002 年 12 月任中国社会科学院美国研究所副所长；2002 年 12 月至 2007 年 8 月任中国社会科学院亚洲太平洋研究所副所长；2007 年 8 月至 2009 年 6 月任中国社会科学院亚洲太平洋研究所所长；2009 年 6 月至今，担任中国社会科学院世界经济与政治研究所所长。

张宇燕长期从事国际政治经济学、制度经济学等领域研究，主要研究领域为国际政治经济学、制度经济学及公共选择理论。曾参与和主持多项国家和省部级社会科学研究项目，在《经济研究》等核心刊物发表数十篇学术论文，已出版多部学术专著，其中《经济发展与制度选择》一书（中国人民大学出版社）获第二届中国社会科学院中青年优秀科研成果专著类一等奖，并著有《全球化与中国发展》《国际经济政治学》《键盘上的经济学》等。

2005 年 2 月 23 日，张宇燕在中共中央政治局第九次集体学习会上讲解《世界格局和我国的安全环境》。

张宇燕 2004 年获国务院政府特殊津贴；2006 年被确定为“新世纪百千万人才工程”国家级人选；2012 年被中宣部等部委评为全国宣传文化系统“四个一批”理论界人才。

郑功成
Gongcheng ZHENG

全国人大常委会委员、内务司法委员会委员
中国国家减灾委专家委员会副主任

郑功成，现任全国人大常委会委员、全国人大内务司法委员会委员、中国社会保障学会会长、中国人民大学教授。兼任中国国家减灾委专家委员会副主任、国务院医改专家咨询委员、人力资源和社会保障部咨询委员、民政部咨询委员、中国社会保险学会副会长、中国劳动学会副会长、中国医疗保险研究会副会长、中国社会福利和养老服务协会副会长以及国家行政学院兼职教授等。

郑功成 1985 年毕业于武汉大学政治经济学专业，工作后长期从事社会保障、灾害保险及与民生相关领域的研究，并担任国家立法机关组成人员，其理论及政策研究成果在学术界、政府有关部门有着广泛影响。一些政策研究成果为国家相关立法与政策制定提供了重要的理论背景和依据。

郑功成教授迄今独著或主编出版有《中国社会保障改革与发展战略》（五卷本）、《科学发展和共享和谐》《中国社会保障30年》《关注民生：郑功成教授访谈录》《构建和谐社会：郑功成教授演讲录》《社会保障学——理念、制度、实践与思辨》《论中国特色的社会保障道路》《中国社会保障论》《从企业保障到社会保障》《东亚地区社会保障模式论》《中国社会保障制度变迁与评估》《中国灾害研究丛书》（12卷本）、《灾害经济学》《中国救灾保险通论》《中国灾情论》《多难兴邦：新中国60年抗灾史诗》《慈善事业立法研究》《当代中国慈善事业》《中华慈善事业》《中国残疾人事业发展报告》（系列）、《中国农民工问题与社会保护》（上、下）、《财产保险》《责任保险理论与经营实务》等30多种著作。在《人民日报》《光明日报》《中国人民大学学报》《中国软科学》《经济学动态》等国内外报刊发表学术文章500多篇，多篇论文被《新华文摘》等转载。

郑功成教授获得过中国第六、七届高等学校科学研究（人文社会科学）优秀成果一等奖，第十一、十二届北京市哲学社会科学优秀成果一等奖等多种学术奖励，荣获过第三届中国政府出版奖、多届中国图书奖以及国家级优秀教学成果奖。

郑功成教授是第十、十一、十二届全国人大常委会委员，全国人大内务司法会委员，获得过湖北省有突出贡献中青年专家称号、北京市为首都建设做出突出贡献的统一战线先进个人称号，是国家百千万人才工程国家级人选入选者。

智宇琛
Yuchen ZHI

蓝迪国际智库研究主管

智宇琛，现任蓝迪国际智库研究主管、中国社会科学院南非研究中心副秘书长。

智宇琛获北京大学经济学院理学学士学位和中国社会科学院法学硕士、博士学位，长期从事国际政治、国际经贸及和平与安全事务研究，尤其在中资企业在非洲能矿合作开发、基础设施建设及制造业等领域发展研究方面成果丰硕。

智宇琛具有多年央企发展战略部门负责人工作经验。在此期间，正值中国高速铁路建设关键时期，他在战略制定、企业上市、质量提升、国际合作、法律事务等方面开展大量工作，积累了丰富经验，主要包括：为推进传统勘察设计企业向现代化系统集成商转型，多次与德勤、埃森哲等国际知名咨询机构合作，主持编制企业发展战略规划，按照国务院国资委要求组织建立全面风险管理和内部控制体系，根据战略发展要求组织制定集团化组织机构设置及定岗、定编、定责方案并顺利实施；参与制定集团“A+H”整体上市方案并组织实施；与中国船级社合作建立由传统设计质量体系向现代化研发和系统集成质量管理体系的转型实施方案并顺利通过ISO系列国际质量认证，与德国莱茵等机构共同制定国际铁路标准质量管理实施方案并通过认证；曾作为特别授权中方谈判代表主持中国铁路通信信号集团与美国通用电气有限公司（GE）合资谈判；主管法律事务部期间，妥善处理了各类诉讼和法律纠纷，并根据国务院“7·23”甬温线特别重大铁路交通事故调查组要求主笔编写整顿重组报告并上报国务院。

智宇琛先后发表了《美国“非洲机遇与增长法案”的实施及其对非洲国家的影响》《莱索托的外资引进及未来挑战》《试析我国央企参与非洲“三大网络”建设》《中国企业在非洲：现状、问题和建议》《法国对非军事外交及对中法非三方和平与安全合作的启示》等10余篇核心期刊论文。2016年，出版学术专著《中国中央企业走进非洲》，系统分析了非洲各国政治经济情况，并提出中国企业在非洲发展的战略建议。2017年著述出版《“一带一路”视野下中国在印度洋四大战略经济走廊》一书。

二　企业专家（以姓氏拼音首字母为序）

刁志中
Zhizhong DIAO

广联达科技股份有限公司董事长

刁志中，现任广联达科技股份有限公司董事长、中国建筑学会建筑经济分会理事、中国建设工程造价管理协会教育专家委员会委员、天津大学特聘教授。

刁志中1985年毕业于沈阳航空航天大学计算机学院，曾任职北京石化工程公司设计中心工程师，从事计算机信息化的研发工作。1998 年创办北京广联达慧中软件技术有限公司，开始从事建筑行业工程造价软件的研发与推广。经过多年的发展，刁志中先生将广联达打造成为国内建设领域中颇具声誉的 IT 应用高科技企业，持续为中国的建筑领域提供着最有价值的信息产品与专业服务。

广联达以造价软件起家，如今产品已从单一的预算软件发展到工程造价管理、项目管理、招投标管理、教育培训与咨询四大业务的数十个产品，被广泛应用于建筑设计、施工、审计、咨询、监理、房地产开发等行业及财政审计、石油化工、邮电、电力、银行审计等系统。在东方广场、奥运鸟巢、国家大剧院等工程中，广联达的产品也得到了深入应用。

刁志中明确提出为基本建设领域提供 IT 产品与服务的经营宗旨，“立足建设领域，围绕客户核心业务，以软件产品、专业服务、内容信息为方向多维延伸”的立体化业务发展战略。

刁志中先后被评为“第二届海淀科技园区优秀青年企业家”“改革开放 30 周年自主创新优秀人物”。

郭家学
Jiaxue GUO

西安东盛集团董事长兼总裁

郭家学，现任西安东盛集团董事长兼总裁。兼任北京陕西企业商会会长、北京山西商会常务副会长、中国医药物资协会副会长、首都企业家俱乐部副理事长、正和岛陕西岛邻机构荣誉主席、北京陕西企业商会会长等。曾任十届全国人大代表、民建陕西省委员会副主委、中国化学制药工业协会副会长、中国中药协会副会长、中国非处方药协会副会长等。

郭家学曾实施了对白加黑、盖天力、丽珠制药、云南白药等的并购，打造了医药业的商业帝国。执掌“广誉远”这家500年中医药老字号以来，力推“广誉远名医名药工程”，通过“做好药选名医治好病”提升世界对中医药文化的信心。在他的带领和精心培育下，广誉远推出了一系列养生精品中药，开创智慧养生的新纪元，为振兴传统中医药文化贡献应尽的社会责任与历史使命。

郭家学曾经获得陕西省杰出青年企业家、西安市劳动模范、陕西省首届“五四青年”奖章、陕西省劳动模范、中国优秀民营科技企业、首届陕西省十大功勋企业家、陕西省有突出贡献中青年专家、2014年中国十大经济潮流人物、2014年度中国企业管理领导力奖和2014年正和岛年度领袖奖等殊荣。

黄代放

Daifang HUANG

泰豪集团有限公司董事长

黄代放，现任泰豪集团董事长、中国民间商会副会长、全国人大代表，第十一届全国政协常委。清华大学汽车系本科毕业，高级经济师。

黄代放1981年9月至1986年7月在清华大学汽车系内燃机专业学

习。1986 年 7 月至 1988 年 7 月任南昌市工业技术开发中心（现为南昌市工业研究院）技术员。1988 年 7 月至 1997 年 1 月任江西清华科技开发部（现为泰豪集团有限公司）总经理。1997 年 1 月至 1998 年 8 月任清华同方股份有限公司销售中心总经理、泰豪集团有限公司执行董事。1998 年 8 月至 2007 年 8 月泰豪科技股份有限公司总裁、泰豪集团有限公司执行董事，并于 2002 年 6 月至 2007 年 8 月兼任江西省工商联副会长。2007 年 8 月至 2012 年 7 月任泰豪集团有限公司董事长、江西省工商联主席。2012 年 7 月至今，任泰豪集团董事会主席，2012 年 12 月当选中国民间商会副会长。

在黄代放团队的带领下，泰豪自 1988 年起，用将近 8 年时间走完了初创发展阶段，成为江西省最有竞争力和影响力的 IT 企业；1996 年起，通过积极引进战略投资，泰豪经营规模快速扩大；2004 年起，泰豪开启品牌发展之路，积极参与国际化产业分工，通过与世界 500 强企业的合资合作加快开拓国际市场。在“创导智能技术、产品和服务，以提高人类生活的品质”的企业使命引领下，泰豪已形成以智慧城市、智能电网业务开展为主导，以军工装备和文化创意产业发展为两翼的发展格局。

李仙德
Xiande LI

晶科能源有限公司董事长

李仙德，晶科能源控股有限公司董事长、晶科电力有限公司创始人，浙江大学 EMBA。

李仙德2006年创办了晶科能源控股有限公司，在他的带领下，2015年，集团实现营业收入160多亿元人民币，跃升至2016年《财富》中国500强第330名。2016年成为全球最大的组件制造商，拥有中国江西、浙江、新疆及马来西亚、葡萄牙和南非6个生产基地，16个海外子公司及18个销售办公室，全球员工15000名，出口额超过10亿美金，被业界誉为“毛利润之王”。2010年，晶科在美国纽交所上市。

李仙德曾获2009年“上饶市十大创业精英”，2010年“第四届江西省十大经济人物”，2012年“江西省2012年度优秀创业企业家”，2013年“中国行业品牌十大创新人物奖”，2014年“中国改革优秀人物奖”“全球新能源杰出贡献人物”等奖项。

刘家强
Jiaqiang LIU

中国化学工程集团公司党委常委
中国化学工程股份有限公司副总经理

刘家强，现任中国化学工程集团公司党委常委，中国化学工程股份有限公司副总经理，教授级高级工程师。

刘家强1988年7月毕业于大连理工大学工业涡轮机专业，2005年获清华大学工商管理硕士学位。

刘家强1988年7月至1994年7月任中国化学工程重型机械化公司技术员；1994年7月至1997年4月，任中国化学工程总公司劳资教育部干事；1997年4月至2001年5月，任国家“九五”重点项目河南义马气化厂项目副总监；2001年5月至2007年5月，任中国化学工程集团公司企业管理部副主任，其间作为建设部特聘专家，参与全国建筑业企业资质标准编制工作，并作为石化专业副组长主持全国建造师执业资格考试大纲和教材编制工作；2007 年 5 月至 2012 年 2 月，任中国化学工程集团公司总经理助理兼规划发展部主任，兼任科技部等六部门组织的“新一代煤（能源）化工产业技术创新战略联盟”秘书长，组织国家科技支撑计划煤制烯烃技术开发工作，并参与了国资委《中央建筑企业布局与结构调整研究报告》编制工作。

2012 年 2 月起，任中国化学工程股份有限公司党委常委、副总经理；2014 年 8 月至今，任中国化学工程集团公司党委常委。

卢朋
Peng LU

中铁十七局集团有限公司董事长，党委书记

卢朋，现任中铁十七局集团有限公司董事长、党委书记。教授级高级工程师，博士研究生学历，中国青年企业家协会常务理事，山西省青联副主席。

卢朋参加工作以来，历任中铁十一局集团三公司技术员、副科长、副指挥长、副处长、指挥长，中铁十一局集团二公司总经理，中铁十一局集团三公司董事长，中铁十七局集团有限公司副总经理，中铁十七局集团有限公司总经理。

卢朋先后参加了京九铁路、青藏铁路、武广客专、宁杭客专、京福客专等国家重点工程建设，所负责项目被授予铁道部“科技进步一等奖”、建筑工程“鲁班奖”，主持的宁杭铁路客运专线项目被授予国内首批“标准化项目部”“标准示范段”“标杆工程局”的光荣称号，为中国高速铁路建设做出了突出贡献。组织研发的3项施工技术获国家专利，主持编著的《既有线提速改造铺架工程施工组织研究》《铁路工程铺架技术与管理》《客运专线铁路施工项目管理》《传统建筑工程承包商参与基础设施PPP项目的优势与挑战》等书籍，填补了国内同行业学术空白。

卢朋曾获“全国建筑业企业优秀项目经理”“全国建筑业优秀企业家”“青藏铁路建设功臣”“火车头奖章”“茅以升建造师奖”“山西青年五四奖章”“山西省五一劳动奖章”等荣誉称号。

谭晓东
Xiaodong TAN

北京标研科技发展中心主任

全国分析检测人员能力培训委员会办公室主任

谭晓东，现任北京标研科技发展中心主任、全国分析检测人员能力培训委员会办公室主任，国家高级项目管理师、国家级水利造价工程师。

谭晓东2003毕业于武汉水利电力大学，获水利工程管理学士和法学学士双学位，2010年毕业于北京交通大学，获项目管理在职研究生学位。2010—2016年间任国家认监委认证认可技术研究所认可技术中心副主任。

谭晓东是全国《检验检测机构管理条例》（国务院行政法规）主执笔

人；全国《检验检测机构资质认定管理办法》（质检总局163号局长令）释义编写专家；全国《检验检测机构资质认定评审准则》主要起草人及释义编写专家，主导、规划和建设了我国多个行业国家级检验检测标准化机构，以及我国检验检测评价技术人员培训体系。2012—2014年，牵头组织完成了我国检验检测行业统计制度设计和统计体系文件的编撰、发布和实施。

谭晓东也是全国《司法鉴定机构资质认定评审准则》以及《工作指南》（第一版/第二版）主执笔人，国家公安刑事技术和司法鉴定领域全国师资课程规划及主讲人，培养了我国国家级司法鉴定领域和公安刑事技术领域资质认定评审专家800余名；并指导建设国家级/省级司法鉴定机构百余家。

谭晓东参与执笔了全国食品检验机构《食品检验机构资质认定工作指南》，是科技部“十二五”科技支撑项目《城市轨道交通互操作检测认证体系关键技术研究》课题一申请负责人；科技部“十一五”重点科研项目《中国检测资源共享平台》主要研究人员，国家标准《中国检测资源共享平台数据建设技术规范》主要撰写者；“全国水利建筑市场信用主体征信系统”总设计者及项目执行负责人。

童亚辉
Yahui TONG

浙江省能源集团有限公司董事长

童亚辉，现任浙江省能源集团有限公司董事长，浙江省煤炭工业协会会长，经济学博士，高级经济师。

童亚辉 1978—1982 年就读于杭州大学政治系经济学专业，获经济学学士学位；1989—1990 年留学日本京都大学，获硕士学位；1994—1997 年就读于中国社会科学院，获得博士学位。

童亚辉先后在北京煤炭管理干部学院、煤炭工业部、中国煤炭销售运输总公司等单位工作，在此期间，积累了对能源行业的深刻理解。任浙江省能源集团有限公司总经理以来，为浙能的产业升级，国内外布局和国际化业务的推动做出了积极贡献。2016 年 8 月起任浙能集团董事长。

在繁忙工作之余，童亚辉还涉足诸多艺术领域，对书法和戏曲艺术颇有研究。1989 年加入中国书法家协会，2004 年当选杭州市书法家协会理事，2009 年加入西泠印社。现任兰亭书法社副社长、四明书画院副院长；省侨联文协艺术品鉴俱乐部总理事长、浙江省戏剧发展促进会理事。

王济武
Jiwu WANG

启迪控股股份有限公司董事长

王济武，现任启迪控股股份有限公司董事长。

王济武 1988 年就读于清华大学经济管理学院，获经济学学士及工商管理硕士学位。曾任职于北京市房地产开发经营总公司、香港北京控股集团、香港京泰实业集团等。

王济武是金融与公司管理方面的重要学者，在上述领域有独特的创新思维，他的相关论文引起了英国《金融时报》等海外财经媒体的关注，被北京大学选为“中国年度最佳商业案例”并入选清华大学 MBA 教材。王济武出版了《中国股市实战理论与方法》《科技新城建设理论与实践》《集群式创新理论与实践》，于 2002 年入选美国“who is who 世界名人录（金融）”。

王济武曾获“2006 年度中国别墅领军人物”，并于此后相继荣膺“2007 年度中国十大建设英才”“2008 年度全国先进爱国企业家”。

王济武作为清华大学的杰出毕业生，一直热爱母校，关心母校，他多次为母校捐款，捐款总额在全国高校个人捐款排名前列。王济武作为一名经济学者，多次赴清华举办讲座，并担任清华大学经管学院 MBA 学生导师，班级导师及清华 MBA 校友会会长等职务。

王伟兴
Weixing WANG

浪潮集团有限公司副总裁

王伟兴，现任浪潮集团有限公司副总裁。

王伟兴 2004 年 8 月至 2005 年 12 月任职于山东省政府办公厅文秘处。2006 年 1 月至 2010 年 10 月，入职浪潮集团办公室，先后任秘书、主任助理、副主任等职务。2010 年 11 月至 2013 年 3 月担任浪潮集团办公室副主任兼北京行政部总经理。

2013 年 4 月至 2016 年 3 月，王伟兴担任浪潮集团交通国土行业部总经理，期间带领团队实施了多个国家级信息化项目，包括国土资源部不动产登记信息化建设、交通部 ETC 全国清算中心信息化系统的设计和建设、12306 信息化二期硬件升级改造建设等，在交通行业信息化、智慧城市建设等方面积累了丰富的经验。

2016 年 4 月至今，担任浪潮集团政府合作部总经理、副总裁，全面负责浪潮集团公共关系和海外业务支撑工作。

文剑平
Jianping WEN

北京碧水源科技股份有限公司董事长

文剑平，现任北京碧水源科技股份有限公司董事长。兼任北京民营科技实业家协会副会长、中国可持续发展研究会第四届理事会执行理事、北京水务理事会常务理事。

文剑平 1987 年 8 月至 1989 年 10 月任中国科学院生态环境中心助理研究员，1989 年 11 月至 1994 年 5 月任国家科委社会发展司生态环境处副处长，1994 年 6 月至 1998 年 3 月任国家科委中国国际科学中心副主任及总工程师，兼任中国废水资源化研究中心常务副主任，1998 年 9 月至 2001 年 7 月赴澳大利亚留学，2001 年 7 月回国创办北京碧水源科技发展有限公司，任董事长；2007 年 6 月起任北京碧水源科技股份有限公司董事长。

在文剑平的带领下，碧水源于 2010 年 4 月成功登陆创业板，并建成全球规模最大的膜研发产业化基地。企业建立了国家级企业博士后工作站、国家环境保护膜生物反应器与污水资源化工程技术中心、北京市污水资源化膜技术工程技术研发中心和北京市企业技术中心，与清华大学、澳大利亚新南威尔士大学合作建成国际一流的环境膜技术研发中心。与此同时，完成了超千项污水资源化工程、百余项安全饮水和湿地工程，参与众多国家水环境重点治理工程，并在新农村建设水环境治理中发挥着重要的示范作用。

文剑平具有资深的专业技术和丰富的高级管理经验，是公司的核心技术人员及多项专利的主要发明与设计人，先后被评为2008年北京市优秀青年企业家、中国环境保护产业优秀企业家、中关村优秀创业留学人员、中关村科技园区20周年突出贡献个人。文剑平作为第一发明人申请专利23项，作为主要发明人申请专利20项，作为第一发明人授权专利34项，作为主要发明人授权专利22项，并取得了国家级和省部级科技奖励各1项。

武钢
Gang WU

新疆金风科技股份有限公司董事长
新疆新能源（集团）有限责任公司董事长兼党委书记
世界风能协会副主席

武钢，现任新疆金风科技股份有限公司董事长，新疆新能源（集团）有限责任公司董事长兼党委书记，兼任国家风能协会副主任，国家科技部风电工程技术研究中心主任等。2015年当选世界风能协会副主席。第十二届全国人大代表。

武钢1979—1983年在新疆工学院电力系统自动化系攻读本科；

1983—1987 年在新疆水电学校任教；1987—1997 年任新疆风能公司副总经理，1997 年至今任新疆金风科技股份有限公司董事长。2003 年获大连理工大学控制工程专业工程硕士学位，2013 年获清华大学 EMBA 专业高级管理人员工商管理硕士学位。

武钢自 1987 年开始投身中国风电事业，创建新疆风能公司、新疆金风科技，并多次赴丹麦、德国、英国进行专业技术和工程实践培训与工作，积累了丰富的风电技术经验及行业背景经历，在商业模式创新、团队建设、技术创新、资源整合方面具有一定的领导力。

武钢曾荣获国家科技进步二等奖，水利部科技成果二等奖，新疆维吾尔自治区科技成果一等奖，2006 年度世界风能贡献奖、2007 年度“中国能源科技进步杰出贡献个人”和新疆维吾尔自治区科技兴新贡献奖，2010 年美国杰出华人贡献奖，2010 年“全国劳动模范”荣誉称号，2012 年当选新疆维吾尔自治区党代表，2013 年 1 月被国家能源局授予“国家能源科技进步奖”。

袁宏永
Hongyong YUAN

清华大学公共安全研究院副院长
北京辰安科技股份有限公司总裁

袁宏永，现任清华大学公共安全研究院副院长、北京辰安科技股份有限公司总裁。教授、博士生导师，教育部“长江学者”特聘教授，中国公共安全科学技术学会常务理事，中国地理信息产业协会应急工作委员会主任委员，亚太公共安全科学技术学会理事，全国公共安全基础标准化委员会理事，第29届北京奥运会安保顾问。

袁宏永主要从事公共安全应急与国家安全科技的研究，主要研究方向为灾害动力学、预测和预警、应急管理理论与技术及其综合整合、火灾探测和控制工程、公共安全事件灾害动态、监测和控制、预测和预警、应急管理及应急平台技术。

袁宏永在公共安全应急与火灾探测理论、方法研究和技术攻关方面取得了具有国际先进水平的创新性研究成果，为该学科领域的发展做出了突出贡献。在我国公共安全应急平台架构和突发事件链式动力学演化方面做出了开创性的研究，获国家科技进步一等奖和教育部科技进步一等奖（排名第二）；针对应急关键环节，凝练出应急平台体系的关键技术要素、各级各类应急平台间的逻辑拓扑关系，研究提出了国家应急平台体系总体方案，主导完成了国务院应急平台和国家安监总局应急平台设计，研究编制出8项国务院指导全国应急平台体系建设的关键技术标准规范；提出了突发事件多因素耦合下次生、衍生事件的事件链和预案链层次聚类构造方法。提出了建立突发事件与承灾载体本体破坏与功能失效间的作用与转化模式，发展了突发事件事件链综合预测预警模型构建模式与方法，建立了基于事件链和预案链相结合的应急综合研判技术；研究成果在国务院、全国31个省（区、市）、多个国家部门、大型企业得到应用，直接经济效益超过3亿元，在低温雨雪冰冻灾害、汶川、玉树地震、奥运安保等重大事件应对中发挥了重要作用，首次实现我国应急平台技术与装备整体出口；在大空间火灾探测与定位扑救方面做出突破性研究成果并获得国家科技进步二等奖（排名第二）、国家专利金奖（排名第一）基础上，研发出超高层建筑火灾人员定位、火源反演和应急处置关键技术与装备，获公安部和安徽省两项科技进步一等奖，火灾安全领域的研究成果已广泛应用于人民大会堂等国家重要保护场所，直接经济效益超过15亿元。

袁宏永近五年发表论文121篇，SCI/SSCI 19篇，EI收录36篇，获得国内发明专利7项，国外发明专利1项，获国家科技进步一等奖1项，省部级科技进步一等奖3项。

袁建民
Jianmin YUAN

中国外运股份有限公司党委副书记
中外运长航集团新疆有限公司执行董事，总经理，党委书记

袁建民，现任中国外运股份有限公司党委副书记、中外运长航集团新疆有限公司执行董事、总经理、党委书记，兼任新疆维吾尔自治区人民政府参事、中国国际投资促进会副会长、新疆喀什行政公署经济顾问、新疆克拉玛依市委巴基斯坦事务顾问、新疆外交学会副会长、新疆物流协会会长、自治区社科联委员、新疆咨询决策专家、新疆师范大学—巴基斯坦国立现代语言大学国际教育合作中心顾问、巴基斯坦吉尔吉特—巴蒂斯坦省发展顾问、巴基斯坦南瓦济里斯坦地区发展顾问、巴基斯坦洪扎发展运动组织荣誉主席、中国公安边防部队乌鲁木齐边防指挥学校客座教授、巴基斯坦伊斯兰堡国立现代语言大学客座教授、新疆师范大学客座教授、新疆塔里木大学客座教授。北京工商大学产业经济学研究生学历，高级经济师。

袁建民积极倡导建设了“巴中苏斯特干港”（陆地口岸），惠及中巴两国。巴中苏斯特干港关乎国家安全和国家的周边战略，有关情况上报中央政治局，并列入国家领导人访巴会谈时的重要内容。

袁建民先后获“中央企业劳动模范”“中央企业优秀党务工作者”

“优秀党务工作者”“助推大陆桥20年发展突出贡献奖”等称号，2011年8月，巴基斯坦总统扎尔达里在伊斯兰堡签署总统令，授予袁建民“国父真纳”勋章，2012年11月被新亚欧大陆桥国际运输研讨会组委会授予“新亚欧大陆桥开通运营20年突出贡献企业家”等荣誉。

詹珽
Ting ZHAN

陕西西咸新区发展集团有限公司发展投资部部长

詹珽，现任陕西西咸新区发展集团有限公司发展投资部部长，高级工程师；兼任西咸新区“一带一路”商务咨询有限公司董事长。

詹珽1998—2002年在福州大学学习，获学士学位；2002—2005年在原贵州工业大学（现贵州大学）计算中心任教；2005—2007年在中山大学学习，获硕士学位；2008—2010年在长安大学学习，获博士学位；2010—2011年，在审计署驻西安特派员办事处工作，参与汶川灾后重建跟踪审计；2011年至今，在西咸新区工作。

詹珽自2013年年底以来，结合国家级新区的战略定位，开展“一带一路”专项研究，并进行实践探索，主要包括：区域性信息平台、资源平台、整合平台和服务平台；“一园两地”和“一区多园”模式的跨境合作平台；西咸新区着力建设丝绸之路经济带重要支点、建设成为我国向西开放的重要枢纽、西部大开发的新引擎和中国特色新型城镇化的范例的实现路径；围绕“一带一路”的双边及多边职业教育体系和基础教育体系；金融试验区和医疗试验区；服务贸易创新试点；“西咸+”“蓝迪+”模式等方面。

赵明
Ming ZHAO

中国电子科技集团公司副总工程师

赵明，现任中国电子科技集团公司副总工程师，研究员级高级工程师。

赵明1982年毕业于西北电讯工程学院（西安电子科技大学）电子工程专业。1987年美国迈阿密大学数字信号处理专业访问学者。1982年起在电子部第36研究所工作，担任多个产品和系统项目的总设计师。1996年破格竞聘为研究员级高工。1994年起，历任电子部第36研究所研究室副主任、科技处长、副所长。1999年8月起担任所长。2011年12月任中电科技国际贸易有限公司董事长、党委书记。2017年3月起担任中国电子科技集团公司副总工程师。

赵明2000年起至今一直担任某国家级信息技术领域专家组的专家。曾获电子部优秀科技青年称号；获国家科技进步三等奖一次，部级科技进步一等奖、二等奖各一次。

三　行业专家（以姓氏拼音首字母为序）

陈锋
Feng CHEN

商务部五矿化工商会会长，高级工程师

陈锋，高级工程师，北京航空航天大学工商管理硕士。现任中国五矿化工进出口商会会长、中国国际商会理事、海峡两岸贸易协会理事、国际化工分销商协会理事会执行委员会委员。

陈锋2000—2003年在国家经济贸易委员会负责信息工作，参与组织领导全国经济信息搜集、编纂和向决策层传递的具体工作。在经济平稳期、重大事件突发期和结构调整期，为决策层提供建议方面做了富有成效的工作。2003—2005年在国务院全国整顿和规范市场经济秩序领导小组工作期间，负责政策法规、信用体系建设和综合业务工作，参与组织制定清理整顿市场秩序和建立社会信用体系的规划与政策，组织和实施了社会信用体系组织架构设计、技术实施路线和接口标准课题的研究。2006—2012年担任商务部驻昆明、驻南京特派员期间，深入最贫困和最发达的地区城镇、农村，以外向型经济为关注点，研究和总结社会经济发展的规律和模式，对外经、经贸、外资和民生相关的国内市场体系构建方面提出了许多建设性建议并取得多项研究成果。

陈锋对能源、矿产资源、金属、化工、建筑材料等行业具有较深了解。代表行业加强与贸易相关国家政府和非政府组织的对话，组织贸易保护案件的应诉和诉讼，关注冲突矿产资源开发，推动负责任企业社会责任行动，引导中国企业对境外矿业资源投资开发活动的人权保护、注重社会责任实践，组织制定并发布了《中国对外矿业投资行业社会责任指引》，获得了联合国人权理事会的高度关注和赞誉。

陈新发
Xinfa CHEN

新疆维吾尔自治区克拉玛依市委书记，市人大常委会主任

陈新发，现任新疆维吾尔自治区克拉玛依市委书记、市人大常委会主任、中石油驻疆企业协调组组长、中石油新疆油田公司党委书记。

陈新发 1998 年毕业于中国地震局地质研究所构造地质学专业，获博士学位。2004—2009 年任中石油新疆油田公司总经理，在任上提出实施资源、科技、人本“三大战略”，推动建设现代化大油气田；将现代信息技术和系统工程等先进科学管理理念和方法运用于企业管理，设计、实施、建成国内首个数字油田，并启动建设智能化油田，取得了显著的成效，连续 15 年实现安全生产。

陈新发博士于 2009—2015 年担任克拉玛依市市长、中石油新疆油田公司总经理。着眼于资源型城市可持续发展，基于世界油气产业发展趋势和克拉玛依拥有的区位、资源、工业、品牌等比较优势，提出走国际化、外向型、高端发展之路，确立了“打造世界石油城”发展战略，做出了建设油气生产、炼油化工、技术服务、机械制造、石油储备、工程教育“六大基地”，发展金融、信息、旅游“三大新兴产业”，打造高品质城市、最安全城市“两个平台”的战略布局，并着力推进经济产业发展、中心城市建设、高品质城市打造、政策管理创新、城市文化培育等重点工作，推动城市由单一资源型向综合型、经济由工业型向服务型的转变，开启了克拉玛依可持续发展的新纪元。

陈新发博士于2015年至今担任克拉玛依市委书记、市人大常委会主任、中石油驻疆企业协调组组长、中石油新疆油田公司党委书记。积极贯彻落实中央“一带一路”战略，与巴基斯坦瓜达尔区签订友好城市协议，成功承办中巴经济走廊论坛（新疆·克拉玛依），使克拉玛依市成功加入世界能源城市伙伴组织（WECP），充分发挥地缘、人文等优势，积极推进区域融合发展和对外开放，逐步构建起了全方位、多领域的开放格局，使城市知名度和影响力显著提升。

陈新发博士是中国共产党第十八次全国代表大会代表，新疆十大科技人物，新疆石油协会理事长，中国石油协会常务理事，全国优秀科技工作者，全国五一劳动奖章获得者，中国科协第七次、第八次全国代表大会代表，新疆维吾尔自治区科协副主席。

房秋晨
Qiuchen FANG

中国对外承包工程商会会长

房秋晨，现任中国对外承包工程商会会长。

房秋晨 1989 年毕业于对外经济贸易大学国际企业管理专业。2000 年获得首都经贸大学企业管理硕士学位。

房秋晨 1989 年加入原对外贸易经济合作部工作，先后在北京温阳进出口贸易公司，国家商务部合作司办公室、非洲处、工程处等部门工作，曾担任调研员、处长等职务，1991—1995 年，房秋晨担任中国驻尼日利亚大使馆经商参处随员、三等秘书，2000—2001 年，任中国驻文莱大使馆经商参处一等秘书，2001—2003 年，任中国驻马其顿大使馆经济商务参赞，2006—2011 年，任中国驻印度尼西亚大使馆公使衔经济商务参赞。其中，1997—2000 年挂职任河北省泊头市副市长，分管流通领域工作，包括外贸和外经合作。

2011—2015 年，房秋晨担任商务部美洲大洋洲司副司级商务参赞、副司长，分管美洲、大洋洲地区除美国外英语国家的双边经贸事务，负责拟订并组织实施与所负责国别（地区）的经贸合作发展政策，参与多双边 FTA 及有关经贸谈判，处理国别（地区）经贸关系中的重要事务，协助中国企业获得外国市场准入等。

2015 年 4 月至今，房秋晨担任中国对外承包工程商会会长，商会现直属国家商务部，是由中国对外承包工程、劳务合作、工程类投资及相关服务企业组成的全国性行业组织，致力于推动会员企业经营实力的全面提升和中国对外投资与承包工程行业的快速、健康发展。

房秋晨有着丰富的外交工作经验，曾先后被派驻非洲、欧洲、亚洲国家担任外交官，在促进中国与驻在国双边经贸关系方面做了大量卓有成效的工作。

胡卫平
Weiping HU

中国产业海外发展协会秘书长

胡卫平，现任中国产业海外发展协会秘书长。

胡卫平1971年参加工作，先后任职于航天部一院、河南省化工研究设计院、河南省石化厅等单位。1991年调入国家计委，长期在经济与能源管理部门工作，先后任职于国家计委国务院农业生产资料办公室、国家计委原材料司（委农资办）、国家计委经济预测司、产业司（国家西气东输办公室）、能源局等部门，曾任国家能源局油气司副司长。

在国家发改委、国家能源局从事经济与能源行业管理期间，胡卫平主要参与起草国务院农资流通体制改革文件，承担西气东输、广东LNG、运输造船、东海开发、中亚天然气管线建设等重大工程项目组织协调、文件制定和政策研究工作，承担国家利用境外油气资源中长期发展规划、国家油气管道发展规划、国家LNG专项发展规划等文件的编制与起草工作，参加国家第二轮油气资源评估等工作，发表《我国天然气发展及相关政策研究》《招标择优：大型天然气工程项目宏观管理的新尝试》《广东LNG项目招标》《小型液化天然气应在我国天然气发展中占有一席之地》等重要研究报告。

胡卫平曾获评国家发改委优秀公务员和全国重大专项先进个人，承担完成的研究成果获部委科技进步奖。

柯志华
Zhihua KE

中外友好国际交流中心主任

柯志华，现任中外友好国际交流中心主任，大连海事大学“一带一路”研究院理事会主席、荣誉院长、客座教授，中国欧盟协会理事，中国东盟协会理事，中国公共外交协会理事。

柯志华1985年就读中国大连海事大学，攻读海商法专业，1989年获学士学位。1989—1993年，柯志华在中国交通部外事司工作。期间，参与国际海事组织（IMO）文件翻译工作，曾负责全国水运系统引进国外智力工作，并被派往新加坡参加中国对外开放港口中高级管理人员培训班。

1993—1999年，柯志华任新加坡管理与技术培训中心主任。期间，他致力于中国党政领导干部赴新培训体系建设，编制了“政府职能”“城市管理”“社会管理”“金融管理”“企业管理”等多领域数百个培训专题，组织实施400余期培训项目，培训中方人员近万人次。中心也与中国国家外国专家局共同编写了《聘请外国文教专家工作指南》。

1999—2010年，柯志华任中外友好国际合作中心执行主任。他曾负责中国—西班牙论坛企业交流工作，实现中国—西班牙空中直航，建立中国—西班牙培训合作机制。此外，他也推动中国—意大利企业的交流工作，积极组织中外城市交流活动，组织中国地方政府境外招商推广活动。在他的领导下，中心长期开展中国与南太平洋国家交流项目，并为在华外资企业提供服务。

2010年至今，柯志华任中外友好国际交流中心主任。期间，他因积极推动中法人文交流，被法国希依市授予荣誉市民称号。他参与策划的“当代中国水墨与雕塑艺术展”是首次进入法国大皇宫展出的中国艺术展，并发起成立了中国—东盟美术院校联盟，实施了亚洲艺术国际传播计划。

李爱仙
Aixian LI

中国标准化研究院副院长兼总工程师

李爱仙，现任中国标准化研究院副院长兼总工程师，研究员，兼任国家发改委战略性新兴产业发展专家咨询委员会委员，全国能源基础与管理标准化技术委员会秘书长，全国太阳能标准化技术委员会副主任委员。曾任国家能源专家咨询委员会委员，《节能法》修订专家组成员。

李爱仙长期从事标准化研究工作，先后承担科技部“九五”国家重点科技攻关计划、“十五”“十一五”和“十二五”科技支撑计划、科技基础性工作项目以及国家自然科学基金项目等10余项，负责研制GB/T15320《节能产品的评价导则》等国家标准20余项，组织推动了我国强制性能效标准研究工作的开展，建立健全了终端用能产品能效指标体系；主持研制我国首批强制性高耗能产品能耗限额标准，明确了能耗限额指标体系；组织研究并协助政府主管部门建立了节能产品认证制度、强制性能效标识制度和节能产品惠民政策。

李爱仙获得省部级科技进步奖10余项，2009年入选“新世纪百千万人才工程”。现分管并推进中国标准化研究院国家标准信息服务、中国标准走出去、人类工效学以及政府质量绩效考核等工作。

刘宗德
Zongde LIU

国家认证认可监督管理委员会认证认可技术研究所所长

刘宗德，现任国家认证认可监督管理委员会认证认可技术研究所所长，国家质量监督检验检疫总局科学技术委员会认证认可专业技术委员会委员、认证认可基础分专业技术委员会主任委员，中认新能源技术学院客座教授。

刘宗德1993年毕业于华中农业大学，1994—1998年任职于国家出入境动植物检疫局，1998—2001年任职于国家出入境检验检疫局，2001—2014年任职于国家认证认可监督管理委员会，长期从事出入境动物检疫、人事管理、行政管理、认证认可等工作，先后参与了“认证认可关键技术研究与示范”“认证有效性评价体系研究及示范应用”“中国检测机构科学发展战略研究”“中国特色认证认可理论体系研究”“政府绩效管理”等重点课题研究，获得了多项省部级科技奖励并出版了多部学术专著。

2008年，刘宗德获得了华中农业大学管理学博士学位，完成了我国从经济学角度系统阐述认证认可工作的博士论文《基于微观主体行为的认证有效性研究》和我国从制度层面和经济学角度全面阐述认证认可制度的书籍《认证认可制度研究》，一文一书填补了认证认可理论研究的空白，得到了行业内外的普遍认可和广泛使用，取得了较大的社会效益。

2014 年至今，刘宗德作为国家认证认可监督管理委员会认证认可技术研究所所长，围绕如何更好地发挥认证认可作用，推动“一带一路”贸易便利化提出了诸多创新观点，发表了《认证认可在“一带一路”战略中的机遇与挑战》等论文，撰写了多篇认证认可功能定位研究专报。刘宗德也是国家重点研发计划《支撑“一带一路”贸易便利化的认证认可关键技术研究与应用》的项目负责人。

吕红兵
Hongbing LÜ

中华全国律师协会副会长
国浩律师事务所首席执行合伙人

吕红兵，国浩律师集团事务所首席执行合伙人。中华全国律师协会党组成员、副会长、金融证券业务委员会主任，第七届上海市律师协会会长。中国共产党上海市第九次、第十次代表大会代表。政协上海市第十一、十二届委员会委员、社会和法制委员会副主任。上海市青年联合会第十届副主席、上海市青年企业家协会第六届副主席。中国证监会第六届股票发行审核委员会专职委员、上海证券交易所和深圳证券交易所上市委员会委员。上海国际贸易仲裁委员会、上海仲裁委员会委员及仲裁员、上海金融仲裁院仲裁员。复旦大学、中国人民大学、华东政法大学、上海外国语大学、上海对外经贸大学、上海政法学院、上海金融学院等高校兼职或客座教授。

吕红兵带领着来自国浩全球 20 个办公室的近 1500 名律师为境内外企

业及各类客户提供全面的专业法律服务。他主编或参与的著作包括《民主立法与律师参与》《企业投资融资筹划与运作》《中国新型城镇化的法治思维》《中国产业律师实务》《现代商事律师实务》《金融证券律师实务》等。

吕红兵曾获全国优秀仲裁员、上海市优秀专业技术人才、上海市劳动模范、上海市优秀律师、上海市司法行政系统先进个人等荣誉称号。

王大宁
Daning WANG

国家认证认可监督管理委员会副主任

王大宁，现任国家认证认可监督管理委员会副主任、党组成员，国家质检总局科技委委员，认证认可专业委主任。研究员，北京师范大学、中国农业大学博士生导师。

王大宁 1975 年参加工作，吉林大学分析化学专业毕业，曾担任吉林商检局检验员、工程师、高级工程师，第五检验处副处长、处长，吉林商检局局长助理兼办公室主任、副局长，吉林出入境检验检疫局副局长、党组成员，中国进出口商品检验技术研究所所长，中国检验检疫科学研究院院长，国家质检总局进出口食品安全局局长。2008 年任国家认证认可监督管理委员会副主任、党组成员。

王大宁参与制定了国家科技中长期战略规划，任公共安全专题组副组长、中国公共安全学会副理事长。曾主持完成了国家“十五”食品安全重大专项《食品安全关键技术》中“农药残留检测技术”“进出口食品安全风险控制技术研究”课题。主持国家重大科研课题5项，主持或参与了30余项省部级以上科研课题的研究工作。9项获省部级科技进步奖三等以上奖励；其中三项获得国家质检总局科技兴检一等奖。

王大宁参加制定了3项SN行业标准。在国家级、省部级刊物上发表论文50余篇。作为主编或副主编参与编著书籍7部，获得国家发明专利1项，授权、申请国家专利3项。

王丽
Li WANG

北京德恒律师事务所创始人、主任，首席全球合伙人、党委书记
中国民营经济国际合作商会副会长
中非商会副会长

王丽，现任北京德恒律师事务所（原中国律师事务中心）创始人、主任，首席全球合伙人、党委书记。兼任全国工商联执委，中国传记文学学会会长、吉林大学德恒律师学院院长、教授，北京大学、清华大学法律硕导、北京市政府上市工作委员会委员、立法工作专家委员会委员，中国民营经济国际合作商会副会长，中非商会副会长，中国国际经济贸易仲裁委员会仲裁员，是北京市党代表，北京市政协委员。担任财政部、全国社保基金理事会、中国三峡总公司、中国烟草总公司等机构法律顾问。

王丽1977年考入大学，获学士、硕士、博士学位。曾任教于山东师范大学、中国政法大学，并曾任国家司法部处长。1993年创办中国律师事务中心，获律师暨证券法律业务资格。曾任中国证券监督管理委员会上市公司重组委员会第一、二届委员，全国社保基金理事会、劳动与社会保障部企业年金专家。

王丽主办了9期345亿人民币三峡债券与长江电力A股发行、上市及总公司发电资产的整体上市。牵头主办了1500亿元融资额的中国农业银行A+H股IPO及航天科技通信、中国重汽等上百家大型企业改制、境内外股票、债券发行上市等法律服务。擅长综合协调处理中外客户投资并购、风险管理及重大突发事件与涉诉法律事务。

2015年，王丽发起设立了“一带一路”服务机制，为实现“一带一路”国家战略提供支持。

邢军
Jun XING

中国开发性金融促进会秘书长
国家开发银行客户管理中心副主任

邢军，现任中国开发性金融促进会秘书长、国家开发银行客户管理中心副主任，兼任清华大学五道口金融学院经济学教授、硕士研究生导师，第十届全国青联委员。

邢军获北京大学民商法学博士学位、东北师范大学应用经济学博士后，曾先后在民政部、内蒙古自治区二连浩特市人民政府、国家开发银行信贷管理局、贵州省分行等工作。2012年，邢军参与推动的中国开发性金融促进会获国务院批复成立，该机构是我国唯一的开发性金融社会组织，形成以8000家会员为主体，覆盖金融机构、大型央企、重点民企、科研机构的开发性金融合作网络。

邢军参与创立并举办了21期中国开发性金融大讲堂，发布全球开发性金融发展报告，开展航空物流体系等专项规划，推动开发性金融智库建设；举办亚信非政府论坛开发性金融圆桌会议、中法养老产业合作投资洽谈会、空中丝绸之路国际论坛等大型国际会议，连续两年举办境外中资企业年会，服务我国企业“走出去”战略。举办了中国—埃塞俄比亚国际产能合作对接会、投资非洲系列研讨会，推动中非合作；发起成立能源、文化、体育等产业金融俱乐部，促进产业金融互动，协同开发银行为会员提供“融资、融智、融商”服务；举办 PPP 模式项目融资培训班、贫困村大学生村官培训，发起“一五”时期 156 项工程工业遗产保护倡议、开发性金融机构相互信任与合作发展倡议，推动开发性金融社会公益事业；收购上海远东资信评估有限公司，致力于打造民族品牌的评级机构；发起成立“丝路规划研究中心”，推动成立“一带一路”高级研修院，举办首期培训斯里兰卡新闻出版业高端研修班，服务“一带一路”国家战略。

邢军在核心期刊和内参上发表文章 20 余篇，并出版专著 7 部。

第二部分

蓝迪国际智库重点关注企业名录

蓝迪国际智库建立了完善的企业合作体系，并致力于服务企业、提高企业的国际化能力，协助抱团出海，共建“一带一路”。蓝迪国际智库依据企业的规模、资质、业务导向、发展定位以及企业在“一带一路”建设中的布局等方面进行综合性的评估，推出了《蓝迪国际智库重点关注企业名录》。

自2016年以来，蓝迪国际智库关注企业由2015年的165个增至282个，分布于能源、制造、农林牧渔、信息、服务、文化、贸易、基建、医药、房地产、金融、园区港口、矿业等众多行业。

进入重点关注企业名录的企业，将能够获得蓝迪国际智库在法律服务、政策研究、技术标准、信息服务、金融支持、文化与品牌、能力建设七大服务体系的支持，从而进一步提升企业的国际化能力，加快企业走出去的步伐。

本名录按照加入蓝迪国际智库企业平台的时间先后顺序排列。

1 能源

1.1 中国电力建设集团有限公司

中国电力建设集团有限公司是集水利电力工程及基础设施投融资、规划设计、工程施工、装备制造、运营管理为一体的综合性建设集团，主营业务为建筑工程（含勘测、规划、设计和工程承包），电力、水利（水务）及其他资源开发与经营，房地产开发与经营，相关装备制造与租赁。

中国电建是全球清洁可再生能源和水利（水务）资源开发建设行业的领先者，全球基础设施建设服务的骨干企业；中国电力和水利工程建设行业的龙头企业，中国房地产开发与经营的重要企业，带动行业结构优化、产业升级、产品和服务出口的重要力量。

中国电建的水利水电规划设计、施工管理和技术水平达到世界一流，水利电力建设一体化（规划、设计、施工等）能力和业绩位居全球第一，是中国水电行业的领军企业和享誉国际的第一品牌。公司承担了国内大中型以上水电站65%以上的建设任务、80%以上的规划设计任务和全球50%以上的大中型水利水电建设市场，设计建成了国内外大中型水电站200余座、水电装机总容量超过2亿千瓦，是中国水利水电和风电建设技术标准与规程规范的主要编制修订单位。

中国电建拥有工程勘察综合甲级、工程设计综合甲级、水利水电工程施工总承包特级、公路工程施工总承包特级、房屋建筑工程施工总承包特级、电力工程施工总承包一级、进出口贸易权、对外工程承包经营权等资质权益，精通EPC、FEPC、BOT、BT、BOT+BT、PPP等多种商业模式及运营策略，具备驾驭大型复杂工程的综合管理能力。

中国电建在全球101个国家设有160个驻外机构，在110个国家执行

1565 项合同，海外业务以亚洲、非洲为主，辐射美洲、大洋洲和东欧，形成了以水利、电力建设为核心，涉及公路和轨道交通、市政、房建、水处理等领域综合发展的“大土木、大建筑”多元化市场结构。

中国电建拥有世界一流的综合工程建设施工能力、世界顶尖的坝工技术、世界领先的水电站机电安装施工、高等级铁路工程施工、城市轨道交通工程施工、地基基础处理、特大型地下洞室施工、岩土高边坡加固处理、砂石料制备施工等技术，具有大中型水利水电工程及城市、交通、民生基础设施工程设计、咨询及监理、监造的技术实力。

1.2　中国能源建设集团有限公司

中能建是全球最大的电力行业全面解决方案提供商之一。公司在中国及海外逾 80 个国家及地区的电力工程建设项目中获得丰富的经验。根据沙利文报告，2012—2014 年，公司参与设计及（或）建设的电厂的总并网装机容量超过 160 吉瓦，排名世界第一。根据《工程新闻记录》杂志评选，按收入计，2015 年公司可名列“全球设计公司 150 强”第 21 位（设计业务）及 2014 年公司名列“全球承包商 250 强”第 15 位（承包业务）。公司名列 2015 年“世界财富 500 强”第 391 位。

公司已承担设计或建设大量标志性项目及取得多项成就，包括三峡工程项目（拥有世界上装机容量最大的水电站），最高电压等级的交直流输电线路，及最多百万千瓦超超临界发电机组。根据沙利文报告，于 2014 年，公司的勘测设计业务于中国火电项目（按国内已完成合约金额计）、输电线路市场（330 千伏及以上）及特高压输电线路市场（两者均按国内已安装长度计）的市场占有率分别为 81.1%、52.6% 及 73.7%。根据同一数据源，2014 年，公司的工程建设业务于中国火电项目及水电项目（两者均按已完成合约金额计）的市场占有率分别为 57.6% 和 22.8%。截至 2015 年 3 月 31 日，于中国所有投运及在建的核电机组中，公司的勘测设计及核电厂常规岛安装业务（两者均按已装机容量计）的市场占有率分别为90.8%及59.8%。

近年来，公司的国际业务经历了快速发展。主要项目包括中国首个海外核电工程——在巴基斯坦的恰希玛核电（1×300兆瓦）项目（一期）；以及应用中国首台出口的600兆瓦超临界燃煤发电机组——土耳其EREN超临界燃煤电站（2×600兆瓦）项目。此外，公司正在建设的阿根廷圣克鲁斯河基赛水电站项目是阿根廷最大的项目，以及迄今为止中国企业在海外承建的合约金额最大的水电项目。2012—2014年，海外业务收入的年化复合增长率达到19.3%，持续保持高速增长。基于公司良好的往绩记录，公司已成功在国际电力及基础设施建设行业确立了“中国能建”的知名承包商品牌。

1.3 中国核工业建设集团公司

中国核工业建设集团公司主要业务是军工工程，核电工程、核能利用，核工程技术研究、服务。公司坚持“以核为本、两业并重、适度多元”的发展方针，即以核军工、核电建设、核能利用为立足之本，承担国家级核事故应急救援任务，拓宽核技术应用领域；同步发展工程建设服务业务及清洁能源开发利用业务；选择与主业相关的领域进行适度拓展。

在军工工程领域，集团承担了大量的国防科技工业军工建设任务，积累了丰富、先进的工程技术和管理经验，在高精尖和技术、保密等要求较高的军工建设领域以及核军工工程领域形成了独特的优势，成为国防军工工程的主要承包商之一。

在核电工程建造领域，集团公司安全优质高效地完成了我国压水堆、实验快中子反应堆、重水堆等多种不同堆型核电站的建造，具有30万、60万、70万、100万千瓦级各个系列机组的建造能力与业绩，具备同时承担40台核电机组的建造能力。目前，集团公司是国内外唯一一家连续30余年不间断从事核电建造的企业集团，承担着中国所有在建核电站核岛部分的建造任务，并圆满完成了巴基斯坦恰希玛核电站一期、二期工程的建造，形成了具有国际先进水平的核电建造管理模式。

集团积极发展以核能产业化及中小水电开发利用为代表的清洁能源业务。在核能产业化方面，开拓以高温气冷堆、低温核供热堆为代表的先进核能利用业务，逐步实现产业升级，提升核心技术水平。在水电及其他清洁能源开发方面，形成了以水电投资为主，电网、风电、光伏等产业协同发展的业务布局并保持了较快的发展速度。

1.4 中国水电工程顾问集团公司

中国水电工程顾问集团有限公司是中国电力建设股份有限公司旗下引领国际业务、投资业务和水务、环境等战略性新兴业务的重要子企业，拥有全球营销能力、产品供货能力、技术服务和融资能力，业务覆盖水电、风电、太阳能等新能源及基础设施各领域，是全球可再生能源开发的引领者。

经过各个历史时期的发展，中国水电顾问集团已经发展成为政府信赖、业主满意、社会放心、国际认可的优质品牌。在巴基斯坦、泰国、埃塞俄比亚、塞拉利昂、喀麦隆、阿根廷等36个国家树立了良好的品牌信誉。2012年，入选中国进出口银行的贷款项目评估单位，2014年，入选商务部对外援助成套项目可行性研究咨询单位。在ENR（美国工程新闻纪录）发布的2014年度全球设计150强企业中排名第12位，继续位居前列；在ENR和中国《建筑时报》发布的中国工程设计60强企业中继续蝉联榜首；在国际工程设计公司225强排名中位列第38位。

水电顾问集团2011年前是国资委直接管理的中央企业，是中国唯一提供水电水利建设和风电开发综合性技术服务的大型企业集团，主要从事全国水电和风电、太阳能等可再生能源的规划、勘测、设计、科研和政策研究、标准制定等业务。2011年年底，随着国家电力体制改革的持续深化，成为中国电建核心成员企业，构建为政府和企业提供整体解决方案的高端平台。

截至2014年，水电顾问集团共完成世界级水电项目10余座，其中规划、勘测、设计的以小湾和溪洛渡等为代表的混凝土双曲拱坝，代表了世界拱坝技术的最高水平；拥有水电、风电的权益装机容量约600万千瓦，拥有供水、污水处理权益规模为75.3万吨/日。已在国内全资或控股开发水电、风电项目30余个，实现投产项目16个，投产电厂规模约110万千瓦，成功跃过百万千瓦级，跻身中等发电企业行列。组建了6个海外业务区域总部，在30多个国别设有办事机构或工作组，控股或参股7家以境外投资为主要任务的子公司，经营范围涉及亚洲、非洲、拉丁美洲等66个国家和地区。紧跟国家“一带一路”战略，重视六大经济走廊、拉美战略，在中巴能源经济走廊第一批14个项目中，水电顾问投资的大沃风电项目和萨察尔风电EPC总承包项目入选。

1.5 中国水利电力对外公司

中国水利电力对外公司为中国长江三峡集团公司的全资子公司，是中国水电行业最早参与国际经济合作的国有企业。

公司水利水电主营业务优化突出，输变电、路桥、港口疏浚等基础设施建设经验丰富，足迹遍及亚、非、欧、美的80多个国家和地区，在31个国家和地区常设驻外机构。近十年来公司成功建设苏丹麦洛维大坝、老挝南立1—2水电站、马其顿科佳水电站、哈萨克斯坦玛依纳水电站、苏丹上阿特巴拉水利枢纽工程、埃塞俄比亚瓦佳—马吉公路、加纳农村电气化工程、阿尔及利亚德拉迪斯水坝和玛乌阿纳水坝、摩洛哥拜—本高速公路、厄瓜多尔TP水电站等一系列水电和基础设施项目。2015年，公司经营效益稳步增长，几内亚凯乐塔水电站、老挝南椰2水电站胜利竣工提前投产发电，同时公司打造出厄瓜多尔可尼尔防洪工程、乌干达伊辛巴水电站等多项精品亮点工程。截至2015年年底，公司全口径从业人数超过2万人，其中75%为外籍员工。

公司具有国家水利水电工程施工总承包一级资质、对外工程承包经营权、进出口贸易权、AAA级信用等级，已通过质量管理、环境管理、职业健康安全管理三标体系认证，在中国香港地区拥有所有工程类别的最高等级承建商牌照；连续27年荣登ENR全球最大250家国际工程承包公司榜单，连续16年荣登ENR全球最大225家国际工程设计公司榜单。

1.6　特变电工股份有限公司

特变电工是为世界能源事业提供系统解决方案的服务商，是中国最大的能源装备制造企业、世界输变电制造行业的骨干企业，其中变压器年产能达到2.5亿千伏安，居中国第一位，世界前三位。特变电工集团居世界机械500强第224位；综合实力居中国企业500强第287位；中国机械百强第8位；品牌价值502.16亿元人民币，列“中国500最具价值品牌”第47位。

作为中国最大的能源装备制造企业，特变电工是承担中国国家电网、电源、石油、化工、铁路、交通、工矿企业等重大项目，重点工程最多的企业之一。特变电工拥有自主知识产权的核心专利技术及专有技术近1000项，实现了130多项自主技术重大突破，其中40余项世界首创、90多项中国首台套。参与了中国乃至世界行业标准制定100余项，包括IEC标准2项。公司先后荣获中国科学技术领域最高奖——国家科学技术进步特等奖1次，国家科学技术进步一等奖4次，国家科学技术进步二等奖1次。

围绕“一特四大”能源战略，特变电工先后参与到多项中国重点工程中，承担了世界上输送距离最远、传输容量最大的哈郑线±800千伏高压直流、世界上首条商业运行的1000千伏晋东南—南阳—荆门特高压交流、世界装机容量最大的台山2×175万千瓦核电、安徽平圩百万千瓦大型火电、溪洛渡百万千瓦大型水电、向上±800千伏高压直流、溪浙±800千伏特高压直流、浙福1000千伏特高压交流等一系列代表世界节能输电技术领域创新领跑工程的中国首台套、世界首台套输变电产品自主研制，其中特变电工承担了中国百万、千万大型火电50%以上主变的供货任务，位居中国第一；承担了中国60%以上大型水电主变供货任务，位居中国第一；承担了中国60%以上百万、千万大型核电主变供货任务，位居中国第一；承担了中国近25%的光伏系统项目，位居中国第一。

同时，作为中国电力能源事业发展最重要的装备商，特变电工还承担了一大批代表世界绿色节能输电领域创新领跑工程的产品研制。目前，特变电工在输变电、新能源、新材料、能源领域，均拥有代表中国最高水平的国家级企业技术中心、工程实验室、博士后科研工作站，建立了产、学、研、用相结合开放式的自主创新平台。承担中国863课题、科技支撑计划及研究课题17项，拥有知识产权专利技术900余项，参与了国内外行业标准制定100余项，其中IEC标准2项，加快了跨国经营国际化进程，实现了由单机制造向系统集成创新，由中国制造向中国创造，由装备中国向装备世界的升级，推动了中国标准向世界的输出，打造了中国民族工业品牌。

1.7　特变电工新疆新能源股份有限公司

特变电工新疆新能源股份有限公司成立于2000年，历经14年的快速发展，形成以光、风、火等电力工程服务为核心的主营业务结构，专注于向客户提供各类电力项目开发、投融资、设计、调试到运营维护一体化的可靠、高效的清洁能源解决方案。目前，公司在全国有4个产业园，12个项目公司，服务于国内外客户和市场，每年源源不断地为人类贡献着18亿千瓦时的清洁能源，减少二氧化碳排放近100万吨，已成为领军中国光伏发展、改善世界能源结构的大型企业集团。

公司拥有一支由博士、硕士组成的专业研发、设计团队，拥有专利数百项，荣获联合国技术创新特等奖等多项殊荣。实现3千瓦—1250千瓦全系列并网逆变器的研制，最新研发三电平模块化并联新机型

TC500KM 和北美版 UL 机型，全线产品已通过 CQC 新能标、TUV、VDE、CE、G95、SAA、UL、国网零电压穿越等多项国内外权威认证及测试，运行业绩已突破 2 千兆瓦。

公司光伏项目承包安装量接近中国市场新增光伏总需求的 15%，凭借超千兆瓦的 EPC 总承包量排名全球第二、全国第一。2013 年，公司荣获"中国光伏电站——卓越服务商"称号、"中国机械工业科学技术奖"，公司承建的中电投太阳山 30 兆瓦项目荣获我国电力行业最高奖项——中国电力优质工程奖。所承建的离并网电站 3000 余座，遍布新疆、青海、内蒙古等 20 余个省区，其中 30 余个项目获得业主单位优质工程称号。2014 年，公司中标全球最大的单体太阳能光伏电站——巴基斯坦旁遮普省 100 兆瓦项目。

公司立足新疆千万千瓦风电发展规划和全国总装机量达 1 亿千瓦的发展规划，自主开发、投资并建设了中国首个最大的风光互补电站——吐鲁番 100 兆瓦国家级示范电站。承担了吉木乃、哈巴河、木垒、十三师等众多重点风电项目的开发建设，储备的风力发电总装机量超 100 万千瓦，正在努力为中国风电产业集成技术的结构优化和升级贡献着自己的力量。

公司拥有电力工程总承包二级、电力工程调试以及电力工程设计乙级资质，具有百万千瓦级的项目储备及投资，专业为客户提供 30 万千瓦及以下 EPC 工程和 220 千伏及以下发电、输配电设备系统安装、调试、EPC 工程等服务。已承担甘泉堡工业园 2×350 兆瓦电厂、伊犁南岗 2×135 兆瓦电厂、石河子天富 2×330 兆瓦电厂等多个火力发电机组的工程服务，获得了电力行业信用等级双 A 认证。

1.8　新疆金风科技股份有限公司

新疆金风科技股份有限公司是全球领先的风电设备研发及制造企业以及风电整体解决方案提供商。公司拥有自主知识产权的直驱永磁技术，代表着全球风力发电领域最具成长前景的技术路线，两次荣获美国麻省理工学院《科技评论》杂志评选出的“全球最具创新能力企业 50 强”。公司目前是全球最大的直驱永磁风机研制企业，同时在深圳证券交易所和香港联合交易所上市。

金风科技生产的产品不仅得到了国内市场的高度认可，还进入了欧、美、澳、非等海外市场。成为国内第一、国际领先的风电制造商及风电整体解决方案提供商，同时也是全球最大的直驱永磁机组设备制造商。目前公司拥有员工 4162 人，其中研发技术人员近千人，超过公司总人数的 20%。

金风科技全球累计装机容量超过 19 千兆瓦，装机台数超过 14000 台，相当于每年可为社会节约标准煤约 1300 万吨，减少二氧化碳排放约 3900 万吨，相当于再造了约 2100 万立方米森林。

1.9　中国长江三峡集团公司

中国长江三峡集团公司为国有独资企业，注册资本金 1495 亿元。公司的战略定位是以大型水电开发与运营为主的清洁能源集团，主营业务是水电工程建设与管理、电力生产、国际投资与工程承包、新能源开发、相关专业技术服务。

中国长江三峡集团公司共有 17 个全资和控股子公司。其中，中国长江电力股份有限公司为集团公司控股的上市公司，是集团电力生产管理主体，拥有三峡—葛洲坝梯级电站；中水电国际投资有限公司主要从事海外清洁能源项目投资开发；中国三峡新能源公司主要从事风电和太阳能等新能源开发；中国水利电力对外公司主要从事国际工程承包业务；三峡金沙江川云水电开发有限公司、三峡金沙江云川水电开发有限公司分别为金沙江溪洛渡和向家坝、乌东德和白鹤滩四座电站的业主；上海勘测设计研究院是集团公司所属甲级工程勘测设计研究院，主要从事工程勘测、设计、咨询业务；三峡财务有限责任公司是专门服务于集团公司及其成员单位的非银行金融机构；长江三峡技术经济发展有限公司主要从事工程管理咨询和监理业务；三峡国际招标有限责任公司主要从事国际、国内招标代理与合同执行业务；长江三峡设备物资有限公司主要从事设备物资仓储管理、重大件运输、代理采购、特许经营业务；三峡旅游发展有限责任公司主要从事旅游开发和酒店管理；内蒙古呼和浩特抽水蓄能发电有限公司主要从事呼和浩特抽水蓄能电站建设和运营；宜昌三峡工程多能公司主要从事资产处置业务；长江三峡集团传媒有限公司主要从事集团公司报纸杂志编辑出版工作，并承担集团公司常规宣传业务；长江三峡能事达电气股份公司主要从事发电厂控制设备全厂解决方案等业务；南京河海科技有限公司依托“水资源高效利用与工程安全国家工程研究中心”，为重大水资源开发与管理提供技术及工程咨询。

1.10 江苏省国信资产管理集团有限公司

江苏省国信资产管理集团有限公司是在江苏省国际信托投资公司和江苏省投资管理有限责任公司基础上组建的大型国有独资企业集团，从事授权范围内的国有资产经营、管理、转让、投资、企业托管、资产重组以及经批准的其他业务，注册资本金为人民币200亿元。

江苏国信成立以来，始终依托资源和功能优势，精心打造以电力为主的能源产业平台，以信托为主的金融服务业平台和以房地产开发、酒店业为主的不动产平台，并不断拓展投资领域、完善业务功能，先后介入天然气管网建设、新能源开发、江苏软件园建设等实业投资领域，拓展了担保、保险经纪、金融租赁等业务功能。2006年年底，与江苏省国有资产经营控股公司合并重组，在证券、银行、酒店旅游、房地产和社会文化事业等领域注入了新资源。2010年4月，与江苏舜天国际集团合并重组，在对外贸易以及制造业等领域又有了新的拓展。截至2015年，集团总资产1450亿元、净资产642亿元；全年实现营业收入499亿元，实现利润总额64.7亿元，拥有全资、控股企业50余家。

1.11 正泰电气股份有限公司

正泰电气股份有限公司系正泰集团股份有限公司的控股子公司。公司注册资金8.5亿元，总投资额35亿元。已建成占地1350亩的公园式工业园，是世界上规模最大的输配电设备生产基地，被列为上海市20家重大产业升级项目之一。

公司现有员工4100人，其中教授级高工8人，高级职称63人，博士、硕士28人，大专以上学历员工占员工总数的30%。公司下设10个事业部，主要生产和销售110千伏—500千伏电力变压器，10千伏—35千伏配电变压器，126千伏—252千伏气体绝缘金属封闭开关设备（GIS）、高压断路器和隔离开关，500千伏及以下避雷器、互感器、绝缘子，0.66千伏—40.5千伏成套开关设备，箱式变电站，配电自动化设备，以及35千伏以下电线电缆等产品，并可承接电力工程总包业务。公司多项产品被评为国家、省、市级名牌产品，其中自主研发的LW43—252高压六氟化硫断路器荣列“国家重点新产品”并填补了国内空白，ZF21—126气体绝缘金属封闭开关设备（GIS）荣列“国家火炬计划项目”，500千伏变压器和智能化GIS被列为上海市重大技术装备研制专项。各类产品已广泛运用于国家电网、南方电网、西电东送、西气东输、三峡工程、青藏铁路、中央电视台、首都国际机场等国内重点工程，并已出口到俄罗斯、日本、意大利、澳大利亚、印度、越南、刚果、尼日利亚、哥伦比亚等30多个国家和地区。以110千伏河龙湾变电站总包工程为标志，系统工程业务也蓬勃发展。

公司被评为“国家级火炬计划优秀高新技术企业”和“上海市高新技术企业”，拥有“国家级技术研发中心”和“上海市认定企业技术中心”，并与上海交大、同济大学等建立了联合研发中心。采用柔性研发体系，以试验站和专业研发室为核心组成，以清华大学、上海交大、西高所等著名科研院所为重要依托，将专业技术研发和产品项目开发相结合，实现了科研成果与市场需求的即时对接，不断推动企业从传统电气制造向自动化和系统集成领域发展。以“宁可少做亿元产值，不让一件不合格品出厂”为质量宣言，企业先后通过了ISO9001、ISO14001和OHSAS18001体系认证，并斥巨资引进国际先进的索能剪切线、PAMA镗铣加工中心、海德里希环氧树脂真空浇注设备、海沃SF6气体绝缘工频试验装置、艾美特变极性等离子铝纵缝自动焊接系统等先进的工艺装备，为生产高质量产品提供着可靠的体系和工艺保证。CAD、CAM、PDM、CAPP、Pro/E三维等设计软件和信息技术广泛运用于设计和制造过程，大大缩短了研发周期，降低了研发成本，实现了产品生命周期的全过程控制。

1.12　天津恒运能源集团股份有限公司

恒运能源集团是一家以能源产业为龙头、以农业产业为基础、以金融产业为保障的具有强大综合实力的多元化民营企业集团。集团成立于2003年，注册资金6.5亿元。十余年来，始终坚持以国家产业政策为导向，利用自身优越的资源优势，实现了集团跨越式的发展。现下辖多个子公司，员工达1000多人。自2013年，集团连续三年荣膺“天津市百强企业”称号；同年，跻身“中国服务业企业500强”之列。

在石油领域，公司在河北黄骅拥有5万立方米的油库、四条铁路线，具备成品油批发兼零售资质以及危险品运输资质；在天然气领域，在吉林建设有78公里天然气管线、一个天然气分输站和9个天然气加气站，拥有天然气供气特许经营权和汽车油改气资质；能源物流领域，在天津港拥有集仓储、加工、贸易为一体的13万平方米的现代化物流中心；同时在泰国、中国香港等国家和地区设有涉及化工、油品、矿石、有色金属等国际贸易的海外公司，其作为集团海外的金融平台和合作窗口，为集团海外业务的拓展奠定了基础。

围绕中国最大的山东乐陵百万亩枣林的独特优势，发展集乐陵富硒金丝小枣种植、研发、生产加工、销售、小枣文化博物馆、服务、旅游文化、互联网等于一体的红枣全产业链。旗下拥有山东百枣纲目生物科技有限公司、山东双陵春生物科技股份有限公司、山东醉亿生物科技有限公司及金枣优购等核心企业。百枣纲目作为“中国枣产业著名企业”拥有300亩园林式厂区、三大现代化生产车间、30万亩红枣种植示范基地、中国最大的金丝小枣文化博物馆、山东省民政厅唯一批准注册成立的山东百枣枣产业技术研究院，公司产品在“第十一届中国林产品交易会”上荣获金奖。双陵春生物科技已在上海股交中心成功挂牌上市，公司拥有的“双陵春”品牌枣香型酒、天然饮品金卡迷思尼，“烈鹰”品牌金丝枣酒、中华蜜酒两大品牌四大系列产品，相继荣获巴拿马金奖和沙迦金奖。2015年，“双陵春”和“烈鹰”商标，分别被国家工商行政管理局商标局和国家工商行政管理总局商标评审委员会认定为“中国驰名商标”。

依托天津自贸区金融创新的政策优势，集团将金融产业总部基地落户于此，并于2014年相继成立资管公司、基金公司、基金管理公司、投资公司等，后期将相继成立融资租赁公司、商业保理公司。伴随着天津自贸区2015年的揭牌成立，集团将打造成为以创新金融服务为核心的民营金融服务集团。

1.13 新奥集团股份有限公司

新奥集团股份有限公司（以下简称新奥集团）是一家以清洁能源开发利用为主要事业领域的综合性企业集团。目前，集团拥有员工3.5万余人，总资产超过945亿元人民币，300余家全资、控股公司分布于国内20余个省份及亚洲、欧洲、美洲等地区。

集团下辖生态板块产业包括：新奥能源（香港上市代码HK.2688）、能源化工（新奥生态股份有限公司，上市代码SH.600803）、技术工程、智能能源、太阳能源、新奥环保、新奥（舟山）液化天然气有限公司、能源研究院。集团下辖生活板块产业包括：新绎地产、新绎文化、新绎健康、北部湾旅游股份有限公司（上市代码 SH. 603869）、新苑阳光农业。

新奥能源是新奥集团的核心业务，已在中国 15 个省、自治区、直辖市成功投资、运营了 117 个城市燃气基础设施项目，并取得越南国家城市燃气经营权；为 627 万多居民用户、24000 家工商业用户提供各类清洁能源产品和服务；敷设管道逾 18000 公里，天然气最大日供气能力超过 3000 万立方米；市场覆盖国内城区人口逾 5552 万；在全国 71 个城市，投资、运营 330 座天然气汽车加气站，同时在 20 多个大中城市开展了包括供能系统外包和多联供等形式在内的整体解决方案服务。

1.14　杭州海兴电力科技有限公司

海兴电力科技是全球领先的智能电网解决方案提供商、营收管理系统服务商。企业始终围绕客户需求持续创新，致力于在发电、输电、变电、配电、用电各个环节提供解决方案和服务，为客户创造最大价值，并促进社会经济与环境的可持续发展。经过多年的努力，公司产品销往全球 70 多个国家和地区，公司拥有国内领先的全球营销网络，并设立了多个海外研发、生产和营销中心。

海兴电力科技是全球智能电网解决方案提供商，营收管理系统运营商、服务商；是国家火炬计划重点高新技术企业；拥有省级“海兴电力研究院”，省级企业技术中心、省级高新技术企业研究开发中心，基础性研究与产品研发相融合；拥有全球化的市场网络，以自主品牌，连续多年电能表产品出口量居全国首位；在国内智能电能表市场占有率稳居前列；具备丰富的国际系统工程项目经验，成功部署与实施了多个国家级电力系统工程项目；也是首批杭州市供应链示范企业，具有先进的供应链管理体系与信息化平台和完整的产业架构。

1.15　中国电力国际发展有限公司

中国电力国际发展有限公司是于2004年3月24日根据香港法例在香港注册成立的有限责任公司，是中华人民共和国五家最大的发电集团之一中国电力投资集团公司的旗舰公司。公司股份于2004年10月15日在香港联合交易所有限公司（香港联交所）主板上市。公司的主要业务是在中国开发、建设、拥有、经营和管理大型发电厂。

公司及其附属公司拥有及经营发电厂十余家。公司拥有五凌电力63%的股权，五凌电力是中国领先的水电开发公司之一，是湖南省最大的水电公司。总装机容量为5286兆瓦，其中公司权益装机容量为3057兆瓦。

公司持有上海电力股份18.86%所有权。上海电力是一间发电公司，其股份在上海证券交易所上市，公司为其第二大股东。截至目前，公司合计权益装机容量为11510兆瓦，其中水电权益装机容量为2906兆瓦，占全部权益装机容量的25.25%，公司成为水电装机容量比例最高的中国海外上市发电公司。

公司代表中电国际管理两间发电厂——清河电厂（1000兆瓦）和芜湖兆达电厂（250兆瓦），总计委托管理容量为1250兆瓦。公司正在建设中的火电项目包括福溪电厂（1×600兆瓦）、新塘电厂（2×300兆瓦）及神头一厂“上大压小”（2×600兆瓦）。公司正在建设中的水电项目包括白市电厂（3×140兆瓦）及托口电厂（4×200兆瓦+2×15兆瓦），总装机容量为1250兆瓦。

1.16　山东圣威新能源有限公司

山东圣威新能源有限公司成立于1993年，现已发展为国内最大的锅炉制造企业之一。公司持有国家质量检验检疫总局颁发的A级部件、B级锅炉、D级压力容器制造许可证。专业制造生产导热油炉、蒸汽锅炉、导热油、生物质燃料、环保设备等多种系列产品。产品畅销全国20多个省、市、自治区的大、中、小城市（地区）和东南亚、非洲等许多国家。公司及其导热油炉产品先后获得“中国质量服务信誉AAA级企业”“中国环保产品质量信得过重点品牌”“山东省重合同守信用企业”“山东省节能产品奖”“山东省环保产品使用认可证书”等荣誉和奖项，中国人民保险公司已对公司的产品质量予以承保。

圣威公司不仅拥有自己庞大的专利技术（其中专利37项及多项核心技术），而且公司引进德国导热油炉技术并同清华大学、大连之光研究所以及韩国朝一公司等建立长期深度合作关系。技术实力雄厚，圣威锅炉在业内以高效节能安全稳定、产品质量过硬而著称。现已形成燃天然气、燃生物质、燃煤、燃废料等各种锅炉类型，可广泛运用于石化、纺织、印染、塑料、橡胶、食品加工、木材加工、沥青加热、纸箱生产、蔬菜脱水、烤漆、铸造砂模烘干等多种行业。

圣威还创办了山东省第一家专业生产导热油的企业——富泉导热油。导热油是导热油锅炉的血液，当为客户打造精益求精的导热油炉的时候，圣威也更加注重导热油炉的“血液”——导热油的油品质量。公司生产的“富泉”牌导热油，无味、无腐蚀性、无污染，可在低压力下液相输送高温热能，具有初馏点高、传热性能好、抗氧化性强、热稳定性高、使用寿命长等优点，另外，公司还承接了导热油的回收、再生报废合成导热油和导热油加热系统的清洁工程服务等。

1.17 海润光伏科技股份有限公司

海润光伏成立于2004年，以高效晶硅太阳能电池及高性能太阳能组件的研发和生产为基础，着力拓展全球光伏电站开发、建设与运营业务，是中国最大的晶硅太阳能电池生产企业之一，致力于发展成为全球领先的能源开发投资和光伏能源供应商。目前，公司注册资本15.75亿元人民币，总资产超过180亿元人民币。公司于2012年在上证所成功上市。

目前，公司在国内江苏和安徽两省拥有五大生产基地，员工总数

7000 人，单晶拉棒、多晶铸锭和硅片产能为 600 兆瓦，太阳能电池产能 1. 6 千兆瓦，太阳能组件产能 1. 2 千兆瓦，旗下 8 家制造工厂全部入选国家工信部《光伏制造行业规范条件》企业名单，晶体硅一体化产能位居全球第七，国内前三。同时，在德国、中国香港、美国、意大利、瑞士、日本、澳大利亚、南非均设立了子公司，在全球范围内拥有 70 余家控股子公司，建立了覆盖全球的营销网络，产品远销海内外众多国家。

公司 2011 年即启动规模光伏电站的投资开发业务，通过 EPC、BT 和自持三种形式，目前在包括中国在内的全球 6 个国家累计投资开发光伏电站项目超过 1 千兆瓦，完成总投资超过 130 亿元人民币。成为行业内率先实现战略转型和电站投资业务突破的企业之一。经过近四年的团队建设和经验积累，形成了一支专业的项目开发建设团队，具备了每年千兆瓦级光伏电站开发能力。目前全球电站项目储备超过 5 千兆瓦。率先和重点发展光伏电站业务，是公司发展战略的重中之重。

公司研发中心于 2011 年获授由国家发改委颁发的国家级“工程研究中心”称号。目前，公司自主开发的高效多晶技术生产的电池效率较普通多晶硅技术提升 0. 3%，并已实现量产；在国内首家完成了 PERC 电池/组件技术的开发，电池转换率达到 20% 以上，已完成了可靠性认证并具备批量生产能力；已完成双面电池/组件技术的开发，电池正面和背面的效率分别达到 19. 5% 和 18. 4%；2013 年公司开始研发无须后续电镀处理的第二代喷墨打印技术，目前已获得国家“863”计划专项资金支持；基于 PID 机理研究，公司自主开发了扛 PID 的 SINx 镀膜工艺，在国内率先通过了 TOV 双倍 PID 测试，并实现了扛 PID 电池/组件技术的产业化生产。

1. 18　晶科能源控股有限公司

晶科能源控股有限公司（以下简称“晶科能源”）是晶硅光伏组件出货量位居全球第二位的太阳能光伏企业，2010 年在美国纽交所上市，股票代码：JKS。公司系中国500强企业，拥有全球2万名员工，超过10亿美元出口额。公司目前拥有江西上饶、浙江海宁、马来西亚、南非及葡萄牙五大生产基地，全球营销中心位于上海，并在北京、新加坡、德国慕尼黑、美国旧金山、澳大利亚昆士兰、加拿大安大略省、意大利博洛尼亚、瑞士楚格、日本东京等地分别设立了分（子）公司。晶科能源始终专注于为客户提供世界领先水平的光伏产品，专业化生产优质的硅锭、硅片、电池片以及高效单多晶组件，产品销往欧美以及亚太多个国家，包括意大利、德国、比利时、西班牙、美国、加拿大、东欧、澳大利亚、中国、印度、日本以及南非等主要光伏市场。2015年，晶科能源组件出货量达4.5千兆瓦，跃居全球光伏行业第二位。

晶科电力有限公司系晶科能源控股子公司（占股55%），2014年晶科电力获得2.25亿美元股权融资，股东包括国内首家银行系私募股权投资公司国开国际（占股21%）、全球最大的基础设施投资机构之一麦格理（占股20%）、私募股权投资基金新天域资本（占股4%）等投资者，晶科电力是专业从事光伏新能源的电力资产开发、电站建设、电站运维、投资管理、电力生产和销售等主要业务的具有领先竞争力的全球性独立光伏电站生产企业，致力于在世界范围内供应可持续、经济的清洁能源。

晶科电力已持有运营光伏电站发电规模达1千兆瓦，与此同时，在中国16个省市和海外市场拥有超过3千兆瓦的光伏电站储备项目。目前，晶科电力与国开金融租赁公司签订了项目开发战略协议，与国家开发银行、民生银行等签订融资战略合作协议，多家金融机构为晶科提供项目贷款、流动资金贷款等资金支持。

晶科电力在西部投资大型地面电站，在中东部建设农光互补（江西横峰50兆瓦光伏电站）、渔光互补电站（江西鄱阳120兆瓦光伏电站），正探索建设水上漂浮式电站，并积极开拓海外市场。晶科电力建成了国内领先的光伏电站远程监控中心，打造全国一流的光伏电站远程数据监控中心。对旗下拥有的总量为1千兆瓦的光伏电站进行统一高效的远程智能化管理。

1.19　江苏爱康太阳能科技股份有限公司

江苏爱康太阳能科技股份有限公司是一家专注于光伏电力投资、运营、总包及光伏配件一站式供应的高新技术企业。2011年8月公司成功登陆深圳证券交易所中小板。

从铝型材的铸造到太阳能电池铝边框的深加工，从EVA胶膜、光伏支架系统、光伏专用接线盒等配套产品的研发、生产，到光伏太阳能电站的投资建设，公司始终致力于为客户提供更加稳定、优质、全方位的一站式服务。

公司现有产品主要包括太阳能电池板专用边框、太阳能支架、组件专用EVA封装胶膜、接线盒及各种太阳能应用产品及光伏组件。公司生产的太阳能电池板专用边框2011年7月全球销量第一，据权威机构统计，占全球17%的市场份额。主要生产设备从日本进口，模具精良，精度可达0.02毫米，能够大批量地为客户提供各种型号的铝边框。生产能力、产品精度和质量均居同行业领先水平并全部出口到日本、韩国、德国等世界500强企业，赢得了太阳能行业国际市场前50强企业的广泛认同。公司现有26条边框生产线和一条自动化生产线，生产能力达150万套/月。

爱康太阳能支架系统品种齐全、功能强大，凭借稳定的质量赢得了国内外客户的优良口碑。如今支架生产能力达3兆瓦/月。公司的支架系统有固定地面系统、屋顶系统、单双轴自动追踪系统等。太阳能支架系统已经申请外观设计专利13项，实用新型专利1项。爱康太阳能支架系统可以根据客户的需求进行设计和生产。公司研发的太阳能公交站台是国内最早一批实现BIPV的公交车站台，具有透光率高、良好的空间感并且节能环保的特点。公司自主研发的太阳能组件专用EVA封装胶膜具有良好的耐湿热、紫外老化性能，透光率高，可以大大提高光伏电池的光电转换效率，使用寿命达到30年以上，同时以精湛的技术服务受到了用户的一致好评。

1.20　江苏绿钢集团有限公司

江苏绿钢集团有限公司组建于2008年，经过近十年发展，江苏绿钢集团不断梳理主营业务与发展规划，积极顺应时代潮流转型升级，拓展企业空间，现已发展成为以新能源光伏产品的生产、销售为主导，涉及涂料化工、金属卷材、信息传媒、生态观光等产业领域的综合性企业集团。

江苏绿钢集团下辖全独资子公司：江阴市绿钢新能源科技有限公司、江苏绿钢涂料有限公司、白城市绿钢能源科技有限公司、江阴市绿钢紫薇园、江苏绿钢集团北京办事处。

江苏绿钢集团主导产业已形成太阳能级硅片及组件、工业涂料、金属薄板卷材三大产品系列，与国内外多家大型企业保持良好的合作。企业先后获得“国家高新技术企业”“全国守合同重信用企业”“江苏省创新型企业”等荣誉称号。“绿钢”牌涂料、“华彩”牌卷材等产品被认定为江苏省名牌产品。

1.21　新疆光明天然石油技术服务有限责任公司

新疆光明天然石油技术服务有限责任公司及其系列公司［新疆坤德新能源有限公司、新疆嘉和天然房地产开发有限公司、新乡市建筑（集团）有限责任公司、新乡市防腐防火防水工程有限公司］是提供基础设施建设、规划设计、工程施工、装备制造、运营管理为一体的综合性建设集团，主营业务包括油气开发、石油化工、石油钻采、冶金、电力、工业与民用防腐、防火、保温、防水等专业工程以及民用建筑工程。自1982年起，公司完成了近千个大中型工业与民用施工任务，多次荣获国家石油优质工程金奖，建设工程质量管理先进企业、安全文明生产先进企业等诸多荣誉，公司承接的标志性工程如“牙哈凝析油气田集气处理站工程”“塔中四原油稳定工程”等曾获得国家优质工程金奖。

公司及其系列公司施工经验丰富、技术力量雄厚、施工机械齐全。具备相关专业工程施工一级或二级资质；现有职工总人数近万人，管理人员和工程技术人员近千人，其中，具有中高级技术职称的工程技术人员超过200人；现有机械设备数千台，动力装备率2.5千瓦/人，技术装备率0.5万元/人。从1982年成立第一家公司以来，在全体职工的努力拼搏下，公司的整体实力和企业管理水平得到不断增强和提高，2001年通过了ISO9001质量体系认证，从而与国际质量管理模式相接轨，2002年经国家建设部批准为房屋建筑工程施工总承包一级企业，为服务国内和国际两个市场夯实了基础，创造了有利条件。

1.22　宝塔石化集团

宝塔石化集团创立于1997年，是一家以石油化工为主，向煤油化工、气化工一体化和产、学、研相结合而延伸的大型民营龙头石化企业，企业总资产524.43亿元，职工1.5万人，位居中国企业500强第345位，民营企业500强第101位，中国化工企业500强第17位。

集团拥有4家核心控股子公司、1家上市公司、近200座加油加气站，已经投产的炼化基地可实现每年1500万吨的产能，即将形成的炼化规模约为2300万吨，已形成和即将形成丙烯、聚丙烯、乙炔等化工产能120万吨，装备制造、液化天然气、高端轴承、农林生态等石化关联业务正在快速成长，石油化工装备制造能力4万吨，轴承5000多种，LNG日产达60万立方米。围绕核心业务，集团投资创办了银川大学，建立了设计院、研究院和石油化工装备制造厂；除集团主营业务板块——实业板块外，建立了金控、资本、生态、置业、资源、科技、商贸、教育、燃气、投资控股等专业板块。从而形成了以石油化工为主，产学研结合，产融结合，科技创新和石油化工装备制造为一体的民营石化企业。

围绕四个战略基地，宝塔石化在北京设立了集团总部，在宁夏、深圳、上海设立了运营总部，在中国香港、新加坡设立了金融和国际贸易平台，在哈萨克、吉尔吉斯斯坦、俄罗斯、新加坡、阿联酋等国际原油富集区设立了国际业务公司或商务机构。总体布局上，已经形成了在俄罗斯和中亚、中东获取石油供应，在生产基地实施各具特色的石油加工，“京港、京沪一体化”的资本运营战略格局。

宝塔石化集团是唯一获得国家发改委、商务部审批的原油进口配额及资质、原油进口使用资质、国际原油贸易资质、成品油批发资质、燃料油进口资质——“五证齐全”的民营石化集团。经过18年的发展，宝塔石化集团已经成长为跨区域、全国化经营的以石油炼化为核心业务的多元化企业集团，正在走向世界，实现国际化运营。

1.23　中国石油天然气管道局

中国石油天然气管道局成立于1973年，是中国石油天然气集团公司所属全资子公司，是国内外油气行业知名的油气储运工程建设专业化公司。

管道局具有化工石油工程施工总承包特级资质，工程设计综合甲级资质，工程咨询甲级资质，工程测绘、勘察甲级资质，工程监理综合资质，海洋石油工程专业承包一级资质，通信工程总承包一级资质，压力容器设计、制造许可，长输（油气）管道带压封堵甲级资质，特种设备综合检验检测机构甲类资质，通过了质量、健康、安全、环保标准体系认证。

管道局拥有职业项目经理和管理骨干524名，建造师、造价师、监理工程师、PMP等执业资格人才2600余名，技术和技能专家111名，高级技师和技师966名，外籍高级管理和技术雇员1300余名。拥有专业化的管线、储罐、定向钻穿越、盾构穿越和管道检测、维抢修施工机组，以及配套的各型施工装备。

管道局主营业务包括陆上管道建设、海洋管道建设、油气储库/罐建设、油田地面建设、LNG 处理与接收站建设、炼化装置安装、通信电力安装、管道技术服务八个领域，形成了从科研、咨询、融资、勘察、设计、采办、施工、管件制造到投产保驾、运行维护的完整产业链，具备油气储运设施全生命周期建设管理能力，可为客户提供“一揽子”解决方案和“一站式”综合服务。管道局的市场遍及全球，国内进入了除台湾、澳门外所有区域，国际进入了苏丹、伊拉克、坦桑尼亚、乍得、阿根廷等30 多个国家和地区，在中东、中亚、非洲、东南亚四个区域建立了稳固的发展平台，正在向北美、南欧、大洋洲等地区市场延伸。秉持开放包容、合作共赢的理念，管道局与国内外100 多家能源企业、金融机构、科研院所和供应商建立了战略合作关系，基本形成了全球化的资源配置平台。

1.24　中国石油工程建设公司

中国石油工程建设公司（英文缩写为 CPECC）隶属于中国石油天然气集团公司，是集团公司专门从事石油工程设计、制造、施工和工程总承包的专业公司，现已发展成为集团公司在国内外石油工程建设领域最具代表性的公司。

CPECC 历史悠久，建设功能完善，技术力量雄厚，拥有一大批熟悉国际惯例、技术水平高、管理经验丰富的专业技术和管理人才，具备设计、采购、制造、施工一体化全功能，能够在高原、沙漠、滩海等各种条件下，按照国际标准和惯例，提供大型石油工程项目前期咨询、可行性研究、环评安评、勘察测量、设计、采购、施工、制造、监理、试运投产和运行维修等各项服务和项目总承包服务。

多年来，CPECC 先后在50 多个国家和地区完成了一大批油气集输、油气处理、长输管道、海洋工程、石油炼制、石油化工、油气储库、电站、道路桥梁、民用建筑等大型项目的可研、设计、环评安评、施工、监理和 EPC 总承包，均实现了投产一次成功，实现了质量与安全的统一，创造了建设与环境的和谐，赢得了业主、项目所在地政府和公众的高度赞扬和信任，企业信誉日益提高，连续 19 年被美国《工程新闻记录》（ENR）评选为全球最大 225 家国际工程承包商之一，多次入选“中国承包商企业 60 强”。先后获国家、省部级以上优秀工程勘察设计奖 48 项，优质工程奖 28 项；荣获全国对外承包“十佳”企业、“AAA 级信用企业”“全国百强设计院”“全国 100 家最佳建筑企业”等荣誉称号。

1.25　中国东方电气集团有限公司

中国东方电气集团有限公司是全球最大的发电设备制造和电站工程总承包企业集团之一。

东方电气集团以大型发电成套设备、工程承包及服务为主业，积极发展高效清洁能源，依托持续不断的技术创新获得了长足发展，产量连年位居世界前列，可批量制造 1000 兆瓦等级超超临界火电机组、1000 兆瓦等级水轮发电机组、1000 兆瓦—1750 兆瓦等级核电机组、重型燃气轮机设备、风电设备、太阳能电站设备以及大型环保设备、水处理设备、电力电子与控制系统等产品，形成了“六电并举”的产品格局。

东方电气集团积极拓展海外业务，大型成套设备出口到近 50 个国家和地区，从 1994 年起连年入选 ENR 全球 250 家最大国际工程承包商之列，是中国大型成套设备出口的骨干企业。

1.26　中国石油化工集团公司

中国石油化工集团公司（英文缩写 Sinopec Group）是 1998 年 7 月国家在原中国石油化工总公司基础上重组成立的特大型石油石化企业集团，是国家独资设立的国有公司、国家授权投资的机构和国家控股公司。公司注册资本 2316 亿元。

公司控股的中国石油化工股份有限公司先后于 2000 年 10 月和 2001 年 8 月在境外、境内发行 H 股和 A 股，并分别在中国香港、纽约、伦敦和中国上海上市。

公司主营业务范围包括实业投资及投资管理；石油、天然气的勘探、开采、储运（含管道运输）、销售和综合利用；煤炭生产、销售、储存、运输；石油炼制；成品油储存、运输、批发和零售；石油化工、天然气化工、煤化工及其他化工产品的生产、销售、储存、运输；新能源、地热等能源产品的生产、销售、储存、运输；石油石化工程的勘探、设计、咨询、施工、安装；石油石化设备检修、维修；机电设备研发、制造与销售；电力、蒸汽、水务和工业气体的生产销售；技术、电子商务及信息、替代能源产品的研究、开发、应用、咨询服务；自营和代理有关商品和技术的进出口；对外工程承包、招标采购、劳务输出；国际化仓储与物流业务等。中国石油化工集团公司在2015年《财富》世界500强企业中排名第2位。

1.27　中石化胜利油建工程有限公司

中石化胜利油建工程有限公司是国有一级大型建筑施工企业，始建于1965年4月，于2001年10月实现改制。现有员工5950人，其中专业技术干部1154人，具有中、高级专业技术职称的860人；一级建造师110人，二级建造师28人。

公司拥有石油工程施工总承包一级资质，海洋石油工程、管道工程、化工石油设备安装工程、防腐保温工程、消防工程施工专业承包一级资质，市政公用工程总承包二级资质，房屋建筑工程、电力工程、水利水电工程施工总承包三级资质。取有A1、A2、A3级压力容器设计、制造许可证，GA1级、GB1级、GB2级、GC1级压力管道安装许可证，Ⅰ级、Ⅱ级锅炉安装改造许可证，美国机械工程师学会（ASME）“U”“R”钢印授权。于1995年8月通过ISO9002质量体系国际、国内认证，2004年12月通过Q/HSE一体化管理体系认证。按产值计，年施工能力可达50亿元以上。

公司于1965年铺设了当时我国第一条大口径长距离输油管线——东（营）辛（店）长输管线；1971年在我国第一次成功地实施了大口径管线穿越大型河流——滨（州）纯（化）输油管线穿越黄河；1974年建成当时我国口径最大、距离最长的输油管线——东（营）黄（岛）长输管线；1986年，国内首创钢管道防腐保温泡沫黄夹克“一步法”成型工艺技术，获国家科技进步二等奖，第二届国际发明专利金奖；1988年，建成当时我国规模最大的油、气、水综合处理站——孤东一号联合站，荣获国家优质工程（银）奖和建筑工程鲁班奖；1993年，建成我国浅海水域规模最大、功能最全、自动化程度最高的移动式采油平台——胜利开发二号平台，获中国建筑工程鲁班奖，被评为全国优秀焊接工程。

1994年以来，先后敷设了我国极浅海水域第一条海底输油管线、第一条海底动力电缆、第一条海底注水管线、第一条海底天然气管线，建造了我国第一座浅海石油作业平台——胜利作业二号平台、我国浅海水域规模最大的钢结构多功能综合性平台——埕岛中心二号平台；2000年，建成绥中36—1油田二期开发工程陆上终端，获得中国石化集团公司优质工程；2000年，建成埕北采修一体化平台，获国家银质奖和全国用户满意工程；2001年、2002年、2003年，先后中标施工了国家重点工程——西气东输26标段、18标段、9A标段，大型国际反承包工程——大港赵东、EDC工程；2005年，中标施工了国内浅海规模最大的特大型海上平台——中海油南堡35—2油田开发项目CEP/WHPB平台组块。

1.28　中国电力工程顾问集团有限公司

中国电力工程顾问集团有限公司前身为中国电力工程顾问集团公司，现为中国能源建设集团（股份）有限公司全资子公司。

中电工程下属东北电力设计院有限公司、华东电力设计院有限公司、中南电力设计院有限公司、西北电力设计院有限公司、西南电力设计院有限公司、华北电力设计院有限公司六大区电力设计院和中国电力建设工程咨询有限公司、投资有限公司、新能源有限公司、国际工程有限公司共10家全资子企业，注册资本6亿元。

中电工程是面向国内外市场，为政府部门、金融机构、投资方、发展商和项目法人提供电力工程一体化解决方案的服务商，主要从事电力规划研究、咨询、评估与工程勘察、设计、服务、工程总承包，电力项目投资与经营及相关专有技术产品开发等业务。中电工程技术力量雄厚，专业配套齐全，具有丰富的工程实践经验和坚实的综合管理能力。中电工程在职员工9000余人，其中国家级勘察设计大师11人，享受政府特殊津贴的专家126人。近十余年来，中电工程凭借其良好的经营业绩和资产状况，连续进入美国工程新闻记录（ENR）“全球150强设计公司”和“世界225强设计公司”排名，2015年分别名列第42位和第96位；在“2015全球最大250家承包商”排名中，中电工程名列第124位；首次进入“2015全球最大250家国际承包商”，排名第234位；连续位居前列进入“中国承包商、工程设计企业双60强”，荣膺2014年“中国工程设计企业60强”第2名；中电工程所属六大区电力设计院多年连续进入中国勘察设计综合实力百强。

1.29 远景能源（江苏）有限公司

远景能源以“为人类的可持续未来解决挑战”为使命，致力于引领全球能源行业的智慧变革。远景能源成立至今连续多年业务高速增长，已经成为全球领先的智慧能源技术服务提供商，业务包括智能风机的研发与销售、智慧风场软件和技术服务，研发能力和技术水平处于全球领先地位。目前集团员工总数接近1000人，国际员工占20%，硕士和博士超过60%，研发及技术人员达到80%。

近年来，远景能源始终将挑战视作机遇，用创新解决挑战。远景能源率先研发创新并设计出“智能风机”，利用自主研发的核心智能控制技术，彻底突破并超越了传统风机的技术禁锢，使得风机发电效率提升

20%；远景能源全球首创的低风速风机的研发和投产加快了我国风电产业战略调整的步伐，使得占中国风资源60%以上的低风速区域得到有效开发；远景能源是中国最大的海上风机解决方案提供商，基于全球最为稳健、可靠的传动链和零部件体系，专门针对中国近海风电开发而设计的4兆瓦海上风机，运用全球首创的智能控制技术、先进的测量技术、数据分析专家系统、主动性能控制和基于可靠性的决策算法等，使得发电效率要比同类产品高20%，成为中国近海风电开发的首选机型。

远景采用全球首创的局部变桨技术和碳纤维主轴技术的3.6兆瓦新概念海上风机能有效应对台风工况，并大幅降低海上风电建设成本20%以上，成为全球未来风机的标杆。远景能源全球首创了基于智能传感网和云计算的智慧风场全生命周期管理系统，管理着包括美国最大的新能源上市公司Pattern能源、美国大西洋电力公司以及中广核集团等在内的2000万千瓦的全球新能源资产，远景是目前全球最大的智慧能源资产管理服务公司。

1.30 浙江省能源集团有限公司

浙江省能源集团有限公司成立于2001年，经过多年发展，初步形成了以电为主、多业发展的大能源格局。现拥有控股、管理企业185家，集团直接管理的全资、控股企业78家，其中包括2家A股上市公司，在职员工21000余人。截至2014年年底，集团总资产1837亿元，所有者权益869.7亿元，位列中国企业500强第169位。

多年来，浙能集团深入实施“大能源格局下以电为主，多业发展”的“大能源战略”。加大一次能源资源的开发与保障力度，实现能源产业链的两头延伸，加大技术改造与创新力度，推进企业产融结合，加快产业升级换代与绿色能源建设，逐步实现由能源加工型向能源综合型、由实业型向产融结合型、由传统型向现代型企业的转型。

浙能集团加快实施能源安全、能源科技、能源合作、能源集成等系列配套子战略，逐步探索并走出了一条具有浙能特色的企业发展之路。

浙能集团还积极开展了房产、财务公司、资产管理、海洋围垦等业务，着力培育金融地产板块，积极开发西部能源项目，着力培育区外能源板块等。

1.31 东旭集团

东旭集团（TUNGHSU GROUP）从光电显示起步，已逐渐发展成为以光电显示、新能源两大产业为核心，集金融、城镇化地产为一体的多产业投资集团，旗下拥有2家上市公司（东旭光电000413、东旭蓝天000040）和40余家全资及控股子公司。

东旭坚定不移地走自主创新之路，突破国外技术封锁，开发出拥有自主知识产权的平板显示玻璃基板整套工艺及制造技术，建成了国内第一条TFT－LCD液晶玻璃基板生产线，填补了国内空白，并先后在全国各地投资建设了20余条玻璃基板生产线及石墨烯、蓝宝石、彩色滤光片（CF）、偏光片等研发生产基地，成为全球重要的平板显示材料生产企业。

新能源是东旭又一核心产业，近年来先后在内蒙古、青海、山东、河南、浙江、湖北、四川、宁夏、河北、安徽等地建设了以电站项目开发、EPC、电站运营维护、光伏组件制造为核心的新能源产业基地，积极探寻风电、水电、锂电池、生物质发电、氢能等合作发展机会。

在制造业板块全面发展的基础上，东旭在金融、证券、投融资服务等新领域也实现了跨越式发展。东旭还广泛与国内外知名科研机构和专业院校开展产学研合作与交流。截至目前，东旭集团已累计开发和拥有专利1000余项，并以每年30%的专利申请数量递增。

1.32 江苏润达光伏股份有限公司

江苏润达光伏股份有限公司成立于2009年，是一家专业的太阳能光伏组件研发、生产与销售的供应商。

涉及业务范畴包括太阳能光伏晶体硅、晶体硅片、绿色太阳能光伏电池、高性能太阳能电池组件、发电离并网光伏系统的设计、开发、生产和销售。产品主要应用于商业、家用和工业的离网、并网的太阳能发电系统，以及光伏发电站等前端领域。

润达光伏立足于专业化、规模化、国际化发展之路，全套引进当今国际最先进水平的太阳能光伏组件生产线，拥有业内资深专家组成的经营管理团队和研发团队，产品销往德国、西班牙、荷兰、意大利、英国、日本、加拿大以及一些新兴国家等国际市场。

一直以来，润达致力于生产世界一流品质的太阳能光伏组件，采用高品质原材料，严格把控各个生产环节，在生产线上设置了 11 道检验点，保证产品品质。

目前润达光伏已取得了 TUV、UL、MCS、CEC、BSI、J－PEC、JET 等相关认证，赢得了全世界各地客户的长期青睐，尤其是欧洲、日本市场出口量稳健提升。

1.33 协鑫（集团）控股有限公司

协鑫（集团）控股有限公司是一家以新能源、清洁能源及相关产业为主的国际化综合性能源集团，是全球领先的光伏材料制造商及新能源开发、建设、运营商。协鑫始终秉承“把绿色能源带进生活”的理念，致力于成为最受尊重的国际化清洁能源企业。

20 多年来，协鑫集团始终坚持科技引领、创新驱动、协同一家、造福社会的核心价值观，以“两条主线、四网一云”为总体战略，打造了从硅材料到光伏装备制造、系统集成、太阳能电站建设运营的光伏一体化产业链，以及从天然气开采、液化、储运到供给、天然气发电的气电一体化产业链，提供电网、热网、天然气管网、信息网和大数据云平台的能源综合服务，并构建起金融支撑产融一体、智慧城市、能源互联网等创新业务产业群。协鑫中央研究院、设计研究总院、协鑫大学与各产业发展协同共建、优势互补，不断提高集团保持可持续发展的核心竞争力。

作为中国500强企业，协鑫集团连续7年位列中国新能源行业榜首。分支机构遍布中国大陆31个省（市、自治区）、香港、台湾地区及美国、日本、加拿大、澳大利亚、新加坡、印度尼西亚、埃塞俄比亚、吉布提等世界各地，是全球太阳能理事会主席单位、亚洲光伏产业协会主席单位。

1.34　四川省能源投资集团有限责任公司

四川省能源投资集团有限责任公司（以下简称四川能投）成立于2011年2月21日，注册资本93.16亿元。

四川能投成立以来，以"开发能源、服务社会、改善民生、推动发展"为企业使命，充分发挥省级产业性投资公司的优势，进行股权投资和资产经营管理，与省内外各市州县政府、国际国内大中型企业、科研机构等建立了战略伙伴和项目合作关系，在传统能源、新能源、绿色能源领域得到快速发展，实现了存量资产的保值增值和新增业务的快速发展。截至2016年11月底，四川能投旗下共有下属公司181家，业务涵盖能源、金融、化工、服务贸易、康养旅游、新材料新技术六大领域，总资产规模达到960亿元，净资产达到333亿元，销售收入287亿元。

四川能投在能源产业上坚持"做强电网、做大电源、做实燃气、开发新能源"的发展战略，已形成一大批优质项目。在巩固加快能源产业发展的基础上，快速形成实业与金融"两翼齐飞"，能源、化工、现代服务业、战略性新兴产业"四轮驱动"的产业格局。

1.35　常熟风范电力设备股份有限公司

常熟风范电力设备股份有限公司是生产高压，超高压输电线路镀锌铁塔、钢管组合塔、钢管杆、变电站钢构支架及其他各种支撑钢结构件产品的专业公司。产品已在国内20多个省、市、自治区使用，并已出口到日本、澳大利亚、伊朗、伊拉克、韩国、缅甸、阿尔及利亚等国家。2011 年在上交所上市。

风范目前总占地面积 38 万平方米，工厂区内自备水运码头 4 个，拥有世界领先的各种自动化铁塔加工生产线，热镀锌生产线，金属切削设备，计量理化精密仪器等，是国内较具规模，技术装备先进，检测手段先进，综合实力强的铁构件制造公司。

风范为了进一步提高公司素质，在科技方面达到世界先进水平，自 1992 年起与国内几家著名的设计科研机构建立了长期合作的关系，并与日本 NESIC 合作设计制造了 ANT 和日本长野冬季奥运会通信平台构架，获得好评。公司镀锌加工工艺已用于北京首都国际机场扩建和长安街灯柱改造等重点工程。风范还与美国 ABB 集团、瑞士 POWERINVEST 公司、法国 GTMH、日本 NEC 公司、富士公司等世界著名的大公司和集团的输电部门及设计科研部门保持了良好关系，向国际市场开发拓展。

风范在铁塔结构计算放样领域始终保持着国内领先水平。2009 年，公司成立科学技术协会、风范电力设备股份有限公司研发中心，进行国内首个复合材料绝缘横担的研究，填补了国内该技术的空白，2009 年 12 月在连云港正式挂网运行。

2 制造

2.1 中国航天科技集团公司

中国航天科技集团公司是 1999 年 7 月 1 日在原中国航天工业总公司所属部分企事业单位基础上组建的国有特大型高科技企业，承担着我国全部的运载火箭、应用卫星、载人飞船、空间站、深空探测飞行器等宇航产品及全部战略导弹和部分战术导弹等武器系统的研制、生产和发射试验任务。

中国航天科技集团着力发展卫星应用设备及产品、信息技术产品、新能源与新材料产品、航天特种技术应用产品、特种车辆及汽车零部件、空间生物产品等航天技术应用产业；开拓以卫星及其地面运营服务、国际宇航商业服务、航天金融投资服务、软件与信息服务等为主的航天服务业，是我国境内唯一的广播通信卫星运营服务商；是我国影像信息记录产业中规模最大、技术最强的产品提供商。

作为我国航天科技工业的主导力量，中国航天科技集团是国家首批创新型企业，创造了以载人航天和月球探测两大里程碑为标志的一系列辉煌成就，在推进国防现代化建设和国民经济发展中做出了重要贡献。

2.2　海尔集团

海尔集团创立于 1984 年，从开始单一生产冰箱起步，拓展到家电、通信、IT 数码产品、家居、物流、金融、房地产、生物制药等领域，成为全球领先的美好生活解决方案提供商。2014 年，海尔全球营业额 2007 亿元，利润总额 150 亿元，利润增长 3 倍于收入增长，线上交易额 548 亿元，同比增长 2391%。据消费市场权威调查机构欧睿国际（Euromonitor）的数据，2014 年海尔品牌全球零售量份额为 10.2%，连续六年蝉联全球大型家电第一品牌。

海尔致力于成为全球消费者喜爱的本土品牌，多年来一直践行本土化研发、制造和营销的海外市场战略并取得了很好的成绩。目前，海尔在全球有 5 大研发中心、21 个工业园、66 个贸易公司，用户遍布全球 100 多个国家和地区。

目前海尔正从制造产品转型为制造创客的平台，青岛海尔（股票代码 SH：600690）和海尔电器（股票代码 HK：01169）两大平台上聚合了海量创客及创业小微，他们在开放的平台上利用海尔的生态圈资源实现创新成长，聚集了大量的用户资源。

以青岛海尔为主体智能家庭平台，致力于推动从产品硬件到解决方案的转型，通过智慧家庭 U + 生活平台、互联工厂构建并联交互平台和生态圈，提供互联网时代美好生活解决方案，最终实现用户的全流程最佳交互、交易和交付体验。以海尔电器为主体的价值交互平台，致力于实现从制造向服务的转型，打造虚实融合的用户价值交互平台，以物联网和物流服务为核心，把传统的物流配送环节转变为在给用户提供服务的过程中创造用户交互的价值，构建互联网时代用户体验引领的开放性平台。

海尔致力于搭建投资驱动平台和用户付薪平台，通过人单合一双赢模式创新让员工成为开放创新平台上的创业者，在为用户创造价值的同时实现自身的价值。

2.3　中国机械工业集团

中国机械工业集团有限公司是中国机械工业规模最大、覆盖面最广、业务链最完善、研发能力最强的大型中央企业集团。拥有近 50 家全资及控股子公司，10 家上市公司，140 多家海外服务机构，全球员工总数近 10 万人。国机集团连续多年保持 30% 以上的高速增长，连续多年位居中国机械工业企业百强榜首、国资委中央企业业绩考核 A 级企业。

中国机械工业集团有限公司围绕装备制造业、现代制造服务业两大领域，着力打造机械装备研发与制造、工程承包、贸易与服务三大主业，服务领域覆盖了工业、农业、交通、能源、建筑、轻工、汽车、船舶、矿山、冶金、航空航天等国民经济重要产业领域，为全球 170 多个国家和地区提供专业化服务。国机集团具有较强的资源集成和运用能力，雄厚的研发实力、广泛的全球营销网络、强大的资金实力和项目融资能力，形成了涵盖设计、研发、制造、工程承包、系统集成、国际贸易等方面的完整产业链，具备独特的产业价值和市场竞争优势。

在机械装备研发与制造业务领域，国机集团是中国最大的农业机械、林业机械、地质装备制造企业，以及最重要的工程机械制造企业之一，众多市场领先的优秀产品远销世界各地。同时拥有在重型机械、电站设备、石化通用、机床工具、汽车工程、机械基础件、仪器仪表及环保设备等领域强大的研发能力和系统集成能力，向国内外市场提供了一大批具有重大影响力的装备和技术。

在国际工程承包业务领域，作为全球知名的国际工程承包商，国机集团连续多年入选（ENR）“全球225家最大国际承包商”前50强、“全球200强工程咨询设计企业”前100强，在业内具有广泛的影响力，在全球众多国家和地区的工程市场具有重要的市场地位。2012年，国机集团名列（ENR）“全球225家最大国际工程承包商”第24位、“国际工程设计企业200强”第77位。

在贸易与服务业务方面，国机集团是中国机电产品出口和国外先进技术和产品引进的重要窗口，是中国最大的汽车贸易和服务商，是中国机械工业最大的进出口贸易企业。

2.4　中国中车股份有限公司

中国中车股份有限公司（英文缩写为CRRC）是经国务院同意，国务院国资委批准，由中国北车股份有限公司、中国南车股份有限公司按照对等原则合并组建的A+H股上市公司。现有46家全资及控股子公司，员工17万余人。

中国中车承继了中国北车股份有限公司、中国南车股份有限公司的全部业务和资产，是全球规模最大、品种最全、技术领先的轨道交通装备供应商。主要经营铁路机车车辆、动车组、城市轨道交通车辆、工程机械、各类机电设备、电子设备及零部件、电子电器及环保设备产品的研发、设计、制造、修理、销售、租赁与技术服务；信息咨询；实业投资与管理；资产管理；进出口业务。

中国中车建设了世界领先的轨道交通装备产品技术平台和制造基地，以高速动车组、大功率机车、铁路货车、城市轨道车辆为代表的系列产品，已经全面达到世界先进水平，能够适应各种复杂的地理环境，满足多样化的市场需求。中国中车制造的高速动车组系列产品，已经成为中国向世界展示发展成就的重要名片。产品现已出口全球六大洲近百个国家和地区，并逐步从产品出口向技术输出、资本输出和全球化经营转变。

2.5　中国重型汽车集团有限公司

中国重型汽车集团有限公司是中国重型汽车工业的摇篮，曾在1960年生产制造了中国第一辆重型汽车——黄河牌JN150八吨载货汽车；1983年成功引进了奥地利斯太尔重型汽车项目，是中国第一家全面引进国外重型汽车整车制造技术的企业。2001年改革重组后的中国重汽正式成立，经过十多年的发展，已经成为国内外知名的重型汽车研发制造企业集团。2007年中国重汽在香港主板红筹上市，初步搭建起了国际化平台；2009年成功实现了与德国曼公司的战略合作，曼公司参股中国重汽（香港）有限公司25%+1股，中国重汽引进曼公司D08、D20、D26三种型号的发动机、中卡、重卡车桥及相应整车技术，为企业长远发展奠定了坚实的基础。目前，中国重汽已成为中国最大的重型汽车生产基地，为中国重型汽车工业发展和国家经济建设做出了突出贡献。

中国重汽是中国汽车行业拥有专利最多的企业。中国重汽下属的技术发展中心是全国第一批国家级企业技术中心，拥有“中国实验室国家认可委员会”认可的检测实验室，具有整车、发动机、零部件、材料工艺等全方位的研发和检测能力，拥有各种加工、试验、测试等高、精、尖设备，发动机、整车、部件振动、强度测试等设备均达到世界先进水平。2009年，经国家批准，国家重型汽车工程技术研究中心在中国重汽正式揭牌成立，承担我国重型汽车行业技术研发、应用示范、成果推广和技术服务的职能。

中国重汽主要组织开发研制、生产销售各种载重汽车、特种汽车、客车、专用车、新能源商用车、发动机及机组、汽车零部件、专用底盘，形成了拥有汕德卡（SITRAK）、HOWO、斯太尔、黄河、金王子、豪瀚、王牌、福泺、威泺等品牌的全系列商用汽车企业集团，是我国卡车行业驱动形式和功率覆盖最全的企业。中国重汽制造的中国先进水平的 D10、D12 柴油发动机，T10、T12 燃气发动机，国际先进水平的 MC05、MC07、MC11、MC13 达到欧Ⅱ - 欧Ⅴ排放的发动机，功率覆盖 140—560 马力；世界级水平的系列化单级减速桥、轮边减速桥以及 16.5—22.5 英寸盘式制动器；系列化的单中间轴带同步器变速器、双中间轴变速器，10、12、16 档手自一体 AMT 变速器等重要总成，构成具有世界先进水平的发动机、拉式离合器、变速箱、驱动桥组成的黄金动力产业链。中国重汽目前拥有 3 条自动化车身冲压线、8 条驾驶室焊装线、12 条驾驶室涂装线以及 9 条整车装配线，装备达到国际先进水平。

2.6　中国建筑材料集团有限公司

中国建筑材料集团有限公司（英文缩写为 CNBM）是集科研、制造、流通为一体的中国最大的综合性建材产业集团、《财富》世界 500 强企业。

中国建材集团坚持市场化道路，大力推进水泥、玻璃的联合重组、结构调整和节能减排，大力发展新型建材、新型房屋和新能源材料，走了一条资本运营、联合重组、管理整合和集成创新的发展道路，10 多年来以超过 40% 的年复合增长率快速发展，成为充分竞争领域快速成长的央企典范。目前集团资产总额超过 4100 亿元，员工总数超过 18 万名，直接管理的全资、控股企业 17 家，控股上市公司 6 家，其中海外上市公司 2 家。

中国建材集团是国资委第二批中央企业董事会试点企业和国家级创新型试点企业，已发展成为治理规范、管控科学、市场化运营的产业控股型集团公司。集团公司作为战略中心、决策中心、资源中心、政策文化中心，行使出资人权利。子集团作为经营平台，突出核心专长和主营业务，以品牌知名度和市场占有率为基础构造利润中心。

2.7　上海电气集团股份有限公司

上海电气集团股份有限公司是中国装备制造业最大的企业集团之一，旗下有电站、输配电、重工、轨道交通、机电一体化、机床、环保、电梯、印刷机械等多个产业集团，现拥有上海机电股份有限公司等上市公司和上海三菱电梯有限公司等50多家合资企业，员工总数超过7万人。公司集工程设计、产品开发、设备制造、工程成套和技术服务为一体，具有设备总成套、工程总承包和提供现代装备综合服务的优势。自20世纪90年代以来，销售收入始终位居全国装备制造业第一位。是中国最重要的发电设备供应商之一。

高效清洁能源、新能源装备是上海电气集团的核心业务，能源装备占销售收入70%左右。主导产品主要有1000兆瓦级超超临界火力发电机组、1000兆瓦级核电机组，重型装备、输配电、电梯、印刷机械、机床等。中国第一套6000千瓦火电机组、世界第一台双水内冷发电机、中国最大的12000公吨水压机、世界第一台镜面磨床、中国第一套30万千瓦核电机组、中国第一根大型船用曲轴、中国第一套百万千瓦等级超超临界火电机组都来自于上海电气。

上海电气是中国装备制造业领袖品牌。在“亚洲品牌500强”评选中，上海电气为亚洲机械类品牌排名第五，中国机械类品牌第一名。

上海电气确立了以中央研究院、集团所属的科研院所、企业技术中心共同组成的科技创新体系，明确了科技创新的主体是企业及其技术中心，上海电气科技创新体系的支撑是产学研合作。上海电气拥有国家级技术中心5家，上海市级技术中心15家。

2.8　江苏阳光集团有限公司

江苏阳光集团是国家重点企业集团和国家重点扶持的行业排头兵，涉足毛纺、服装、生物医药、房地产、新能源等产业，是毛纺织行业唯一的国家级创新型企业，年产高档服装350万套、高档精纺呢绒3500万米，是全球最大的毛纺生产企业和高档服装生产基地。2006年，成为中国纺织行业唯一获得“世界名牌”和“出口服装免验”荣誉的企业。2007年，国际标准化组织/纺织品技术委员会（ISO/TC38）国际秘书处落户阳光，成为国内首家承担ISO/TC38国际秘书处工作的企业单位，标志着阳光纺织技术水平达到了国际领先水平。2008年，新品牌“阳光时尚”在上海、南京开店面市，并在未来的5年内，在全国开设500家连锁店，标志着阳光开始直接走向零售市场，从而大大提升阳光毛纺、服装主产业的综合实力。

阳光集团坚持以产品创新、技术创新为主导，建立了以“一站三中心”为主要支撑的技术创新体系，即博士后科研工作站、国家级技术中心、国家级毛纺新材料工程技术研究中心、江苏省毛纺技术开发中心，配置了世界最先进的检测设备和纺、织、染、服装的生产流水线，以平均每天50多个新品的开发能力，阳光集团始终在国内保持领先水平，步入了国际先进行列。目前，阳光集团不仅承担了40个国家科研项目的科研攻关，还一直致力于发展自主核心技术，累计申报各类专利1163项，获授权专利767项，共参与47项国际和国家行业的标准制定工作。

2.9　江苏双良集团有限公司

双良集团有限公司经过30余年的专注与创新，从中央空调制造业发展成为集节能装备、化工新材料、酒店服务、金融地产、生物医药等产业于一体的大型综合性企业集团，是中国机械工业500强、中国民营百强、中国工业行业排头兵企业。

双良是我国具有自主知识产权的溴化锂吸收式中央空调诞生之地，拥有亚太地区规模最大的溴化锂中央空调制造基地，同时拥有空冷器装置、海水淡化装置及换热器装置等大型节能节水设备制造基地、国内领先的智能化环保锅炉生产基地、国内重要的氨纶丝和包覆纱生产基地、国际先进的包装材料及苯乙烯化工材料生产基地。

集团拥有两大工业园区：占地2000亩的双良化工新材料产业园区和占地700亩的双良机械制造产业园区，下属18家子公司，其中两家上市公司（双良节能，友利控股）。

双良以科技创新为先导，以国家级企业技术中心和博士后工作站为研发平台，集思广益、博采众长，参与制定溴化锂制冷机、智能化锅炉等多项产品技术国家及行业标准。

公司不仅通过了国际通用的ISO9001/ISO14001/OHSAS18001等质量、环境管理体系认证，还取得美国ASME、德国TÜV、欧盟CE等国际标准机构认证。作为国家重点高新技术企业，公司多项产品列入国家火炬计划和863计划，成为各个所在领域的领导品牌。

双良采用国际先进的DFM柔性生产管理模式，引进一流的生产检测设备，推行创新周到的服务理念，为全球2万多家客户提供卓越的产品和服务。

2.10 江阴兴澄特种钢铁有限公司

江阴兴澄特种钢铁有限公司隶属中信泰富特钢集团，是中国中信集团下属的高度专业化的特钢生产企业，从1993年合资以来，公司以“建成全球最具竞争力的特钢企业”为愿景，经过20余年的发展，现已成为我国特钢行业龙头企业，被《国家钢铁工业“十二五”规划》列为四大特钢产业基地之一和中国特钢技术引领企业。公司现为国家火炬计划重点高新技术企业，全国节能先进集体，全国首批两化融合示范企业，4A级国家标准化良好行为企业。2015年公司实现营业收入365亿元。

目前，公司拥有8500多名员工，具备年产铁500万吨、钢690万吨、坯材660万吨的生产规模，为全球单体规模最大的特钢生产企业。公司炼铁、炼钢、轧钢、检测等主要装备均从国外引进，其中棒线材生产线7条，中厚板生产线2条，具备“棒、线、板、坯”各种规格、品种生产能力。公司产品主要有轴承钢、齿轮钢、弹簧钢、系泊链钢、帘线钢、特厚板、容器钢、管线钢、高强耐磨钢等，广泛应用于石油化工、工程机械、汽车用钢、高速铁路、海洋工程、风力发电、新能源等行业，其中高标准轴承钢连续11年产销全国第一，汽车用钢连续7年产销全国第一。

2.11 江苏法尔胜股份有限公司

江苏法尔胜股份有限公司是一家专业从事精优化金属制品、光通信产业以及基础设施新型材料制造与销售的上市公司，是世界上最大的高强度输送带用钢丝绳生产基地。公司于1999年1月19日在深圳证券交易所上市。

公司专注于高科技含量、高附加值产品的开发制造。主要生产开放式胶带钢丝绳、吊带钢丝绳、拉筋钢丝绳、航空钢丝绳、胶管钢丝绳、特细钢丝绳、不锈钢丝绳、特种合金绳、线接触钢丝绳、面接触钢丝绳、光缆钢丝、弹簧钢丝、汽车座椅骨架用低碳钢丝、超高强度电力电缆用镀锌钢丝、打包钢丝、钢塑复合管、大桥用斜拉索和悬索等产品。公司主产业金属制品的品种、质量、规模和技术含量一直处于国内同行业领先地位，并达到或超过世界同行业先进水平，产品曾多次获得国优、部优、省优荣誉称号，公司在国内同行中最早通过ISO9001质量体系认证，并最早先后取得英国劳埃德船级社、英国邓禄普公司、美国交通部DOT、欧共体ECE等国际质量认证，是世界级的合格供应商，出口创汇居全国同行榜首。

同时，江苏法尔胜股份有限公司已累计拥有国内授权专利118项，其中发明专利25项，新型实用专利93项。

2.12 江苏三房巷集团有限公司

江苏三房巷集团有限公司是以PTA、聚酯切片、涤纶纤维（短纤和长丝）、PET薄膜、纺织和工程塑料为主体的产业集团，目前年产PTA、

EPTA 共 180 万吨，瓶级切片 150 万吨、涤纶短纤维 80 万吨、涤纶长丝 40 万吨、PET 薄膜 30 万吨，合计 480 万吨，在海外参股投资了 470 万吨炼油项目，其中年产 PX80 万吨，形成了聚酯产业的上下游基本自我配套。“三房巷”牌涤纶短纤维、“翠钰”牌瓶级切片是中国“驰名商标”，参与起草修订了国家标准 4 项，通过了可口可乐、百事可乐等认证，产品销往 100 多个国家和地区，成为具有国际影响力的自主品牌。2014 年，集团公司完成工业销售收入 298. 8 亿元，出口额 12. 5 亿美元，列中国企业 500 强第 283 位，中国民营企业 500 强第 176 位。

公司拥有 20 多家成员单位，包括 2 家国家级重点高新技术企业、4 家省级高新技术企业和 1 家上市公司，建有国家级博士后科研工作站、省级工程中心和企业技术中心，承担国家火炬计划 2 项，拥有专利 281 件，获得国家纺织企业先进集体、省质量管理奖、省创新型企业、省科技进步一等奖等荣誉。

公司年产 PTA、EPTA 共 180 万吨，分别于 2009 年、2014 年竣工投产，配套建设液体化工码头及液体化工原料罐区，液体化工码头每年总吞吐量为 300 万吨。

公司年产能 150 万吨瓶级切片，共建有连续化聚合装置 9 条，主要装备采用美国杜邦工艺流程技术，固相增粘装置采用瑞士布勒工艺技术和装备。自 2005 年以来，连续 10 年在国内同行业同类产品中出口量最大，出口市场占有率 40%，是国内规模较大的瓶级聚酯切片制造和出口基地。

公司年产差别化涤纶短纤 80 万吨，纺丝装置采用德国纽玛格工艺技术和装备，是目前国内生产规模较大，技术、管理及设备先进的聚酯熔体直纺生产企业。年产涤纶长丝 40 万吨，长丝生产线引进德国纽玛格公司的纺丝技术，主要生产细旦丝、异型丝、粗旦丝及其他特定功能性纤维等产品。公司年产 PET 包装薄膜 30 万吨，薄膜生产线采用瑞士布鲁克纳双向拉伸薄膜技术，生产镀铝基膜、胶带基膜、烫金基膜、电气绝缘膜等产品。公司年产棉纺纱锭16万锭、全棉印染布5000万米。引进国内外先进的纺织生产线，包括瑞士立达、德国赐来福、比利时毕佳乐等先进设备，主要生产纱线、织造、印染、染整等产品。公司年产2.5万吨PBT改性工程塑料，现有不同规格的双螺杆挤出生产线21条，主要采用德国WP公司的配混生产线，是目前国内改性工程塑料较大的生产企业。

2.13 江阴澄星实业集团有限公司

澄星集团主要涉及精细磷化工、石油化工（PET、PTA）、煤化工、液体化工品仓储物流和新能源新材料等产业领域。公司拥有独资和控股的子公司50余家，员工6600多名，产品销售覆盖全球70多个国家和地区，连续多年跻身中国企业500强前300强，2015年位列第283位，在2015年中国民企500强中位列第65位。

公司磷化工产业核心企业江苏澄星磷化工股份有限公司在上海证券交易所上市，是中国精细磷化工生产和销售的骨干企业。石油化工产业目前拥有年产30万吨的瓶级聚酯切片（PET）和年产60万吨精对苯二甲酸（PTA）。公司在江阴长江边建有5万吨级泊位的专用化工码头和40多万立方米化工储罐。拥有200列铁路自备化工专用罐车和4000个化工专用集装罐箱，拥有火力、水力自备发电厂5座，总装机容量达50多万千瓦，拥有自己的化工科研所及外贸进出口公司。澄星集团已成为一个集产、供、销、科、工、贸为一体，产品经营、贸易经营、资本经营相结合的综合性化工企业集团。

2.14 三一重工股份有限公司

三一重工股份有限公司由三一集团投资创建于1994年。自成立以来，公司获得了持续快速的发展。目前，三一是全球装备制造业的领先企业之一。

2003年7月3日，三一重工在上海A股上市，并于2005年6月10日成为首家股权分置改革成功并实现全流通的企业，被载入中国资本市场史册。2011 年 7 月，三一重工以 215.84 亿美元的市值，入围 FT 全球 500 强，是唯一上榜的中国工程机械企业。2012 年，三一重工并购混凝土机械全球第一品牌德国普茨迈斯特，改变了行业竞争格局。

公司产品包括混凝土机械、挖掘机械、起重机械、桩工机械、筑路机械，其中泵车、拖泵、挖掘机、履带起重机、旋挖钻机、路面成套设备等主导产品已成为中国第一品牌，混凝土输送泵车、混凝土输送泵和全液压压路机市场占有率居国内首位，泵车产量居世界首位。

三一每年将销售收入的 5%—7% 用于研发，致力于将产品升级换代至世界一流水准。凭借技术创新实力，三一于 2005 年、2010 年和 2013 年三次荣获“国家科技进步二等奖”，2012 年、2014 年荣获“国家技术发明二等奖”，成为新中国成立以来工程机械行业获得的国家级最高荣誉。同时，公司首席专家易小刚还获评“首届十佳全国优秀科技工作者”，是工程机械行业唯一获奖者。截至目前，三一重工共拥有授权有效专利 3310 项。

凭借自主创新，三一成功研制的 66 米泵车、72 米泵车、86 米泵车三次刷新长臂架泵车世界纪录，并成功研制出世界第一台全液压平地机、世界第一台三级配混凝土输送泵、世界第一台无泡沥青砂浆车、亚洲首台 1000 吨级全路面起重机、全球最大 3600 吨级履带起重机、中国首台混合动力挖掘机、全球首款移动成套设备 A8 砂浆大师等，不断推动“中国制造”走向世界一流。

凭借一流的产品品质，三一设备广泛参建全球重点工程，其中包括迪拜塔、北京奥运场馆、伦敦奥运场馆、巴西世界杯场馆、上海中心、香港环球金融中心等重大项目的施工建设。近年，三一重工也相继在印度、美国、德国、巴西投资建设研发和制造基地，加速海外发展进程。

2.15 日照钢铁控股集团有限公司

日照钢铁控股集团有限公司是京华日钢控股集团有限公司下辖企业。日照钢铁是山东省最大的千万吨级民营钢铁企业，集团资产500亿元，在册职工18000人。2015年1—10月份，实现销售收入250亿元，实现净利润1.16亿元，上缴税金13.46亿元，保持了连续10年盈利的良好态势，盈利能力和外经贸水平居全国前三，并已连续10年跻身“中国企业500强”，在“2014中国民营企业500强”中排名第55位。

公司产品包括：热轧极薄板（SP全无头轧制技术，生产线为国内第一条，世界第二条，产品可以热代冷）、热轧卷板、热轧型钢、工字钢、槽钢、热轧带肋钢筋、热轧高速线材、热轧宽厚板、焊管、水泥副产品。公司的Arvedi无头带钢生产线（ESP），与传统铸轧工艺相比，新铸轧设备的能耗和相关成本将降低45%，意味着二氧化碳排放量将大幅度降低。新设备的设计年产量每条生产线为260万吨，可生产最大宽度为1600毫米，最小厚度为0.8毫米的优质超薄热轧带钢。

公司实施“立足客户需求，实现终端用户订单式直供销售”的营销策略，通过为顾客提供全方位的售前、售中、售后服务，打造国际领先的服务品牌。公司依靠先进的生产工艺、硬件装备和管理水平，便利的水、陆交通运输条件，专业的技术研发团队，对板、棒、线、型、焊管等主营钢材产品和水泥、微粉等循环经济产品进行严格把关，不断追求过硬的产品品质、更快的物流速度及更贴心的客户服务。企业先后通过了卓越绩效管理体系认证、欧盟CE认证、韩国KS认证和九国船级社认证。热轧H型钢、热轧带肋钢筋荣获中国冶金产品实物质量认定金杯奖，H192×198轻型薄壁H型钢的成功轧制填补了国内空白，被京沪高铁声障屏项目列为指定用材。近年来，公司产品被广泛应用于鸟巢、三峡大坝、港珠澳大桥、郑西高铁、青藏铁路、胶州湾跨海大桥等国家级重点工程。企业先后被授予“质量放心品牌”“消费者最信赖质量放心品牌”

“中国质量500强”等荣誉称号。

日照钢铁近年来累计投资55.6亿元用于节能环保工作。公司污水处理工程、烧结脱硫工程、煤气发电工程等项目被省环保厅评定为“山东省环境保护示范工程”；公司率先实施了钢铁企业烧结脱硫设备的第三方运营模式；公司建设了山东省首套企业环境管理信息化系统，为企业的节能减排提供数据支撑和决策依据。循环经济发展不仅实现了企业的污染物零排放目标，更为企业带来了经济效益，据统计，2014年日照钢铁循环经济创效约占公司创效总额的一半。

2.16　北京安力斯科技发展有限公司

北京安力斯科技发展有限公司成立于2002年，致力于将世界先进的紫外线消毒技术引入中国。总部位于北京市中关村科技园区，在天津宝坻经济开发区建立了6000多平方米的生产组装、调试及售后服务中心，并在上海、广州、南京、昆明、重庆设立了办事处。

近年来，北京安力斯科技发展有限公司在市政、建筑中水、油田回注水等领域取得了优良的业绩，得到了业内的广泛认可，已成为中国紫外线消毒行业受人瞩目的领跑者。至2009年上半年公司已签约市政污水项目超过百个，设备处理量超过1000万吨/天。2007年度公司被中国环境报、中国水网和中国证券报联合评为水业优秀设备公司，2009年度公司被中国水工业互联网站评为中国十佳城镇污水处理厂主要设备供应商。

公司拥有独立的技术研发中心，建有专业化实验室，有20多名科研人员，其中具有博士学位和高级职称的研发人员占研发人员总数30%以上，获得8项专利技术。2007年年底，全国紫外线消毒标准委员会成立，公司总经理被委任为该委员会的专家委员，重点参与了中国第一版紫外线消毒标准的草拟工作，并提出了专业化建议。公司雄厚的技术实力不仅成为立足市场的坚实基础，同时也为公司不断发展前进提供了原动力。

2.17 中冶京诚工程技术有限公司

中冶京诚工程技术有限公司（以下简称中冶京诚）成立于2003年11月28日，是由走过50多年光辉历程的中冶集团北京钢铁设计研究总院改制设立的股权多元化的大型国际化创新型工程技术公司。

作为国内外客户认可的知名品牌企业，中冶京诚坚持“诚信、创新、增长、高效”的企业精神，先后为国内外500余家客户提供了近5000项工程技术服务。在历年国家建设部、勘察设计协会等年度排名中，均位居前列，2007年、2008年连续2年位列百强之首。面对2008年全球金融危机等众多宏观经济不利因素，中冶京诚提前两年实现年营业收入超过百亿元的经营目标，并一直保持稳定增长。

作为全国勘察设计行业的龙头企业，中冶京诚以客户需求为导向，不断践行“全方位”服务模式，以国际化的发展模式，提供多行业的工程全流程服务，形成了以工程咨询和工程承包为中心，装备制造和投资开发为支撑，资产和资金运作为策应的业务架构；实现了从单一的钢铁行业工程咨询、设计业务向矿山和工业工程、装备和材料制造、市政和公用设施、资源开发业务转型，业务领域延伸至矿山、机械、造纸、电力、建筑、市政、公路、公共基础设施等多个行业。服务涵盖了工程设计、装备研发与制造、工程咨询、环境评价、环保核查、清洁生产审核、节能审计、项目管理、工程监理、招标代理、施工图审查等全过程、完整业务链。业内率先获得“国家综合设计资质”“国家工程监理综合资质”等一系列国家行业最高级别的行政许可。

2.18 天紫环保投资控股有限公司

天紫环保投资控股有限公司系国家高新技术企业、天津市科技领军企业和城乡废弃物工程技术中心。自2008年进入环保领域后，公司进行了全方位探索创新，明确以“地球、家园、己任”为企训，以实现生活废弃物资源化处理为目标，以打造绿色经济、循环经济、低碳经济为方向，以改善人类生存环境为使命。

集团主营业务涉及产品研发、装备制造、规划设计、建筑安装、垃圾处理、制肥制塑、有机农业、碳减排交易等多个领域，打造了一条废弃物处理的循环经济产业链。

公司自主研发的全资源化废弃物处理技术——TWR（Total Waste Recycling）拥有国家专利技术300余项，可将废弃物转化为优质有机肥、塑料颗粒、沼气等具有市场价值的再生资源，综合解决生活和农业废弃物的处理难题。变废为宝、低碳循环的同时，解决了二次污染难题。真正实现了废弃物处理的减量化、资源化、无害化和实时化，率先走出了一条生活废弃物资源化处理之路。

2.19　山东五征集团有限公司

山东五征集团成立于1961年。2000年改制后，五征实施差异化发展战略，在行业以小搏大、以弱胜强，成为行业领军企业。2006年以来，五征加快产业结构调整与升级，全力提升研发能力与制造水平，实现了由传统制造业向现代制造业转变，并先后收购浙江飞碟汽车和山东拖拉机厂，现已形成三轮汽车、汽车、电动三轮车、环卫装备、农业装备和现代农业多项产业，是中国机械工业重点骨干企业之一。

五征集团拥有车辆厂、汽车厂、农业装备公司等5个制造事业部和五征安旭机械公司、日照五征电动车公司等5家子公司，员工14000人，总资产68亿元，2005年年底进入汽车产业。主导产品有三轮汽车、载货汽车、客车、皮卡车、农业机械、电动车、汽车配件等多个系列1000多个品种，畅销全国，并已出口20多个国家和地区。

公司先后荣获“全国五一劳动奖状”“中国机械工业现代化管理企业”“山东省长质量奖”等称号。

2.20　北京仁创科技集团有限公司

北京仁创科技集团有限公司是一家集科、工、贸于一体的高新技术企业，国家首批创新型试点企业，拥有6家子公司，1所研究院和7大生产基地。仁创科技集团拥有一批富有创新精神的科研、生产与经营管理人才，其中博士7人、硕士21人、学士67人；高级工程师23人、享受国务院特殊津贴专家3人。

北京仁创科技集团有限公司是中关村国家自主创新示范区一家集科工贸于一体的高新技术企业，国家首批创新型企业，“硅砂资源利用国家重点实验室”建设单位，国家自主创新示范区“十百千工程”重点培育企业，并设立了博士后工作站。

历经20多年“风积沙综合利用技术”创新，开发出150多项原创性科研成果，成功解决美国、俄罗斯等发达工业国家多年来一直攻克而未果的技术难题，开辟了一条科学用砂治沙新途径，形成绿色可循环的工业型“砂产业”，为解决长期困扰人类的“沙漠化、水资源短缺、能源枯竭”三大世界性难题做出了成功的实践。

仁创科技集团专业致力于“砂产业”开发。“砂产业”就是以沙为原料，通过技术创新，加工成各种各样对人类有益的砂产品，系统集成形成“以砂治水、以砂增油、以砂低碳、以砂治沙”为代表的解决问题方案，从而开创出一个具有完整产业价值链的战略性新兴产业。

仁创把沙漠中的风积沙加工成新型精密铸造材料——覆膜砂，实现“以砂精铸”。97%以上的国产化汽车发动机关键铸件均采用仁创覆膜砂生产而成。

仁创把沙漠中的风积沙加工成“透油不透水”的新型压裂支撑剂——选择性孚盛砂，实现“以砂增油”。经大庆油田、胜利油田和中石化华东分公司等油田的应用，平均单井日提高石油产量2.3吨以上。

仁创把沙漠中的风积沙加工成新型透水建材——生泰砂，实现“以砂治水”。成功运用于奥运工程、中南海办公区、国庆60周年长安街改造工程、上海世博工程等。

仁创把沙漠中的风积沙加工成“透气不透水”的生态保水材料——透气防渗砂，初步解决沙漠种植的世界性难题，使沙漠变为绿洲，实现“以砂治沙”。

仁创科技集团建立了完善的质量保证体系：通过了“ISO9001 质量认证体系、IS014001 环境认证体系、OHSAS18001 职业健康安全”三大管理体系认证。

2.21 广西丰林木业集团股份有限公司

广西丰林木业集团股份有限公司是中国最大的木业企业集团之一，人造板和营林造林是公司的两大业务板块，1996 年广西第一张中密度纤维板在这里诞生，目前拥有广西南宁、百色、环江、上思 4 个人造板工厂共 53 万立方米/年生产能力和 20 多万亩自有速生丰产林，总资产逾 10 亿元。丰林国际有限公司（BVI）、中信集团金石投资有限公司和世界银行国际金融公司（IFC）为丰林的三大股东，集团总部设于广西南宁市白沙大道 22 号丰林大厦。公司主要产品为丰林牌中/高密度纤维板，以林业“三剩物”和“次、小、薪”柴为原料，是国家鼓励的资源综合利用项目，广泛用于装饰、装潢和家具、地板、音响制作，为国内众多一流企业提供生产家具、地板、门板的基材，拥有稳定的客户群和较高的市场信誉，2007 年在中国国际木业（北京）博览会获得金奖。丰林自主研制的环保阻燃板已用于北京奥运乒乓球馆、北京国家图书馆和其他重要公共建筑、车辆船舶，是目前国内唯一替代进口的环保阻燃板品牌。丰林胶合板远销欧、美和东南亚。

2.22 江苏宝利国际投资股份有限公司

江苏宝利国际投资股份有限公司是一家专业生产道路沥青系列产品的高新技术上市公司。主要沥青产品有：通用型改性沥青和乳化沥青、高铁乳化沥青、机场跑道特种沥青、高黏度改性沥青、高强度（模量）改性沥青、高弹性改性沥青、橡胶改性沥青、液体石油沥青、各类防水材料沥青等。公司还经销、仓储、中转进口重交石油沥青和国产重交石油沥青。

公司拥有7家沥青生产公司（含总公司），1家道路桥梁BT投资公司，1家国内贸易公司，1家海外贸易投资公司，1家融资租赁公司，共计11个公司。7家沥青生产型企业分别为：陕西宝利沥青有限公司，湖南宝利沥青有限公司，吉林宝利沥青有限公司，新疆宝利沥青有限公司，四川宝利沥青有限公司，西藏宝利沥青有限公司，加上江阴总部江苏宝利国际投资股份有限公司，这7家沥青生产企业均具有当地规模最大的沥青生产装置和沥青仓储库。随着业务的扩张，公司在产业链上不断延伸，并于2012年成立了全资子公司江苏宝利建设发展有限公司，主营道路、桥梁等BT项目投资业务。随后公司2014年分别在国内和新加坡两地设立了贸易和投资公司，即宝利控股（新加坡）私人有限公司和江阴市宝利沥青新材料有限公司，新加坡子公司除了从事海外贸易业务外，还涉及海外投融资业务，对于公司进军国际、国内市场具有重要的战略意义。2015年2月，公司在上海自贸区设立了一家融资租赁公司，即上海成翼融资租赁有限公司。目前公司全国布局已经形成，改性沥青的年产能不低于60万吨，重交沥青不低于50万吨。通过在全国各地设立子公司，宝利沥青的产品已辐射到华东、华中、华南、西北、西南、东北、新疆、西藏及非洲等市场，是国内专业从事道路石油改性沥青生产的龙头企业、新标杆企业。

公司拥有先进的实验、检测设备和仪器，确保产品出厂质量符合相关技术要求。公司的沥青产品已广泛应用在江苏、海南、浙江等省份及自治区的高速铁路、高速公路、国道、省道和城市道路工程中。公司的沥青产品还远销阿尔及利亚等非洲国家，并取得了欧盟（CE）认证。

作为高新技术企业，截至目前，公司承担了国家科技支撑计划1项，国家火炬计划1项，拥有12项国家专利和20多项专有技术。组建了江苏省企业技术中心、江苏省博士后工作站。公司建立了完善的研发体系，被评为江苏省创新型企业。公司与国内著名科研院校产学研合作所形成的专家群体及多层次人才结构成为公司在道路沥青材料研究领域最有力的保障。

2.23　万华生态板业股份有限公司

万华生态板业股份有限公司是全球规模最大的零甲醛秸秆板材供应商。万华生态板业股份有限公司于2006年年底，由万华实业集团与红塔创新等5家股东公司共同投资组建，主要经营项目为零甲醛生态秸秆板、生态黏合剂的研发与生产、秸秆板材制造设备的研发与制造，实现了从生态胶黏剂、秸秆板材生产设备到板材生产的跨行业产业整合，是目前世界唯一同时拥有无醛胶黏剂技术、秸秆板制造专利技术和秸秆板装备制造技术的秸秆人造板生产供应商。

万华致力于通过开发、生产高质量的产品，拥有胶黏剂的研发与生产的全套设施及人员，是业内首家集产、学、研为一体的高科技公司，公司生产的零境界禾香板产品品质与其他类似产品相比实现了跨越式的提升。2009年获国家科技进步二等奖；产品属国家级新产品及国家科技部重点推广项目，被列入国家863计划。目前公司拥有1000多名员工，现下设万华生态板业（荆州）有限公司、万华生态板业（信阳）有限公司、万华生态板业（栖霞）有限公司、信阳木工机械有限责任公司、万华装饰工程有限公司、万华研究设计有限公司、道生国际融资租赁股份有限公司和司空科技股份有限公司，总资产已达20亿元人民币。

2.24　江苏华宏实业集团有限公司

华宏集团是中国制造业500强、中国民营企业500强企业。华宏集团下辖13家子公司。华宏化纤在全国化纤行业排名第三，外贸出口全国第一；华宏科技上市5年来，已形成再生资源加工设备及电梯精密部件双轮并行发展的格局；新华宏铜业专注国内合金铜制品行业，是全球家电领导企业集团美的的全球供应商。投资企业华宏医药于2015年新三板挂牌交易。

历经20年的发展，"华宏""伍仕"两品牌成为中国驰名商标。拥有国家级博士后工作站、院士工作站、企业研究生工作站、江苏省液压工程技术研究中心、江苏省认定企业技术中心在内的"三站两中心"。销售网络遍布全球，产品远销欧、亚、美等30多个国家和地区，与之相配套的，遍布全球的服务网络与办事处为快速响应用户需求提供了保证。

2.25　武汉蓝宁能源科技有限公司

武汉蓝宁能源科技有限公司（以下简称"蓝宁能源"）是在中国最大制冷空调企业之一"大连冰山集团"的支持和推动下，由武汉新世界制冷工业有限公司、西安奇通能源科技有限公司及其战略投资合作伙伴共同出资组建的节能产品研发、制造及技术与工程服务的高新技术企业，公司成立于2015年6月。蓝宁能源以自主研发节能工艺压缩机、天然气压缩机、天然气管道膨胀机及冷能回收、ORC及蒸汽膨胀余热发电机为技术基础，通过研发、生产、销售、成套解决方案及工程技术服务、EPC工程总承包、合同能源管理或BOT及相关咨询服务等经营模式，致力于推动先进节能技术的产业化。

蓝宁能源的使命是围绕实现股东各方的战略目标，集聚整合股东各方在研发设计、产品制造、工程实践、产业配套等方面的优势资源，利用产学研销一体化结合的体制优势，发挥企业主体和产业化平台的积极作用，推动具有自主知识产权的天然气管道膨胀发电及冷能回收、热电厂余热回收发电及其他余热回收利用等先进节能技术的产业化。

蓝宁能源控股方为武汉新世界制冷工业有限公司，其前身武汉冷冻机厂，始建于1954年，距今已有60多年设计制造制冷机的历史，为冰山集团核心企业，属于大型国有控股公司，2014年集团实现销售收入127亿元。武冷自1978年开发成功国内第一台螺杆制冷机以来，已累计生产各类螺杆机 3 万余台，是中国空调制冷行业大型骨干企业之一。

2.26　中国船舶重工集团公司 711 研究所

711 所（SMDERI）隶属于中国船舶重工集团公司，是中国唯一的国家级船用柴油机研发机构。

中国船舶重工集团公司（简称中船重工，CSIC）是由原中国船舶工业总公司部分企事业单位重组成立的特大型国有企业，是国家授权投资的机构和资产经营主体，主要从事海军装备、民用船舶及配套、非船舶装备的研发生产，是中国船舶行业唯一一家世界 500 强企业，现有总资产 4127 亿元，员工 15 万人。

711 所具有雄厚的研发实力和齐全的专业配置，拥有柴油机、热气机、动力系统集成、船舶自动化、节能环保装备、能源服务六大战略业务，其核心技术与产品在国内处于领先地位并具有国际影响，已发展成为集研发、生产、服务、工程承包为一体的企业集团，服务于机械、石化、能源、交通运输等 20 多个行业和领域，涉及世界 30 多个国家和地区。

711 所现有员工 2000 余名，其中专业技术人员超过 900 名，拥有中国工程院院士 1 名，博士生、硕士生导师 26 名，设有硕士、博士学位授予点和博士后流动站，41 人获得国务院政府特殊津贴。拥有 30 多个现代化实验室，主要专业研发设施达到国内领先、国际先进水平，拥有国内唯一的船舶动力系统国家工程实验室。共获得各类科技成果奖 464 项，其中国家科技进步特等奖 1 项、一等奖 4 项，拥有有效专利 285 项。

经过多年的发展，711 所形成了柴油机、气体发动机以及核心零部件的科研，生产的产业布局，具备柴油机、气体及其核心零部件的开发能力，拥有 110 万千瓦（150 万马力）低速柴油机及其核心零部件、100 万千瓦中高速柴油机和气体发动机及其核心零部件的生产规模，产品包括引进专利许可证生产的曼恩品牌的中速柴油机、瓦锡兰品牌的中速和低速柴油机以及自主品牌的中速柴油机和气体机，产品功率范围为500—35520千瓦，在全球范围内建有维修服务网点，提供完善的售后服务保障。

2.27 江西铜业集团公司

江西铜业集团公司成立于1979年，肩负国家赋予的“摆脱我国铜工业落后面貌，振兴中国铜工业”的光荣使命。30多年来，受益于国家经济持续增长，亦有赖于自身的专业与专注，已成为中国最大的阴极铜生产商及品种齐全的铜加工产品供应商，是中国铜工业的领跑者和有色金属行业综合实力最强的企业之一。

公司致力于持续发掘资源价值，恪守可持续发展承诺，满怀感恩和敬畏之心，坚定不移地以最小化的环境代价，发掘出矿产资源的最大价值，追求人与自然的和谐共生。总部设在中国南昌，多元化的业务包括铜、金、银、稀土、铅、锌等多金属矿业开发以及支持矿业发展的贸易、金融、物流、技术支持等，在中国、秘鲁、阿尔巴尼亚、阿富汗等国建立了绿色矿业基地。旗下江西铜业股份有限公司先后于1997年和2001年分别在香港、上海完成H股和A股上市。2008年江铜集团实现整体上市。

江西铜业的阴极铜产量2014年达到128万吨，为中国第一、世界第二。2015年，江西铜业以337.8亿美元的销售收入位列《财富》世界500强第354位，比上年度前进27位。2014年为中国企业500强第74位，2015年第71位。位居2015《福布斯》全球企业2000强第952位。

2.28 中信重工机械股份有限公司

中信重工机械股份有限公司（CITIC Heavy Industries Co.，Ltd.，英文缩写为CITIC. HIC，中文简称中信重工）原名洛阳矿山机器厂，是国家“一五”期间兴建的156项重点工程之一。1993年并入中国中信集团公司，更名为中信重型机械公司。2008年1月，改制成立中信重工机械股份有限公司。2012 年 7 月，公司 A 股股票在上海证券交易所成功挂牌并上市交易。

历经 60 年的建设与发展，中信重工已成为国家级创新型企业和高新技术企业，世界最大的矿业装备和水泥装备制造商，中国最大的重型机械制造企业之一，中国低速重载齿轮加工基地，中国大型铸锻和热处理中心。拥有“洛矿”牌大型球磨机、大型减速机、大型辊压机、大型水泥回转窑四项中国名牌产品，可为全球客户提供矿山、冶金、有色、建材、电力、节能环保、电气传动和自动化、关键基础件等产业和领域的商品、工程与服务，被誉为“中国工业的脊梁，重大装备的摇篮”。

中信重工拥有国家首批认定的国家级企业技术中心，位列全国 887 家国家级技术中心前 10 位，荣获国家技术中心成就奖，所属的洛阳矿山机械工程设计研究院，是国内最大的矿山机械综合性技术开发研究机构，具有甲级机械工程设计和工程总承包资质，专业从事国家基础工业技术装备、成套工艺流程的基础研究和开发设计。拥有国家重点实验室——“矿山重型装备实验室”。博士后工作站建成运行。成立院士专家顾问委员会，形成了一支由业内各领域科学泰斗组成的高层次专家团队和高智力创新载体。

中信重工以技术创新为核心战略，开发拥有“年产千万吨级超深矿建井及提升装备设计及制造技术”“年产千万吨级移动和半移动破碎站设计及制造技术”“日产 5000—12000 吨新型干法水泥生产线成套装备设计及制造技术”“低温介质余热发电成套工艺及装备技术”“利用水泥生产线无害化处置生活垃圾技术”等 20 多项核心技术，形成了大型化、集成化、成套化、低碳化的绿色产业新格局。

中信重工是国家首批确定的 50 家国际化经营企业之一。着眼全球化战略布局，中信重工着力打造全球化的营销与服务网络：全资收购西班牙 GANDARA 公司，设立澳大利亚公司、巴西公司、智利公司、南非公司、印度及东南亚公司、俄罗斯办事处等；独家买断 SMCC 的 100% 知识产权，成为全球最先进的选矿工艺技术的拥有者。

2.29　中国一拖集团有限公司

中国一拖集团有限公司是中国机械工业集团有限公司子公司。新中国第一台拖拉机、第一辆军用越野载重汽车在这里诞生。建成投产 50 余年来，为国家农业机械化提供拖拉机、柴油机等各种装备 360 多万台，拥有的“东方红”商标为中国“驰名商标”。

“十五”以来，中国一拖抓住国家振兴装备制造业、加快社会主义新农村建设的机遇，坚持以加快结构调整、转变发展方式为主线，通过加大重点产品研发、技改投入力度，基本形成了农业机械、动力机械及零部件等多元结构发展的格局。

农业机械业务具有国内最完整的拖拉机产品系列，拥有国际先进、国内领先的具有自主知识产权的产品技术。其中，大功率拖拉机国内市场份额第一，动力机械业务在国内非道路用柴油机行业排名第一，企业销售收入每年以 20% 的幅度递增。

2.30　北京碧水源科技股份有限公司

北京碧水源科技股份有限公司是由归国学者于 2001 年在中关村国家自主创新示范区创办的高科技企业。目前公司净资产超过 120 亿元，在国内外拥有超过 80 家子公司，并于 2010 年 4 月在深交所创业板挂牌上市，上市后市值一直处于创业板前列，复合增长率达 60%。2015 年，国家开发银行旗下国开金融持有碧水源 10.48% 的股份，成为碧水源第三大股东，开启了环保行业混合所有制改革新模式。

碧水源是国家首批高新技术企业、国家创新型企业，公司具有完全自主知识产权的全产业链膜技术（微滤、超滤、纳滤、反渗透）。致力于解决“水脏、水少、饮水安全”的国家资源战略问题，致力于使污水变成资源，解除水污染之困，化解水短缺之忧，从而实现中央政府提出的

"发展循环经济，实现可持续发展"的战略目标。业务领域涵盖水务全产业链：膜技术研发以及膜设备制造、市政污水和工业废水处理、污水资源化及再生利用、固废污泥处理、自来水处理、海水淡化、水务工程建设、水务投融资，以及民用、商用净水设备等。

碧水源是中国唯一一家集膜材料研发、膜设备制造、膜工艺应用于一体的企业，建有全球规模最大的膜研发制造基地。公司核心产品——MBR 膜生物反应器具有占地面积小、污泥产量少、出水水质优于地表水Ⅳ类等优势。2014 年碧水源成功研发出全球首个具有完全自主知识产权的创新膜产品——超低压选择性纳滤（DF）膜，出水水质达到地表水Ⅱ标准，真正意义上实现了"废水资源化"，为解决我国水脏、水少、饮水不安全问题找到了新出路。

凭借先进的技术工艺和高超的管理水平，碧水源参与了众多国家水环境治理重点工程，包括南水北调丹江口污水处理工程、无锡环太湖地区水环境治理重点工程、北京引温济潮跨流域调水工程（世界上最大的 MBR 工程）、北京奥运龙形水系工程以及国家大剧院水处理工程等。

碧水源 2007 年开始在水务领域摸索采用 PPP 模式与地方政府合作，业务拓展至云南、新疆、山东、江苏及贵州等省区，在全国拥有 92 个水务 PPP 项目。目前碧水源以 PPP 模式成立的合资公司超过 30 家，水处理能力达到每天 1000 万吨，覆盖了全国 20 多个省份和地区，服务人口超过 6000 万。

2.31　中国冶金科工集团有限公司

中国冶金科工集团有限公司（以下简称"中冶集团"）是全球最大最强的冶金建设承包商和冶金企业运营服务商；是国家确定的重点资源类企业之一；是国内产能最大的钢结构生产企业；是国务院国资委首批确定的以房地产开发为主业的 16 家中央企业之一；也是中国基本建设的主力军，在改革开放初期，创造了著名的"深圳速度"。2015 年公司在

"世界500强企业"排名中位居第326位，在ENR发布的"全球承包商250强"排名中位居第10位。

中冶集团作为国家创新型企业，拥有13家甲级科研设计院、15家大型施工企业，拥有4项综合甲级设计资质和23项特级施工总承包资质，其中，双特级施工资质企业数量达11家，位居全国第一。拥有17个国家级科技创新平台和国家级重点实验室，累计拥有有效专利16241件，位居中央企业第四名。

中冶集团累计获得国家科学技术奖54项，中国建设工程鲁班奖78项（含参建），国家优质工程奖121项（含参建），中国土木工程詹天佑奖9项（含参建），冶金行业优质工程奖459项。拥有53000余名工程技术人员，中国工程院院士1人，国家勘察设计大师12人，中央直接联系的院士、专家3人，国家百千万人才工程专家4人，享受国务院政府特殊津贴人员500余名。

2.32　中国通用技术（集团）控股有限责任公司

中国通用技术集团成立于1998年3月，是由中央直接管理的国有重要骨干企业，是我国最大的先进技术装备引进服务商、最大的轻工产品和医药保健品进出口商、最大的移动通信终端产品分销与服务商，同时是我国重要的装备制造商、国际工程承包商、医药生产与供应商、技术服务与咨询商、建筑地产商。

集团主业包括装备制造、贸易与工程承包、医药、技术服务与咨询、建筑地产五大板块。各板块主力子公司大多具有半个多世纪的历史，实力雄厚，资质齐全，品牌信誉卓著，在我国相关行业或细分领域发挥着重要骨干作用，长期以来为经济社会发展做出了重要贡献。目前集团共有境内二级经营机构32家（其中A股上市公司2家），境外机构58家，员工总数45000多人。

集团具有较强的集成服务能力和资源整合能力，能够为客户提供集市场开发、商务服务、融资安排、关键装备制造、工程设计与施工、技术服务与咨询在内的一揽子解决方案；拥有比较完善的国内外市场营销网络、物流配送网络，与世界上100多个国家和地区建立了稳定的贸易与合作关系，有较强的国内外一体化经营能力；具有较强的科技创新能力，拥有一批国家级工程技术中心、重点实验室、检验检测机构和国家认定企业技术中心，拥有有效专利数量在中央企业中位居前列；与国际国内大企业、金融机构有长期稳定的战略合作关系；拥有门类齐全、素质较高、经验丰富的人才队伍；资产质量较高，投融资能力较强。

2015年度在美国ENR排名榜中以276.7亿美元营业收入排名第93位，中国企业排名第20位。

2.33　中钢设备有限公司

中钢设备有限公司（英文简称SINOSTEEL MECC）为中钢国际全资的唯一经营性资产，控股、参股7家投资企业。公司及其下属企业拥有冶金、建筑行业甲级工程设计，钢铁、建筑专业甲级工程咨询，环境工程专项设计，生态建设和环境工程咨询甲级，特种设备设计、设备成套、设备监理、对外承包、对外贸易经营、环境污染治理设施运营等齐备的资质，拥有国家环境保护工业烟气控制工程技术中心、国家工业烟气除尘工程技术研究中心，通过了质量、职业健康安全和环境体系认证。公司作为中国知名的冶金工程技术公司，在中国钢铁工业发展历程中做出了突出的贡献，先后承担了国内各主要大型钢铁企业400多项国家重点建设项目。

作为最早“走出去”的中国企业，公司在海外冶金工程市场享有较高的声誉，已在海外搭建起较为完善的经营网络，形成了成熟的工程项目、单机与备品备件市场。公司具备钢铁联合企业全流程工程总承包能力，是目前冶金行业工程公司中专业领域经营范围最宽泛的企业，部分专业处于行业领先水平。同时，公司已将钢铁行业工程总承包业务模式成功复制到矿业、电力、煤焦化工、节能环保等相关多元化业务领域，并取得重大突破，部分示范项目已投产并通过验收，在海内外市场产生了积极的影响。

目前，公司已形成冶金、矿业、电力、煤焦化工、节能环保、机电产品贸易六大主营业务板块。公司自2004年参加中国勘察设计协会“中国工程总承包企业营业额百名排序”以来，一直居于冶金行业企业前列。公司为我国首批对外承包工程AAA级信用企业，并先后被评为中国机电进出口企业（大型成套设备）AAA级信用企业、中国对外贸易AAA级信用企业和国际经营信用AAAAA级企业。公司连续6年入选美国《工程新闻纪录》（ENR）全球最大250家国际承包商和最大250家全球承包商，2014年位列国际承包商147位，位列全球承包商140位。

2.34 中国寰球工程公司

中国寰球工程公司隶属于中国石油天然气集团公司，是以技术为先导，以设计为龙头，集咨询、研发、设计、采购、施工管理、设备制造、开车指导等多功能于一体的，具有项目管理承包和工程总承包综合能力的国际工程公司，是智力密集、技术密集的科技型国有骨干企业。

50多年来，先后完成了2000多项跨行业的国内外大中型项目的咨询、设计、施工和总承包建设任务，在国际规模的大型乙烯、大型炼油、大型聚丙烯、大型LNG和大型化肥等15大类装置上具备总承包能力并拥有丰富业绩。

公司现有员工9875人，高层次技术人才阵容强大，高级技术专家、专业带头人225人，高级技能专家9人，高级别国家注册执业资格人员1471人，98%的专业技术人员具备用英文按美、欧、日本标准和中国国标进行设计和建设的工作能力，教授级高级工程师165名，高级工程师1103名，在欧、美、日等国工程公司工作和培养两年以上的人员120多名，具有硕士（含双学士）和博士学位的人员652名，有丰富经验的高级项目管理人员 236 名，国际化人才 960 人。

公司拥有雄厚的科研实力，承担了多项大型化工装置的科技攻关任务，获得国家授权专利62 项，已受理专利23 项；国家级工法3 项，省部级工法 14 项；有 60 项具有竞争优势的专有技术，10 余项自行开发或正在开发的具有市场价值的工艺创新技术，38 项自行开发的计算机软件。荣获国际和国家级、省部级发明奖、科技进步奖、优秀工程设计奖等奖项491 项，主编和参编的国家标准规范33 项、行业标准规范47 项、中国石油天然气集团公司企业标准 9 项、协会标准规范 8 项，为大型化工装置的国产化及以高新技术带动国际工程承包和机电产品出口奠定了坚实基础。

2.35　中铝国际工程股份有限公司

中铝国际工程股份有限公司（以下简称中铝国际）是中国铝业公司的工程技术板块，前身是 2003 年 12 月 16 日在中华人民共和国（中国）注册成立的中铝国际工程有限责任公司，2011 年 6 月 30 日改制为股份制公司后，于 2012 年 7 月 6 日在香港联交所主板成功上市。

中铝国际现有员工 1 万余人，是一家集技术研发、工程建设、测绘勘察、装备制造、科技成果产业化于一体的高新工程技术服务企业，目前主要从事工程设计与咨询、工程建设和总承包以及装备制造业务。

中铝国际所属的企业包括20 世纪60 年代中国有色金属工业 8 大甲级设计院所中的 4 家甲级设计研究院（沈阳铝镁设计研究院、贵阳铝镁设计研究院、长沙有色冶金设计研究院、洛阳有色金属加工设计研究院）、1 家勘察设计企业（中国有色金属长沙勘察设计研究院）和 5 家大型综合建筑安装公司（中国有色金属工业第六冶金建设有限公司、中色十二冶金建设有限公司、中铝国际山东建设有限公司、中铝长城建设有限公司和中铝国际天津建设有限公司）。这些成员企业大都成立于 20 世纪五六十年代，参与了我国冶金、交通、电力、石油、化工、建材、军工等多个行业的规划、科研、设计和工程建设，尤其是在有色金属领域的采矿、选矿、冶炼和金属材料加工等方面拥有一系列专有技术，在多个行业取得54项设计和咨询资质，创造出了多项“中国第一”和“中国企业新纪录”，取得多项建设金奖、鲁班奖等奖项，为我国国民经济建设与社会发展做出了积极贡献，特别是为有色金属工业的发展和技术进步建立了卓越功勋，在业界享有广泛盛誉。

2.36 山东科瑞石油装备有限公司

科瑞石油是一家集高端石油装备研发制造、油气田一体化工程技术服务、油气EPC工程总承包三位一体的综合性产业集团，是中国最大的油气设备生产和服务提供商。集团现有员工8000余人，总部位于中国第二大油田胜利油田所在地——东营市。

集团拥有总占地面积240万平方米的7个大型生产制造基地，研发、设计、制造陆地与海洋钻井/修井装备；油田大型压裂机组；连续油管车、固井车、制氮车等特种作业装备；天然气压缩机设备；油气生产处理工艺系统；天然气液化装置；井口、井控系统；采油机械八大系列高端石油装备产品。

科瑞在总部以及北京、上海和新加坡、休斯敦、卡尔加里等地区设立了16个技术研发中心，技术人员占员工总数约50%。科瑞目前已在全球57个国家设立了分子公司、技术服务站及零配件仓库，海外分支机构员工本土化率超过51%。拥有遍布多个国家的钻井、修井作业、连续油管技术服务、压裂施工服务、欠平衡钻井服务、稠油开采技术服务等油田服务队伍200余支，在提升采收率、老旧油田改造、疑难油田开发等方面掌握了世界领先技术，在页岩气、煤层气等非常规油气开发领域拥有杰出能力。科瑞拥有出色的油田EPC工程总承包及系统解决方案提供的能力，可根据全球油气田条件定制成熟的油气生产处理系统，提供原油、天然气、污水处理场站综合解决方案，在高度集成化小型撬装LNG

液化装置和中大型模块化 LNG 液化工厂领域拥有国际领先技术。

2.37　大连冷冻机股份有限公司

大连冷冻机股份有限公司（以下简称“大冷股份”）是中国工业制冷行业领军企业——大连冰山集团有限公司的核心企业。大冷股份专注冷热事业，致力于发展工业制冷、食品冷冻冷藏、中央及商用空调、零部件、工程贸易服务事业领域，融合了中、日、美、德、英等国家和地区的先进技术基因，原发创新、引进消化吸收再创新、集成创新核心冷热技术，引领行业新发展，创造客户新价值。

大冷股份出资设立了 25 家企业，构成了以大连冰山工业园区为中心，以武汉和常州冰山工业园区为支撑的总面积为 130 多万平方米的冷热装备研发生产基地。

大冷股份及出资公司，围绕冷热五大事业领域，打造了我国最完备的冷热产业带，构建了从最初一公里到最后一百米的全程冷链，成为我国唯一掌握全部制冷关键技术的绿色装备企业。

2016 年，大冷股份建成智能制造示范基地，依托我国最大的冷热性能试验中心，建设冷热技术创新中心，持续引领中国冷热事业的发展。大冷股份依托国家级企业技术中心、企业博士后工作站、中国最大最完备的性能实验中心，坚持政产学研用相结合，创建国家标准，遵循国际标准，精心打造“绿色、智能、安全”的冷热产品研发创造体系，获得进入国际市场的通行证。

2.38　中车株洲电力机车有限公司

中车株洲电力机车有限公司是中国中车旗下的核心子公司，中国最大的电力机车研制基地、湖南千亿轨道交通产业集群的龙头企业，被誉为“中国电力机车之都”。公司主要业务集中在电力机车、城轨车辆、城际动车组、磁浮车辆、储能式有轨/无轨电车等新技术公共交通车辆、重要零部件、专有技术延伸产品及维保服务等领域。目前，公司总资产 260

亿元，在国内外设有20余家子公司，2015年实现销售收入260亿元、利税34亿元。

中车株洲电力机车有限公司坚持创新驱动发展，持续加大研发投入，推动制造能力升级。在1万余名株机人中，超过25%的员工从事产品及工程技术的研究与开发，其中包含1名在企业成长的中国工程院院士以及10名享受国务院政府特殊津贴的行业专家。公司拥有全球最大的电力机车产能、与欧洲标准接轨的城市交通装备研发制造能力，以及分布在业主城市能快速响应的造修基地。

中车株洲电力机车有限公司致力于改善公众出行条件，创造与环境和谐发展的交通运输方式。在电力机车领域，自1958年研制出中国第一台电力机车以来，先后研制出快速客运、客货两用、重载货运等各型干线电力机车41种，累计7500余台，占中国电力机车总量的60%以上，引领中国电力机车实现由普载向重载、由直流传动向交流传动的转变，是全球最大功率电力机车的研制者，站在了世界行业技术的制高点。在城轨车辆领域，公司仅用10余年就建立起达到欧洲标准的高档铝合金和不锈钢全系列城轨车辆研发制造平台，产品涵盖A、B车型80/100/120公里三个速度等级，成为中国高端城轨装备领域的杰出代表，共为国内外16个城市提供城轨车辆近6000辆。在国内近10个城市建立了造修基地，着力打造城轨车辆的全寿命周期维保服务体系。在动车组领域，公司凭借丰富的轨道车辆研制经验、成熟的研发平台以及得天独厚的区域配套优势，曾先后研制出“蓝箭”“中原之星”“中华之星”等160—270公里速度等级的动力分散型和集中型动车组，是中国动车组技术的发祥地，近年来，公司研制的动车组成功走出国门。

中车株洲电力机车有限公司是中国装备“走出去”的先锋。公司凭借卓越的品质、可靠的性能、优秀的履约能力得到了国际客户的广泛认可。自1997年实现中国电力机车整车出口“零”突破以来，先后在伊朗、乌兹别克斯坦、哈萨克斯坦、新加坡、土耳其、印度、马来西亚、南非、埃塞俄比亚、马其顿等国家获得近30个项目订单，出口产品包括机车、地铁、轻轨、动车组、地铁工程维护车，合同额累计300亿元。公司在马来西亚轨道交通领域的市场占有率达到80%以上，为其量身打造的世界最高速米轨动车组已经成为吉隆坡一道亮丽的风景线。公司勇夺南非21亿美元电力机车订单，创造了中国轨道交通装备行业的出口之最。公司获得马其顿动车组订单，实现中国动车组首次出口欧洲。同时，公司在马来西亚、南非、土耳其、印度等地成立多家子公司，开展国际化经营。

2.39　湖南科力远新能源股份有限公司

湖南科力远新能源股份有限公司创建于1998年，以专利技术进入先进储能材料行业并迅速崛起，2003年在上海证券交易所上市。公司在中国上海、长沙及日本等布局了八大产业基地，缔造了一条从先进储能材料、先进电池、汽车动力电池能量包到油电混合动力汽车动力总成系统、电池回收系统的完整产业链，并拥有完全知识产权，产品成功进入丰田、本田等高端供应链体系，全面融入国际化高端产业分工。

公司全面推行精益管理与智能化制造，融合工业4.0，拥有强大的自主创新平台和油电混合动力汽车总成系统平台。2009年，科力远牵头组建了先进储能材料国家工程研究中心，这是先进储能材料及先进储能技术领域目前唯一的国家级工程中心。2014年10月与吉利控股集团合资成立科力远混合动力技术有限公司，共同开发CHS深度混合动力总成项目，破解了国内油电混合动力汽车发展的技术瓶颈。

公司现有员工近4000人，其中硕士以上学历500多人。汇聚了国内外电池行业知名专家、教授、院士100多人，其中日本专家数十人。经过十多年的拼搏，成就了先进储能材料及高能动力电池产业的龙头地位。公司拥有357项自主知识产权的专利核心技术，并获得283件全球专利许可，工程转化能力和技术达到国际先进水平，是我国先进储能材料、汽车动力电池和储能应用系统的重要生产、研发基地和销售服务中心。

公司拥有湖南长沙、常德、益阳、甘肃兰州、上海闵行、广东深圳、江苏常熟、日本茅崎八个产业基地，战略布局到了美国和欧洲。旗下拥有常德力元新材料有限责任公司、兰州金川科力远电池有限公司、益阳科力远电池有限责任公司、湖南科霸汽车动力电池有限责任公司、日本湘南 CORUNENERGY 株式会社、科力远混合动力总成系统有限公司、科力远（上海）汽车动力电池系统有限公司、科力远（绍兴）汽车动力电池系统有限公司、科力远华南基地、科力远（美国）商贸有限公司、科力远新能源（欧洲）有限公司、北京科力远科技有限公司、深圳先进储能技术有限公司，并参股湖南稀土产业集团、科力美（中国）汽车动力电池有限公司。

2.40 湖南永清投资集团有限责任公司

湖南永清投资集团有限责任公司成立于 1998 年，是一家环保全产业链的综合服务集团，是“中国最佳创新企业 50 强”公司，也是中国环保产业协会副会长单位和湖南省环保产业协会会长单位。2014—2015 年公司连续两年入选美国《福布斯》杂志排行榜。公司资产超过 100 亿元，现有员工 1100 多人，下辖永清环保、永清水务、永清制造、永清东方除尘、永清研究院等多家专业子公司，并先后在北京、江苏、上海、广州、深圳等多个重点城市成立了子公司。其中，永清环保股份有限公司（300187. SZ）是湖南省唯一一家 A 股上市环保企业。

永清是全方位的环境综合治理服务提供商。公司长期致力于环境保护事业，已形成集研发、咨询、设计、制造、工程总承包、营运、投融资为一体的完整的环保产业链，业务范围已涵盖土壤修复、环境咨询、清洁能源、雾霾治理、污水治理、设备制造、环境检测等环保全领域。永清是全国屈指可数的全能型、平台型环保企业，也是环保部批准的全国第一家地市级合同环境服务试点单位和全国首批环境污染第三方治理试点单位。

永清是环保技术创新的领先者。公司在耕地污染治理、土壤修复、超低排放、垃圾焚烧等领域掌握了核心技术，拥有60余项技术专利。其中，以自有技术生产的离子矿化稳定剂是国内技术最成熟、实践应用最多的修复药剂。2015年，永清环保并购全球领先的土壤及地下水修复企业美国IST公司，极大提升了永清在土壤修复技术领域的领军地位。

2.41　泰富重装集团有限公司

泰富重装集团是一家以先进装备制造及系统总承包、配套服务为主的创新型企业集团，主要为客户提供物料输送高端成套装备、港口和海工装备的设计、研发、制造、销售、安装、调试、售后服务、融资租赁及总承包、配套服务。

集团下设泰富重工、泰富国际工程、泰富海工、泰富建设、泰富国贸、泰富租赁、泰富投资、泰富中诚等20多个子公司，在北京、上海、香港等地成立了分公司，在巴西里约热内卢、印度加尔各答、澳大利亚悉尼、韩国浦项等设立了办事处。

中国国际高端装备交易服务创新中心是泰富重装利用"互联网+"打造全球配套最全、服务最好的装备交易服务平台，形成集信息流、商流、资金流、技术流、制造流、物流、资产管理和公共服务八位于一体的工业O2O平台，将改变全球港口、海工高端装备行业交易生态。

泰富重装设立技术研究院，为集团总体产品开发研究提供技术指导服务。目前技术研究院设有储运工程研究院、海工装备研究院、港口及海洋工程研究所、装卸机械研究所、带式输送机研究所、控制技术研究所、数字化仿真研究所、新技术研究所、新产品研究所、实验中心。

通过与德国西门子、iSAM自动化、丹麦FLSmidth（艾法史密斯）公司和澳大利亚卧龙岗大学等国际知名的企业和院校合作，泰富重装成功攻克了智能化海上移动码头、全智能无人化散料输送装备系统和环保节能料场等业内多项核心技术，研发了中国最大管径的长距离大运量圆管带式输送机系列产品，开辟了先进装备领域的工业4.0时代，技术水平已跻身国际先进行列。

成立以来，泰富重装已完成了由制造型企业向制造服务型企业的成功转型升级，从单一产品制造商成长为系统配套服务提供商，通过并购与战略合作整合设计、制造、施工、项目管理等上下游产业链资源，从根本上改变了原有的设计、制造、施工、服务互相分割及集成性差的格局，目前泰富可为客户提供系统成套服务，正日益成长为港口、水运及散装物料输送系统行业的领军企业。

泰富重装发起成立了我国第一家由制造企业发起设立的金融租赁公司——华运金融租赁股份有限公司，并将设立海洋投资发展基金、资产管理公司和资产交易所，搭建服务于产业发展的涵盖金融租赁、基金、资产交易和管理等为主的综合性金融平台，构筑立体的金融服务网络。

2.42　株洲硬质合金集团有限公司

株洲硬质合金集团有限公司主要生产金属切削工具、矿山及油田钻探采掘工具、硬质材料、钨钼制品、钽铌制品、稀有金属粉末制品六大系列产品。硬质合金号称“工业的牙齿”，广泛应用于冶金、机械、地质、煤炭、石油、化工、电子、轻纺及国防军工等领域，是一个基础性产业，关系到国民经济发展的质量和水平。公司目前下设2个产品专业事业部、12个生产厂、5家控股子公司，是国内大型的硬质合金生产、科研、经营和出口基地，被湖南省认定为“十大标志性工程”企业。

公司拥有较强的自主创新能力。公司是国家首批认证的国家级技术中心、湖南省第一家博士后科研工作站挂牌单位，拥有国内领先水平的钻石切削刀具研发中心、硬质材料研发中心和国家级分析测试中心。公司通过了质量、职业健康安全和环境管理体系认证，采用国际标准和国际先进标准的产品超过 80%。目前公司技术创新投入达到销售收入的 3%，新产品贡献率达到 25% 以上。钻头、PCB 加工工具、大制品、切削刀具等产品达到或接近当代国际先进水平，超细碳化钨、复合粉等多项生产技术在国内同行中居于领先地位。公司 2009 年成为行业内唯一一家拥有硬质合金国家重点实验室的企业，2013 年被国家工信部、财政部认定为“国家技术创新示范企业”，进入国家级技术创新示范企业行列，是硬质合金行业首个“国家技术创新示范企业”。

公司已形成金属切削刀具、IT 加工工具以及硬质材料、钻掘工具、难熔金属等产业板块，基本形成以硬质合金为主导产业，以深加工、精加工及配套工具为重点，以高端产品为核心，以通用产品为依托的新型产业格局。

公司拥有健全的营销网络。前移营销平台，着力构建以点带面、点面结合、多层次、多渠道的立体营销网络，产品国内市场占有率 30% 左右，并销往世界 70 多个国家和地区。“钻石牌”商标相继在英国、丹麦、韩国、澳大利亚、加拿大等 47 个国家与地区注册，成为硬质合金领域拥有较大行业影响力、国际知名度的现代企业集团。

2.43　华纺股份有限公司

华纺股份有限公司是全国同行业的龙头骨干企业，至今具有 39 年历史，2001 年 9 月 3 日在上交所挂牌上市（A 股），辖有 17 个公司，产业涉及印染、服装、家纺成品、纺纱、热电、化工、信息及金融服务、房地产等领域。

公司现有资产总额 20 亿元，主导产业年印染布产能 2.8 亿米，花色品种 1 万余个；现有环锭纺 4 万锭、紧密纺 2.8 万锭；年家纺成品产能 1000 万件（套）、服装产能 300 万件。年销售收入规模 30 亿元，出口创汇规模 3 亿美元，是全球高品质纺织品制造者和健康时尚生活倡导者。

公司通过质量、环境、能源、职业健康管理体系认证，是国家认定企业技术中心、国家印染产品开发基地、纺织工业（山东）家用纺织品检测中心，先后跻身“全国五一劳动奖状”“国家科技进步二等奖”“中国纺织服装行业社会责任信息披露实践示范奖”“中国纺织行业劳动关系和谐企业”“中国印染行业十佳企业”“山东省富民兴鲁劳动奖状”“中国专利山东明星企业”等行列。

2.44　美克国际家具股份有限公司

美克国际家具股份有限公司始建于1995年8月，前身是美克国际家私制造有限公司，1999年经自治区人民政府及对外贸易经济合作部批准转制为外商投资股份有限公司。经中国证监会核准，公司于2000年11月10日在上海证券交易所成功发行人民币普通股4000万股，并于11月27日隆重上市，股票简称“美克股份”，股票代码“600337”，目前公司总股本51060.402万股。美克股份以诚信经营、规范运作、优良业绩赢得了广大投资者的信赖和支持。多年来，公司获得了政府及相关部门的多项褒奖，被评为“最具全球竞争力中国公司50强企业之一”“中国A股公司投资者关系50强企业之一”，“美克美家”还获得了国家工商总局颁发的中国驰名商标。企业诚信、进取的务实风格在社会各界取得了一致的口碑。

家具制造业是公司的主营业务之一，公司拥有规模化、专业化的加工生产基地、高效的企业管理平台、实力雄厚的研发机构及覆盖全球的销售网络。通过进口国外的木材资源，生产色彩多样且充满文化内涵的高档家具产品，产品出口美国、加拿大、欧洲、日本、澳大利亚等国家和地区。公司的生产规模、装备水平、技术水平及工业化生产水平居同行业领先水平，公司的管理、销售和产品开发方面的能力已经跻身于世界著名的制造商行列，是我国最大的家具出口企业之一。2004年公司全资子公司美克国际家私（天津）制造有限公司应对美国家具反倾销诉讼，获得全国唯一“零税率”，2009年1月6日公司成功收购了美国从事软体家具和实木家具设计、供应和销售，并在美国业界享有盛誉的 Schnadig 包括品牌在内的相关资产。本次收购，是公司向智能型商业模式转型的一个重要举措和步骤，是公司价值链向上游攀升的公司战略的具体实施，本次收购使公司形成了从产品设计、产品开发到产品生产及产品销售的完整进化链。

零售业是美克股份面向国内国际两个市场、两种资源，转变经营增长方式的重要举措。2002 年公司创立了自己的家具品牌——美克·美家，同时与美国最大的家具零售商伊森艾伦合作，引进其国际先进连锁经营管理模式，在北京、上海、天津、杭州、苏州、宁波、大连、成都、重庆、武汉、深圳、广州、厦门、沈阳、乌鲁木齐等大中城市开设了近 30 家连锁店，创建全国性家具连锁零售网络。

国际木业代表了美克股份产业链的延伸，实施全球资源战略，积极参与世界资源的再分配，开发和利用国外木材资源，建立稳定、安全、经济的全球资源供应体系是美克股份的目标。公司充分利用与俄罗斯相邻的地缘优势和其丰富的森林资源优势，在俄罗斯远东投资建成了木材供应基地，在新疆阿拉山口口岸和内蒙古二连浩特已建立了两个木材加工物流中心，初步形成了以俄罗斯为源头，阿拉山口和二连浩特为基地，以工厂和客户为终端的供应链体系。

2. 45　惠达卫浴股份有限公司

惠达卫浴股份有限公司始建于 1982 年，33 年励精图治，艰苦奋斗，目前发展成为中国规模最大、历史最悠久的卫浴家居用品企业之一，每年为大众提供近 1000 万件的卫浴家居产品，涉及陶瓷卫浴、浴室家具、墙地砖、五金龙头及配件、橱柜、木门等领域，被 2008 年北京奥运会、2010 年上海世博会和众多五星级酒店所应用。

惠达在北京、上海创立两个设计研发中心，一个博士后工作站。2012 年住房和城乡建设部正式批准惠达成为国家住宅产业化基地，2013

年被国家发改委、科技部、财政部、海关总署、国家税务总局五部委认定为“国家认定企业技术中心”。

2.46　江苏贝德服装集团

贝德服装集团致力成为国际最具竞争力的针织服装供应商，以对服装行业独特的眼光和视觉感知，精心打造高品质流行服饰。

集团作为江苏地区最大的针织服装集团之一，拥有贝德时装、贝德华盛、缅甸汉德、所爱优品、高德服装、品创纺织品、飞燕实业7家子公司。国内外累计员工3000余名，年产值超10亿元。主要生产各种款式的针织休闲装、运动装、T恤衫系列产品及自主品牌婴童装，产品远销欧洲、美国、日本等国家和地区，深受客户的欢迎。

服装产业拥有全球最先进的自动绘图及制版系统、加拿大INA（衣拿）自动吊挂流水线、美国Gerber（格柏）自动裁床、日本川上全自动拉布机、自动电脑缝纫设备等，建成国内外顶级服装生产流水线36条。集团成功导入了ERP、ETS数据管理，实现了高度的信息化管理。在实施标准化管理的基础上，通过了多项管理体系认证ISO9001、ISO14001、SA8000、OTS有机棉认证和Oeko-Tex标准认证，实现了管理的标准化和规范化。

集团通过了江苏省五星级数字企业、江苏省两化融合试点企业、江苏省针织行业协会优势企业评审，并取得了江苏省国际知名品牌称号。

2.47　海澜集团

海澜集团成立于1988年，总部位于江苏省江阴市新桥镇，是国内服装龙头企业。集团现有总资产500亿元，全国各地员工6万余名。在2014年中国企业500强中名列第277位，在2014年中国民营企业500强中名列第59位。

海澜集团的发展经历了粗纺起家，精纺发家，服装当家，再到品牌连锁经营的历程。最近十几年来，集团牢固树立以服装为主业的经营理念，在此领域精耕细作，做到了专心、专注、专业，先后成功创建了海澜之家、圣凯诺、EICHITOO、百衣百顺等多个自主服装品牌。其中“海澜之家”定位于平价优质、时尚商务的男装国民品牌。圣凯诺定位于定制职业装，EICHITOO 定位于都市时尚女性，百衣百顺则更贴近大众。目前，海澜之家、圣凯诺均已成为行业龙头，EICHITOO、百衣百顺的发展势头也十分好。

此外，在金融投资方面，海澜集团还进行了股权投资、船舶投资。自 2000 年至今，集团对外投资了 30 多个项目，其中部分项目已成功上市，为企业带来了良好的经济效益。

2.48　江联重工股份有限公司

江联重工是同时具有设计制造安装 A 级锅炉和 A1、A2、A3 三类压力容器以及具有进出口企业资质的能源装备制造企业。公司持有 A 级锅炉和 A1、A2、A3 压力容器设计、制造许可证以及船用钢质焊接压力容器工厂认可证书、ASME 证书（S、U、U2、PP 钢印）以及建筑安装施工企业资质、锅炉和压力容器等特种设备安装改造维修资质，并获得 ISO9001：2000 质量管理体系、ISO14001 环境管理体系、GB/T28001 职业健康安全管理体系认证证书。

公司主导产品有 10 吨/时—410 吨/时燃油、燃气锅炉，15 吨/时—410 吨/时循环流化床锅炉，35 吨/时—410 吨/时高低差速循环流化床锅炉以及石油焦、生物燃料、日处理 200—600 吨垃圾等特殊锅炉；此外，公司还生产大型烟气脱硫装置、大型高效脉冲反吹袋式除尘器、燃烧器以及污水处理设备；120—8000 立方米球形储罐、塔器、换热器、反应容器、不锈钢设备、液化气槽罐及高压疲劳设备等容器产品，先后成功开发生产了 Incroy800、15CrMoR、SA3876Gr. 11CI2 等耐高温材料，316L、317L、347H、904L、SA31803 等特种不锈钢及复合材料，15MnNbR、SPV490Q、07 MnCrMoVR 高强钢，16MnDR、09MnNiDR、SA203Gr. D、

07MnNiCrMoVDR 低温容器用钢等钢种优良产品。公司产品广泛应用于冶金、石化、化工、造纸、医药、建材等领域。大型热交换器获国家级新产品；循环流化床锅炉、球形储罐获江西省名牌产品；低携带率循环流化床锅炉获国家发明专利；炉内稳燃装置等 30 余项技术获国家新型专利；燃高硫煤锅炉、反吹脉冲袋式除尘器、污水处理设备、垃圾焚烧炉为高新技术和环保产品。公司产品质量优良，广泛应用于冶金、石化、造纸、医药、建材等领域，产品远销国外。

2004 年，公司产品成功出口泰国，从此敲开了国际大门。在国家实施“走出去”战略的大环境下，2013 年与埃塞俄比亚国家糖业公司签约 6.47 亿美元甘蔗制糖总包项目，创江西省机电出口产品“单笔订单历史最大”。

如今，江联重工已形成面向全球的营销网络，产品远销海内外。公司专注于节能降耗、环保和资源综合利用领域，在锅炉、石化能源装备业的版图中，留下属于江联重工的深刻印记。

2.49　天津斯瑞吉高新科技研究院有限公司

斯瑞吉高新科技研究院是以新型高效催化剂研制及其应用为主的高科技公司。2012 年 6 月正式进入研发阶段。公司研发团队由博士、硕士以及学士学位人员组成，并由具有 20 年国外研究和工作经验的博士领导。

公司的研究发明分为新型高效催化剂的研制及生产和该催化剂在可再生资源——植物油方面的应用两部分。催化生产出的高附加值的可生物降解产品中，一部分在国际上是近一两年的新产品，另一部分将取代我国的进口产品。

公司催化剂反应体系是在格拉布催化剂（2005 年诺贝尔化学奖）的基础上发展而来，并且具有更高的催化效率、更好的稳定性，应用成本更低。公司拥有全部新型催化剂和催化剂应用技术的知识产权。

公司研发的新型催化剂无毒、无害、无污染，对环境更加友好，并且在催化剂应用中从原料到产品都可生物降解，在国际上享有“绿色化学”的美称。

2.50　大全集团

大全集团是电气、新能源、轨道交通领域的领先制造商，主要研发生产高低压成套电器设备、智能元器件、轨道交通设备、多晶硅、太阳能电池、组件及上网接入系统等。大全在美洲、欧洲、东南亚、中东、非洲建立十多家分支机构，拥有近 1 万名员工。2015 年销售收入逾 170 亿元。

在电气设备领域，大全集团为客户提供 220 千伏以下 GIS、中低压成套电器设备、智能元器件、母线、变压器、电力系统自动化和系统集成。在新能源领域，大全集团已建成包括多晶硅、硅片、太阳能电池、组件、光伏逆变器、上网接入系统和光伏电站建设等完整产业链，致力于在世界范围内为用户提供垂直一体化光伏解决方案。2010 年，大全新能源在美国纽交所上市。

在轨道交通领域，大全集团与瑞士赛雪龙公司合资合作，引进世界先进的直流开关技术，为客户提供轨道交通牵引供电设备及系统解决方案。大全的轨道交通设备已广泛应用于国内主要城市地铁和轻轨系统，市场占有率超过 60%。在军工领域，大全集团三家企业拥有“军品证”，为舰艇研发制造高端电气设备。在南沙岛礁建成的“风光柴储”一体式电站，具有重要的军事意义和经济效益。

大全集团是国家创新型企业、国家重点高新技术企业、中国民营企业 500 强，2015 年位列中国电气工业百强榜第一名。

2.51　江苏华西集团公司

江苏华西集团公司是全国先进乡镇企业、全国文明乡镇企业、全国乡镇企业科技工业园、全国思想政治工作先进单位等。从 70 年代开始，华西人从无到有办工业，坚持合作经济为主体。经过数十年的发展壮大，于1994年组建集团公司。集团在2005年度公布的中国企业500强中，名列第94位；在中国制造业企业500强中，名列第41位；在中国综合类制造业中，名列第5位。2016年8月，江苏华西集团在“2016中国企业500强”中排名第336位。

集团公司现有职工2.5万人。其中，中高级工程技术人员3000多人。大多数企业已从国外引进了当今世界一流的生产设备，所生产的扁钢、热带、彩板、线材、法兰、面料、西服、化纤、针织染整等系列产品，现已发展到1000多个品种，1万多个规格，并远销亚、欧、美洲等40多个国家和地区。热带产品已拥有“六项全国第一”，被称为华东地区的“龙头老大”；线材产品在热调试上一举创下了“三项全国第一”，已在华东市场树立起“华钢”品牌，并享有“中华牌”的美誉，是国内最大的带钢生产企业之一。

江苏华西集团还创造出“华西村”牌系列名牌产品。同时，“华西村”A股股票1999年在深圳上市，华西村股份有限公司成为全国第一家以村命名的上市公司。

2.52　江阴市西城钢铁有限公司

江阴市西城钢铁有限公司以生产和销售建筑钢材为主营业务，拥有国内先进工艺装备水平的生产线，主导产品优质螺纹钢（Φ8—Φ32毫米）、高速线材（Φ6.5—Φ14毫米）、合金钢棒材，年产能达1000万吨。企业在2000年通过ISO9002质量体系认证，在2009年通过ISO14000环境体系认证。

公司始终坚持用户第一，质量至上的经营宗旨，抓住市场机遇，不断提升产品和服务质量，产品相继被评为无锡市名牌产品、江苏省名牌产品、江苏省质量信用产品、江苏省市场用户满意产品等荣誉，2006年螺纹钢产品被评定为国家免检产品，“西城”品牌也被连年授予无锡市知名商标的称号。

西城先后为杭州湾跨海大桥、浙江钱江主桥、上海东海大桥、上海长兴岛码头、上海海事法院等大型工程指定用材。企业多次被评为省优秀民营企业、省质量信誉先进单位、省质量信得过企业、无锡市十佳规模型企业、工业百强百佳企业、江阴市明星企业等。

2.53 中国水环境集团

中国水环境集团是中信集团下属中信产业基金旗下的水环境专业投资公司，是国内领先的综合水环境投资营运服务商和水环境治理的领跑者，在水环境综合治理、供水服务、污水处理、污泥处理、中水回用等领域具有强大的投资能力、领先的系统技术和成熟的投资、设计、建设、运营和管理团队。

集团公司总部设在北京，在全国 8 大业务区域设有平台公司，项目遍布 10 多个省、市、自治区。

近年来，作为中国 PPP 模式的先行者，中国水环境集团依托中信集团各成员单位组成的 PPP 联合体，充分发挥“金融 + 产业 + 科技”的专业优势，与地方政府携手探索、实践政府与社会合作模式，实现多个重大项目落地并顺利推进。

经过多年工程实践，集团在污水处理等领域形成多项核心技术。一是“土地集约型、资源利用型、环境友好型”的下沉式再生水处理系统。二是复合高效 HELEME 生化处理系统。三是复合生物除臭技术。四是小城镇一体化污水处理技术。除此之外，公司在污泥低温干化技术、水环境模拟与规划、强化型生物固定处理工艺、节能降耗技术等方面都处于国内领先水平。

2.54 圣华盾防护科技股份有限公司

圣华盾防护科技股份有限公司是专业从事安全作业装研发与生产的高新技术企业，主要针对复杂环境下从业人员的个体安全防护需求，研发及生产各类防御性安全防护服装，产品涉及工业、军警、公共卫生突发事件和应急救援救灾等数十个专业领域，年生产安全作业服装200余万套。

公司为PPE服装防护装备分技术委员会委员单位，中国劳动防护行业50强企业，参与国家“十三五”重点人体及救援防护科技项目。目前已通过五大管理体系认证，拥有发明专利、实用新型专利100余项，省部级高新技术产品10多个。随着安全作业环境要求不断强化，公司不断在纤维技术革新、产品提质创新、设备改造升级、服务体系完善等方面进行整合提升，以优质的产品和完善的服务满足用户需求，赢得良好口碑，为防护行业树立正面标杆。

公司在新三板成功挂牌，强化了企业与资本的强强联合，进一步夯实精、优、特的安全作业装产业链。在引领行业发展的进程中，让“防危避险、衣护天下”的使命成为现实。

2.55　至玥腾风科技投资集团有限公司

至玥腾风科技投资集团有限公司（以下简称腾风集团）是在国家创新与发展战略研究会的指导下成立的一家综合性高新技术产业集团公司。

腾风集团秉承“创新”理念，以具有行业颠覆性的高精尖技术研发为基础，在通用动力、新能源汽车、军事科技、航空航天、特种材料、可再生能源等领域拥有高素质的研发团队，形成了一批实用的、可产业化的科技研发成果。同时致力于创新成果的市场化、产业化，构建了科技研发、生产制造、资源整合、投资并购以及相关金融服务等业务体系。

公司着力打造四大核心业务板块：新能源汽车板块，致力于将航空动力增程式超跑技术运用于乘用车及商用车；特种材料板块，从事碳纤维、超吸水纤维、超高分子量聚乙烯防弹材料等特种材料的研发、生产与制造；新能源板块，从事秸秆制气项目和LNG项目的投资；航天军工板块，与中国航天科工集团、中国航空发动机集团在卫星通信以及汽车飞机通用发动机等领域开展合作等。

3　农林牧渔食品

3.1　中国农业发展集团有限公司

中国农业发展集团有限公司（以下简称中农发集团）是我国农牧渔业“走出去”发展、国家动物疫病防控等领域的龙头企业。集团资产总额236多亿元，员工5万多人。集团拥有全资及控股子公司17家，上市公司3家，业务遍及全国各省（自治区、直辖市），在世界40多个国家（地区）建立了分支机构或基地，与80多个国家（地区）保持经贸往来。

中农发集团是国务院国资委直接管理的唯一专业从事农业的中央企业，主要从事远洋捕捞、生物疫苗兽药及饲料添加剂、现代种业、农业保险、绿色食品、海外农业六大核心业务，是我国最早从事农业“援外”的重要力量和农业“走出去”的排头兵。

中国农发集团作为国有独资公司，对外开展国际合作，开发国外农业、渔业资源；对内参与农业产业化，服务“三农”，在农业领域发挥重要的影响和带动作用。集团主要有三大领域：以大型工业化远洋捕捞、国际农业资源开发为主体的战略性资源开发，以高科技生物疫苗、兽药等为主体的动物疫病防控产品的研发、生产、销售，以现代种业、农业保险和农业国际贸易为主体的“三农”服务产业；同时发展与核心业务相关的其他配套产业，如柴油机制造和港口建设等。

3.2　中农发种业集团股份有限公司

中农发种业集团股份有限公司（以下简称农发种业）实际控制人为中国农业发展集团有限公司。农发种业是中农发集团发展现代种业的专业化平台，同时也是目前唯一以种业为主营业务的央企上市公司。

在中国种业产业升级的新时期，农发种业积极担当中农发集团发展现代种业的社会责任和历史使命，本着“产业投资”的坚定理念，致力于打造现代种业。目前拥有控股子公司9家，包括8家种业子公司和1家农资公司，分别是：河南黄泛区地神种业有限公司、广西格霖农业科技发展有限公司、湖北省种子集团有限公司、洛阳市中垦种业科技有限公司、中垦锦绣华农武汉科技有限公司、山西潞玉种业股份有限公司、江苏金土地种业有限公司、山东中农天泰种业有限公司、华垦国际贸易有限公司，业务涵盖了玉米、水稻、小麦、甘蔗、马铃薯、棉花和油菜等多种农作物种子（苗），以及农化产品进出口业务。农发种业现已成为推动我国现代种业快速发展、提升中国种业国际竞争力的重要力量，在保障国家农业安全方面发挥国家队和主力军的积极作用。

农发种业正朝着“中国种业第一股”的战略目标稳步迈进。公司以资本为纽带，通过产融结合，整合优质资源，创新科企合作模式，构建以科技为核心竞争力的产业集群，力争把农发种业培育成“国内第一、国际一流”的大型种业集团。同时以种业为核心，整合粮食收储加工的优质资源，构建从品种选育、种子生产、农资配送、规模化种植、粮食收储到食品加工的“全产业链发展新模式”，进一步将农发种业打造成国内一流的农业种植业综合服务商，成为深受用户信赖的知名品牌。

3.3　中国水产总公司

中国水产总公司是专门从事海洋渔业经营活动的跨国企业。公司以海产品捕捞、加工与销售为核心业务，并从事相关行业的劳务输出、产品贸易等业务。公司在远洋渔业生产、贸易、管理、技术、人才、规模等方面占优势地位，是中国同行业中规模最大、综合运营实力最强的远洋渔业企业。

公司拥有经验丰富、高效干练的管理队伍及各类专业技术人员；在境外十几个国家和地区设有办事处和代表机构，投资建有二十几个独资、合资企业；在全世界建立了广泛的商贸关系；在业内赢得了良好的声誉。

公司拥有中国规模最大的远洋捕捞船队，作业海域遍及大西洋、印度洋、太平洋和南极海域；并拥有国际一流的水产加工设备和遍布全球的水产品销售网络。公司捕捞作业与运输补给配套完备，自成体系；拥有各类捕捞作业、运输补给船只256艘；在大西洋、印度洋、太平洋、南极等海域作业；主要捕捞品种为金枪鱼、硬体鱼、软体鱼、甲壳类等；年捕获量达16万吨。

公司在国内外均建有高水平、现代化的水产品加工设施。总面积4万多平方米的厂区，年加工能力3万多吨。产品达到欧盟及美国的卫生标准。

公司凭借质量上乘、品种多样的产品和多年的运营经验，建立起了遍及全球的产品销售网络，产品在市场上具有很高的认知度，客户主要分布在欧洲、非洲、日本、美国、中国大陆及香港地区。年贸易额超过2.7亿美元。

3.4　湖北省种子集团有限公司

湖北省种子集团有限公司是由中农发种业集团股份有限公司控股，集科研、开发、推广于一体的国际化农业高科技企业，具有全国“育繁推”一体化种子经营许可证和进出口企业资格证。

公司主营水稻、玉米、棉花、油菜、小麦、绿肥、马铃薯等作物种子，年经营种子量1500万公斤以上，经营额2亿元左右；年种子出口量4000吨左右，出口创汇1500万美元左右，走在我国种子企业的前列，是中国种业骨干企业。

公司全资成立了湖北禾盛生物育种研究院，经过15年滚动发展，目前公司在国内建有育种基地6个（鄂州路口、宜昌深溪、五峰长乐坪、襄阳卧龙、海南陵水、三亚南滨），在巴基斯坦、孟加拉、越南、贝宁等国建立了科研试验站。科研、试验用地438亩，科研建筑面积1500多平方米。

2010 年公司购置了专业设备，全面开展种子室内 DNA 纯度检测、品种真实性鉴定和转基因检测，实现了公司技术性跨越。

公司先后被评定为农业产业化国家重点龙头企业、全国“守合同，重信用”企业、中国种业骨干企业、国家高新技术企业、湖北省国际科技合作示范基地、科技部农作物育种国际科技合作基地、商务部、农业部和中国种子协会 AAA 级信用企业等。禾盛注册商标被国家工商行政管理总局商标局认定为驰名商标。公司同时也是农业部籼稻新品种创制与种子技术重点实验室、优质水稻育种国家地方联合工程研究中心依托单位。

3.5　中粮集团有限公司

中粮集团有限公司（英文简称 COFCO）成立于 1949 年，经过多年的努力，从最初的粮油食品贸易公司发展成为中国领先的农产品、食品领域多元化产品和服务供应商。中粮产业链条不断延伸至种植养殖、物流储运、食品原料加工、生物质能源、品牌食品生产销售以及地产酒店、金融服务等领域，在各个环节上打造核心竞争能力，为利益相关者创造最大化价值，并以此回报全体客户、股东和员工。

通过日益完善的产业链条，中粮形成了诸多品牌产品与服务组合：福临门食用油、长城葡萄酒、金帝巧克力、屯河番茄制品、家佳康肉制品、香雪面粉、五谷道场方便面、悦活果汁、蒙牛乳制品、大悦城 Shopping Mall、亚龙湾度假区、雪莲羊绒、中茶茶叶、金融保险等。这些品牌与服务铸就了中粮高品质、高品位的市场声誉。

作为投资控股企业，中粮旗下拥有中国食品（00506，HK）、中粮控股（00606，HK）、蒙牛乳业（02319，HK）、中粮包装（00906，HK）四家香港上市公司，以及中粮屯河（600737，SH）、中粮地产（000031，SZ）和中粮生化（000930，SZ）三家内地上市公司。

面对世界经济一体化的发展态势，中粮不断加强与全球业务伙伴在农产品、粮油食品、番茄果蔬、饮料、酒业、糖业、饲料、肉食以及生物质能源、地产酒店、金融等领域的广泛合作。凭借其良好的经营业绩，中粮持续名列美国《财富》杂志全球企业500强，居中国食品工业百强之首。

中粮集团有限公司（COFCO）是世界500强企业，也是中国领先的农产品、食品领域多元化产品和服务供应商，致力于打造从田间到餐桌的全产业链粮油食品企业，建设全服务链的城市综合体。利用不断再生的自然资源为人类提供营养健康的食品、高品质的生活空间及生活服务，贡献于民众生活的富足和社会的繁荣稳定。中粮下属品牌有农产品、食品及地产酒店等领域。大悦城是中粮集团商业地产板块战略部署精心打造的“国际化青年城市综合体”。

2014年2月28日，中粮集团收购全球农产品及大宗商品贸易集团Nidera 51%的股权，这大大加快了中粮从我国粮食央企发展为全球粮油市场骨干力量的步伐。

3.6 青岛啤酒股份有限公司

青岛啤酒股份有限公司（以下简称青岛啤酒）的前身是1903年8月由德国商人和英国商人合资在青岛创建的日耳曼啤酒公司青岛股份公司，它是中国历史悠久的啤酒制造厂商，2008年北京奥运会官方赞助商，目前品牌价值950.16亿元，居中国啤酒行业首位，位列世界品牌500强。

1993年7月15日，青岛啤酒股票（0168）在香港交易所上市，是中国内地第一家在海外上市的企业。同年8月27日，青岛啤酒（600600）在上海证券交易所上市，成为中国首家在两地同时上市的公司。

青岛啤酒在全国20个省、直辖市、自治区拥有60多家啤酒生产企业，公司规模和市场份额居国内啤酒行业领先地位。

目前，青岛啤酒远销美国、加拿大、英国、法国、德国、意大利、澳大利亚、韩国、日本、丹麦、俄罗斯等世界90多个国家和区域。全球啤酒行业权威报告 Barth Report 依据产量排名，青岛啤酒为世界第六大啤酒厂商。

青岛啤酒几乎囊括了1949年新中国成立以来所举办的啤酒质量评比的所有金奖，并在世界各地举办的国际评比大赛中多次荣获金奖。2010年，青岛啤酒获得“首届中国绿金奖”“年度中国最佳雇主企业”“中国企业社会责任百强榜”；2011年，青岛啤酒荣获“国际碳金奖”“最佳企业公民”等殊荣。2012年，荣膺“最佳表现公司”“最具幸福感企业”，四度蝉联“中国绿公司百强”等殊荣。2013年，青岛啤酒荣膺“最具国际竞争力中国企业”“中国信用典范企业”“最佳可持续发展企业”“中国香港上市公司最佳董事会”等殊荣。2014年，青岛啤酒荣膺“中国管理学院奖金奖”、九度蝉联“最受赞赏中国公司”、第12次荣膺“中国最受尊敬企业”、荣膺“亚洲最受尊敬的知识型组织”（Asian MAKE）等殊荣。

3.7 内蒙古蒙牛乳业（集团）股份有限公司

蒙牛乳业（集团）股份有限公司是国家农业产业化重点龙头企业、乳制品行业龙头企业。2009年7月，中国最大的粮油食品企业中粮集团入股蒙牛，成为“中国蒙牛”第一大股东。中粮的加入，推动了蒙牛“食品安全更趋国际化，战略资源配置更趋全球化，原料到产品更趋一体化”进程。

蒙牛已经建成了集奶源建设、乳品生产、销售、研发为一体的大型乳及乳制品产业链，规模化、集约化牧场奶源达100%，居行业领先地位。目前，蒙牛在全国20个省区市建立了31个生产基地50多个工厂，年产能超过810万吨，年销售额超过500亿元。荷兰合作银行刚刚公布的2015年度“全球乳业20强”榜单中，蒙牛凭借稳健的综合表现排名第11位，相比上年排名连续上升3位。近年来，蒙牛着力整合全球优势资源，先后与丹麦 Arla、法国 Danone（达能）、美国 White Wave、新西兰

AsureQuality（安硕）达成战略合作，并联合君乐宝、雅士利、现代牧业、原生态牧业等国内优秀伙伴，快速与国际乳业先进水平接轨，为消费者提供营养健康的食品。

蒙牛积极投入研发资金，建成了国际领先的乳制品研发中心，并承担中国农业部与丹麦食品、农业和渔业部牵头成立的“中国—丹麦乳品技术合作中心”这一国家级合作项目在中方的实施。蒙牛先后与30余家高等院校和科研机构建立了合作关系，在为行业培养人才和解决制约发展的关键技术方面发挥着重要作用。截至目前，蒙牛集团申请专利1409件，授权专利1029件。

3.8　山东中农联合生物科技有限公司

山东中农联合隶属中国农资集团，全资控股山东省联合农药工业有限公司、潍坊中农联合化工有限公司、山东中农联合作物科学技术有限公司三家国家定点原药、制剂、中间体生产、销售企业。总部位于济南。

公司主要生产和销售原药（吡虫啉、啶虫脒、烯啶虫胺、噻虫啉、噻虫嗪、哒螨灵、甲维盐、戊唑醇、嘧菌酯、氟醚菌酰胺、噻唑膦、唑螨酯、联苯菊酯、双氟磺草胺、腈菌唑、霜霉威盐酸盐等）、中间体（二氯、硝基胍、咪唑烷、氟化物、噻唑、恶二嗪、乙基氯化物、叔丁基肼盐酸盐、二氯哒嗪酮、氰基乙酯等）、制剂（杀虫剂、杀菌剂、杀螨剂、种衣剂、除草剂）百余个产品。

山东中农联合是中国农药工业协会副会长单位、山东省农药工业协会理事长单位、“十一五”全国石油和化工行业节能减排先进单位、山东省十强农药生产企业、农药行业AAA级信用企业、中国农药百强企业、“低碳山东贡献单位”高新技术明星企业、守合同重信用企业，荣获“中国农药行业市场拓展奖”“2013年中国农药行业技术创新奖”“全国供销合作社质量奖”等众多荣誉。

3.9　雅士利国际集团有限公司

雅士利国际集团有限公司是一家知名度较高的现代化大型企业，专业从事食品的研究、开发、生产和销售。由食品、乳业、营养保健、包装印刷等7家公司组建而成。

公司资金实力雄厚，人才汇集，拥有各类专业技术人才及工人3000多人，先后引进15条国内外先进的食品生产线，主要生产奶粉、麦片、豆奶、米粉为主的四大系列200多个品种，畅销全国及东南亚、欧美等地。20多年来，集团生产的“雅士利”牌各类系列产品，先后荣获国际、国内等30多项殊荣。

主营产品包括雅士利奶粉、雅士利豆奶粉、雅士利麦片、雅士利米粉、雅士利饼干等。

2012年，集团在新西兰投资建立大型海外生产基地——雅士利新西兰乳业有限公司，成为在新西兰独资建立生产基地的第一家中国奶粉企业。

3.10　中粮屯河股份有限公司

中粮屯河股份有限公司是我国领先的果蔬食品生产供应商，是世界500强企业中粮集团有限公司控股的A股上市公司。公司主营农业种植、番茄、食糖、林果、罐头、饮料加工及贸易业务，是全球最大的番茄生产企业之一、全国最大的甜菜糖生产企业、全球最大的杏酱生产企业之一，是国家农产品加工重点龙头企业，是中粮集团九大业务板块之一。公司致力于成为果蔬食品行业的领导者和全球一流的食品企业，奉献绿色营养食品，使客户、股东、员工价值最大化。

在食品安全方面，中粮屯河实施业内领先的全产业链食品安全控制体系，在原料的选种、种植、采摘、运输、加工、销售的每一个环节实施产品质量控制，确保从田间地头到餐桌的每一个环节的产品品质和安全。公司产品通过了ISO9001：2000质量管理体系认证、HACCP食品安全管理体系认证、ISO14001 环境管理体系认证、非转基因产品身份保持认证、国家级绿色食品认证等，公司检测中心获得了“中国实验室国家认可委员会认可证书”。

3.11　双汇集团

双汇集团是以肉类加工为主的大型食品集团，是中国最大的肉类加工基地。双汇集团始终坚持围绕“农”字做文章，围绕肉类加工上项目，实施产业化经营。以屠宰和肉类加工业为核心，向上游发展饲料业和养殖业，向下游发展包装业、物流配送、商业、外贸等，形成了主业突出、行业配套的产业群，推动了企业持续快速发展：80 年代中期，企业年销售收入不足 1000 万元，1990 年突破 1 亿元，2013 年达到 472 亿元，年均复合增长率 30% 以上。

双汇集团实施六大区域的发展战略，立足河南、面向全国在黑龙江、辽宁、内蒙古、河北、山东、江苏、浙江、湖北、河南、江西、四川、广东、安徽、广西、上海等 18 个省市建设了 20 多家现代化肉类加工基地，在 31 个省市建有 300 多个销售分公司和现代化的物流配送中心，在美国、西班牙、日本、韩国、中国香港、新加坡、菲律宾等建有办事机构，形成了纵横全国、辐射海外的生产销售网络，使双汇产品走出河南、遍布全国、走向世界。

双汇集团坚持引进先进的技术和设备，改造传统肉类工业。先后投入 40 多亿元，从欧美等发达国家引进先进的技术设备 4000 多台/套，通过消化、吸收和再创新，实现技术与国际接轨。双汇集团率先把冷鲜肉引入国内，实行“冷链生产、冷链销售、冷链配送、连锁经营”，实现了肉类的品牌化经营，结束了中国卖肉没有品牌的历史，开创了中国肉类品牌。

双汇集团坚持技术创新，建立了国家级的技术中心、博士后工作站，培育了 600 多人的产品研发队伍，围绕中式产品的改造、西式产品的引进、屠宰行业的精深加工，做出了1000多种的产品群，满足不同层次的消费需求，双汇肉制品、双汇冷鲜肉均是“中国名牌”产品，已成为广大消费者一日三餐首选的肉类品牌。

2013年9月26日，双汇控股母公司万洲国际成功并购美国最大的猪肉加工企业——史密斯菲尔德公司，成为拥有100多家子公司、12万名员工、生产基地遍布欧美亚三大洲十几个国家的全球最大猪肉加工企业，使双汇品牌走出了国门，迈向了世界。

3.12　正邦集团股份有限公司

正邦集团成立于1996年，是农业产业化国家重点龙头企业，拥有博士后科研工作站，旗下正邦科技于2007年在深交所上市。集团下有农牧、种植、金融、物流四大产业集团，以种猪育种、商品猪养殖、种鸭繁育、农作物优良新品种选育、肉食品加工、饲料、兽药、生物农药、芳樟种植及芳樟产品加工、油茶种植及油茶产品加工、大米加工、相关产品的销售与技术服务以及基于农业产业链的贷款、担保、融资租赁、资产管理为主营业务。

目前集团有39000多名员工，360家分/子公司，遍布全国27个省市。2014年集团总销售额突破430亿元，荣列中国企业500强（第321位）、中国民营企业500强（第79位）、中国制造业500强（第129位）。

正邦集团致力于做现代农业的投资者和组织者，做绿色安全食品的生产者与供应者，不断推动中国农业的规模化、产业化、生态化发展。目前，正邦集团正在全力推进“千亿工程”，力争在种鸭、种子、生物农药等产业打造3—5家上市公司，2017年实现产值千亿目标，成为中国最优秀的农业企业之一。

3.13　昭苏县西域马业有限责任公司

昭苏县西域马业有限责任公司于2012年9月由昭苏马场、昭苏县畜牧兽医站、伊犁种马场共同出资5000万元成立注册。2013年6月由伊犁州国资委投入资金 5100 万元，增资扩股为四家，总注册资金 1 亿元。

西域马业整合全州马产业发展资产、资金、人才、技术等优势资源，集中全州马业的人力、财力、物力，统一制定产业发展规划的企业。2014 年成功申报州直农业产业化重点龙头企业，同时注册拥有昭苏县西域天马文化旅游有限责任公司和伊犁天马国际贸易有限责任公司两个控股子公司。公司利用伊犁马研究繁育中心先进的马细管精液生产设备和昭苏马场、伊犁种马场、昭苏县引进的优质种公马资源，大力生产和推广马细管鲜精、细管冻精，引领伊犁河谷乃至全国加快马匹改良步伐，扩大良种马基地建设，夯实马产业基础发展。近年来，作为引领昭苏县马产业发展的“总引擎”，公司紧紧围绕县委、县政府打造“五大基地”、抢占全国马产业制高点总目标，积极适应经济发展新常态，做大做强伊犁马品牌，在实践中不断促进农民增收、实现农企双赢，企业生产经营保持稳定健康发展。

2014 年，公司被科技部授予“国家马产业技术创新战略联盟”盟主单位，并建成了中国首个马细管精液生产线，达到年生产 10 万剂细管精液生产能力，成立了全疆首个马产业博士后创新实践基地。

3.14　圣元国际集团

圣元国际集团（以下简称圣元）于 1998 年成立于青岛。圣元专业从事奶粉、婴幼儿辅食等营养食品的研发、生产、销售和售后全系列服务。

2007 年，圣元成为第一家在美国纳斯达克上市的中国营养食品公司。2013 年 4 月，在中国国家主席习近平和法国总统奥朗德的见证下，圣元与法国索迪亚集团签署了在法国投资建设年产能 10 万吨的婴幼儿配方奶粉生产工厂项目，标志着圣元正式迈向国际化。圣元法国工厂于 2016 年 9 月正式投产。

2015 年，圣元国际投资成立青岛西海金淘跨境电子商务有限公司，并上线山东首家垂直跨境电子商务平台“拇指商城”，抢占电商行业转型发展先机。2016 年年初法国原装进口荷兰乳牛纯牛奶正式上市，一经推出，便受到消费者的追捧。

圣元拥有由 400 多位营养教育专业人员组成的专业团队，活跃在营养教育领域，宣传推广科学、正确的育婴理念和方法，为所有家庭提供新生儿喂养和婴幼儿营养知识全方位的服务。

圣元严格遵守国家各项法规和标准，采用全过程质量管理，建立实施 HACCP 危害分析与关键控制点体系，推行六西格玛管理制度，在“原材料采购→加工→质检→包装→贮存→装运”各环节中设置 1133 道质量控制点，确保产品的卓越品质。

3.15　新希望六和股份有限公司

新希望六和股份有限公司创立于 1998 年。公司立足农牧产业、注重稳健发展，业务涉及饲料、养殖、肉制品及金融投资、商贸等，分子公司遍布全国及越南、菲律宾、孟加拉、印度尼西亚、柬埔寨、斯里兰卡、新加坡、埃及、美国等 20 多个国家和地区。

2011 年 11 月公司农牧资产重组获中国证监会批准，农牧产业整体上市后其饲料年生产能力达 2000 万吨（居中国第一位），年家禽屠宰能力达 10 亿只（位居世界第一）。2015 年，公司实现销售收入 615 亿元，控股的分、子公司 500 余家，员工达 5.7 万人。在 2015 年《财富》杂志评选的中国企业 500 强中位列第 85 位。公司先后获得国家和有关部门及投资者授予多项殊荣，拥有 8 个中国名牌，4 个中国驰名商标，“新希望”“美好”“六和”“国雄”为中国驰名商标。

企业技术中心获得“国家认定企业技术中心”称号，2 个检测中心均通过国家实验室 CNAS 认可。60 多项技术成果获得省级以上奖励，其中 3 项创新技术获国家科学技术进步二等奖。目前公司通过了“ISO9001 质量管理认证”和“ISO22000 食品安全认证”“ISO14001 环境认证”“GAP 良好农业规范认证”“18001 职业健康安全认证”等。

4　信息

4.1　中国移动通信集团公司

中国移动通信集团公司于2000年4月20日成立，注册资本3000亿元人民币，资产规模达到万亿元人民币，基站总数超过220万个，客户总数超过8亿户，是全球网络规模、客户规模最大的移动通信运营商。2014年，中国移动位居《财富》杂志“世界500强”排名第55位，并连续7年入选道·琼斯可持续发展指数。

中国移动全资拥有中国移动（香港）集团有限公司，由其控股的中国移动有限公司（简称“上市公司”）在国内31个省（自治区、直辖市）和香港特别行政区设立全资子公司，并在香港和纽约上市。主要经营移动话音、数据、宽带、IP电话和多媒体业务，并具有计算机互联网国际联网单位经营权和国际出入口局经营权。近年来，中国移动通过全面推进战略转型，深入推动改革创新，加快转变方式、调整结构，经营发展整体态势良好，经营业绩保持稳定。2014年，中国移动建成全球规模最大的4G网络，基站数量超过70万个，客户数超过9000万。中国移动多年来一直坚持“质量是通信企业的生命线”和“客户为根，服务为本”的理念，不断提升质量，改善服务，客户满意度保持行业领先，百万客户申诉率连续多年全行业最低。

同时，中国移动注重履行社会责任，积极支持社会公益事业，追求企业与利益相关方在经济、社会与环境方面共同可持续发展。作为联合国全球契约正式成员，中国移动认可并努力遵守全球契约十项原则。中国移动上市公司连续五年入选恒生可持续发展指数，公司连续五届荣获民政部颁发的“中华慈善奖”，在国务院国有资产监督管理委员会举办的中央企业管理提升活动中，被选为企业社会责任管理提升标杆企业，并被评为“企业社会责任管理提升先进单位”。

2007 年 2 月，中国移动成功收购 Millicom 所持有的 Paktel 公司 88.86%的在外发行股份，同年 5 月完成小股东收购，持有 100%的股份，并更名为 CMPAK。CMPAK 成立于 2007 年，是中国移动的巴基斯坦子公司，中文名叫“辛姆巴科公司”。2007 年 1 月 22 日中国移动花费 8 亿 USD 成功收购时，其用户低于 150 万，为巴基斯坦移动最小的 GSM 运营商。2008 年 3 月，经过一年多的准备 CMPAK 推出品牌名为 Zong，市场开始发力。2009 年 3 月，PTA 公布 CMPAK 用户数为 598 万。2012 年年底，CMPAK 的用户数增至 1900 万，用户年增长速度为 34.1%。现意为：China Mobile Pakistan（为中国移动全资子公司）。

4.2 中国联合网络通信集团有限公司

中国联合网络通信集团有限公司于 2009 年 1 月 6 日在原中国网通和原中国联通的基础上合并组建而成，在国内 31 个省（自治区、直辖市）和境外多个国家和地区设有分支机构，是中国唯一一家在纽约、香港、上海三地同时上市的电信运营企业，连续多年入选“世界 500 强企业”。

中国联通主要经营 GSM、WCDMA 和 FDD－LTE 制式移动网络业务，固定通信业务，国内、国际通信设施服务业务，卫星国际专线业务、数据通信业务、网络接入业务和各类电信增值业务，与通信信息业务相关的系统集成业务等。2009 年 1 月 6 日，原中国联合通信有限公司与原中国网络通信集团公司重组合并，新公司更名为中国联合网络通信集团有限公司。为与合并前的中国联通相区分，业界常以“新联通”进行称呼。

中国联通拥有覆盖全国、通达世界的通信网络，积极推进固定网络和移动网络的宽带化，为广大用户提供全方位、高品质信息通信服务。2009 年 1 月，中国联通获得了当今世界上技术最为成熟、应用最为广泛、产业链最为完善的 WCDMA 制式的 3G 牌照，拥有“沃 3G/沃 4G”“沃派”“沃家庭”等著名客户品牌。

2013 年中国联通启动 4G 设备建网，采购了 TD－LTE 基站。中国联通宣布在 2014 年 3 月 18 日启动 4G 的正式商用。

2015 年 2 月 27 日，中国联通正式获得世界上采用的国家及地区最广泛的 FDD－LTE 牌照。

4.3　中国电信集团公司

中国电信集团公司成立于 2000 年 5 月 17 日，注册资本 2204 亿元人民币，资产规模超过 7000 亿元人民币，年收入规模超过 3800 亿元人民币。中国电信是中国三大主导电信运营商之一，位列 2014 年度《财富》杂志全球 500 强企业排名第 154 位，多次被国际权威机构评选为亚洲最受尊敬企业、亚洲最佳管理公司等。作为综合信息服务提供商，中国电信为客户提供包括移动通信、宽带互联网接入、信息化应用及固定电话等产品在内的综合信息解决方案。

中国电信在国内的 31 个省（自治区、直辖市）以及欧美、亚太等区域的主要国家均设有分支机构，拥有全球规模最大的宽带互联网络和技术领先的移动通信网络，具备为全球客户提供跨地域、全业务的综合信息服务能力和客户服务渠道体系。中国电信旗下拥有“天翼领航”“天翼 e 家”“天翼飞 Young”等著名客户品牌，以及“号码百事通”“翼支付”等多个知名产品品牌。中国电信拥有庞大的客户资源，截至 2014 年年底，宽带互联网接入用户规模 1.21 亿户，移动用户规模 1.86 亿户，固定电话用户规模约 1.49 亿户。

2012 年，中国电信整合国际业务资源和人才队伍，在原香港公司、美洲公司、欧洲公司以及总部海外拓展事业部的基础上组建中国电信国际有限公司，总部设于香港。

中国电信国际有限公司在全球 26 个国家和地区设立了分支机构，建设海外 PoP 节点 32 个，拥有国际传输出口频宽达 1900G，与 11 个接壤国家有陆缆直连，参与了 10 余条海缆建设，服务网点与网络能力的全球布局已基本形成。

4.4　中国电子科技集团公司

中国电子科技集团公司是经国务院批准、在原信息产业部直属电子研究院所和高科技企业基础上组建而成的国有重要骨干企业，是中央直接管理的十大军工集团之一。主要从事国家重要军民用大型电子信息系统的工程建设，重大装备、通信与电子设备、软件和关键元器件的研制生产。

中国电科所属二级成员单位58家，上市公司7家，分布在全国18个省市区。现有职工11万余人，其中，中国工程院院士11名。拥有国防科技重点实验室15个，国防研究应用中心6个，研究中心7个，博士后科研工作站27个，流动站1个，拥有一批国内一流的中试线、生产线、装配线和机加工中心，形成了国内电子领域最完整的研究、设计、试制、生产及试验能力体系，有完备的质量保证体系，取得了一批领先或接近国际水平的重大科技成果，在一些关键技术领域始终保持着国内领先、国际先进的地位。2002年成立以来，中国电子科技集团公司作为军工电子国家队和信息产业主力军，拼搏奋进，勇于创新，共获得最高国家科技奖1次，国家科技进步特等奖8项，国家科技进步一等奖12项，二等奖37项；国防科技进步特等奖10项，一等奖86项，发明专利授权量3307件。在国务院国资委中央企业负责人2004—2013年度经营业绩考核中，连续10次夺得A级和3次夺得任期考核连续A级。

在首都60周年国庆阅兵活动中，中国电科研制生产的以空警2000、空警200预警机为代表的7型装备首次分别组成空中方阵、雷达方阵、通信方阵的三个独立方阵接受检阅。在载人航天工程中，中国电科作为副总指挥长单位，在载人航天工程七大系统中承担了重要任务，负责测控通信系统设备、雷达探测设备、太阳能电池和大量关键元器件的研制任务。在探月工程中，中国电科作为副总指挥长单位，在卫星、运载火箭、发射场、测控通信和地面应用五大系统中承担研制生产任务，并圆满完成任务。在国家公布的16个重大专项中，中国电科在多个专项中承担重要攻关任务。在中国自行研制的北斗卫星导航系统中，中国电科参与承担了卫星定位综合服务系统、电源系统、地面终端系统以及检测认证服务等多项任务，并圆满完成各项任务。

中国电科坚持军民融合式发展道路，积极参与国民经济信息化建设和国家重点工程建设。先后承担国家公共突发事件应急平台系统、北京奥运会安保指挥中心系统、上海世博会安保项目以及博鳌亚洲论坛、广州亚运会、深圳大运会安保解决方案等大型公共安全系统工程，承建国家电子政务网、全国气象雷达网、空中交通管理系统和轨道交通系统等一大批国家重大信息系统工程。形成“电子信息产品与装备制造”“行业信息化应用系统工程”“现代信息服务”三大产业群和安全电子、能源电子、软件与信息服务、电子制造装备与仪器仪表、新型元器件五大产业板块。

4.5　华为技术有限公司

华为技术有限公司是一家生产销售通信设备的民营通信科技公司，总部位于中国广东省深圳市龙岗区坂田华为基地。华为的产品主要涉及通信网络中的交换网络、传输网络、无线及有线固定接入网络和数据通信网络及无线终端产品，为世界各地通信运营商及专业网络拥有者提供硬件设备、软件、服务和解决方案。华为于1987年在中国深圳正式注册成立。

2007年合同销售额160亿美元，其中海外销售额115亿美元，并且是当年中国国内电子行业盈利和纳税第一。截至2008年年底，华为在国际市场上覆盖100多个国家和地区，全球排名前50名的电信运营商中，已有45家使用华为的产品和服务。

华为的产品和解决方案已经应用于全球170多个国家，服务全球运营商50强中的45家及全球1/3的人口。

华为聚焦ICT基础设施领域，围绕政府及公共事业、金融、能源、电力和交通等客户需求持续创新，提供可被合作伙伴集成的ICT产品和解决方案，帮助企业提升通信、办公和生产系统的效率，降低经营成本。

华为将继续以消费者为中心，通过运营商、分销和电子商务等多种渠道，致力打造全球最具影响力的终端品牌，为消费者带来简单愉悦的移动互联应用体验。同时，华为根据电信运营商的特定需求定制、生产终端，帮助电信运营商发展业务并获得成功。

华为还将对网络、云计算、未来个人和家庭融合解决方案的理解融入各种终端产品中，坚持“开放、合作与创新”，与操作系统厂家、芯片供应商和内容服务商等建立良好的合作关系，构建健康完整的终端生态系统。

4.6 北京百度网讯科技有限公司

百度是全球最大的中文搜索引擎、最大的中文网站。2000年1月由李彦宏创立于北京中关村，致力于向人们提供“简单，可依赖”的信息获取方式。“百度”二字源于中国宋代词人辛弃疾的《青玉案·元夕》词句“众里寻他千百度”，象征着百度对中文信息检索技术的执着追求。

百度拥有数千名研发工程师，这是中国乃至全球最为优秀的技术团队，这支队伍掌握着世界上最为先进的搜索引擎技术，使百度成为中国掌握世界尖端科学核心技术的中国高科技企业，也使中国成为除美国、俄罗斯和韩国之外，全球仅有的4个拥有搜索引擎核心技术的国家之一。

从创立之初，百度便将“让人们最平等、便捷地获取信息，找到所求”作为自己的使命，成立以来，公司秉承“以用户为导向”的理念，不断坚持技术创新，致力于为用户提供“简单，可依赖”的互联网搜索产品及服务，其中包括：以网络搜索为主的功能性搜索，以贴吧为主的社区搜索，针对各区域、行业所需的垂直搜索，MP3搜索，以及门户频道、IM 等，全面覆盖了中文网络世界所有的搜索需求，根据第三方权威数据，百度在中国的搜索份额超过 80%。

在面对用户的搜索产品不断丰富的同时，百度还创新性地推出了基于搜索的营销推广服务，并成为最受企业青睐的互联网营销推广平台。如今，中国已有数十万家企业使用了百度的搜索推广服务，不断提升企业自身的品牌及运营效率。通过持续的商业模式创新，百度正进一步带动整个互联网行业和中小企业的经济增长，推动社会经济的发展和转型。

为推动中国数百万中小网站的发展，百度借助超大流量的平台优势，联合所有优质的各类网站，建立了世界上最大的网络联盟，使各类企业的搜索推广、品牌营销的价值、覆盖面均大面积提升。如今，百度已经成为中国最具价值的品牌之一，英国《金融时报》将百度列为“中国十大世界级品牌”，成为这个榜单中最年轻的一家公司，也是唯一一家互联网公司。而“亚洲最受尊敬企业”“全球最具创新力企业”“中国互联网力量之星”等一系列荣誉称号的获得，也无一不向外界展示着百度成立数年来的成就。

4.7 阿里巴巴网络技术有限公司

阿里巴巴网络技术有限公司是一家基于电商的综合集团，业务和关联公司的业务包括：淘宝网、天猫、聚划算、全球速卖通、阿里巴巴国际交易市场、1688、阿里妈妈、阿里云、蚂蚁金服、菜鸟网络等。2014 年 9 月 19 日，阿里巴巴集团在纽约证券交易所正式挂牌上市，股票代码“BABA”，创始人和董事局主席为马云。2014 年全年，阿里巴巴总营收 762.04 亿元人民币，净利润 243.20 亿元人民币。2015 年 11 月 12 日，阿里巴巴入选 MSCI 中国指数。

淘宝网是阿里巴巴的核心业务，也是亚太地区最大的网络零售、商圈，拥有近 5 亿的注册用户数，每天有超过 6000 万的固定访客，同时每天的在线商品数已经超过了 8 亿件，平均每分钟售出 4.8 万件商品。随着淘宝网规模的扩大和用户数量的增加，淘宝也从单一的 C2C 网络集市变成了包括 C2C、团购、分销、拍卖等多种电子商务模式在内的综合性零售商圈，目前已经成为世界范围内的电子商务交易平台之一。

4.8 腾讯计算机系统有限公司

腾讯成立于1998 年11 月，是目前中国最大的互联网综合服务提供商之一，也是中国服务用户最多的互联网企业之一。成立 10 多年以来，腾讯一直秉承“一切以用户价值为依归”的经营理念，始终处于稳健发展的状态。2004 年6 月 16 日，腾讯控股有限公司在香港联交所主板公开上市。

腾讯把为用户提供“一站式在线生活服务”作为战略目标，提供互联网增值服务、网络广告服务和电子商务服务。通过即时通信工具 QQ、移动社交和通信服务微信和 WeChat、门户网站腾讯网（QQ. com）、腾讯游戏、社交网络平台 QQ 空间等中国领先的网络平台，腾讯打造了中国最大的网络社区，满足互联网用户沟通、资讯、娱乐和电子商务等方面的需求。截至 2014 年第二季度，QQ 的月活跃账户数达到 8. 29 亿，最高同时在线账户数达到 2. 06 亿；微信和 WeChat 的合并月活跃账户数达 4. 38 亿。腾讯的发展深刻地影响和改变了数以亿计网民的沟通方式和生活习惯，并为中国互联网行业开创了更加广阔的应用前景。

目前，腾讯 50% 以上员工为研发人员，拥有完善的自主研发体系，在存储技术、数据挖掘、多媒体、中文处理、分布式网络、无线技术六大方向都拥有了相当数量的专利申请，是拥有最多发明专利的中国互联网企业。

腾讯一直积极参与公益事业、努力承担企业社会责任、推动网络文明。2006 年，腾讯成立了中国互联网首家慈善公益基金会——腾讯慈善公益基金会，并建立了腾讯公益网。秉承“致力公益慈善事业，关爱青少年成长，倡导企业公民责任，推动社会和谐进步”的宗旨，腾讯的每一项产品与业务都拥抱公益，开放互联，并倡导所有企业一起行动，通过互联网领域的技术、传播优势，缔造“人人可公益，民众齐参与”的互联网公益新生态。

4.9 泰豪集团有限公司

泰豪集团创立于1988年，是在江西省政府和清华大学“省校合作”推动下发展起来的科技型企业。公司秉承“自强不息，厚德载物”的清华校训，坚持走“承担、探索、超越”的创业之路，并以“技术+品牌”的发展模式，致力于信息技术的研发和应用，连年进入中国电子信息百强企业和中国民营制造企业500强。2002年7月3日，泰豪科技在上海证交所挂牌上市。

公司用将近8年时间走完了初创发展阶段，围绕信息技术应用开展计算机软件开发、系统集成服务，成为江西省最有竞争力和影响力的IT企业；1996—2003年，公司进入产业发展阶段，探索高新产业发展之路，积极引进战略投资，促进经营规模快速扩大，同时积极参与国有企业的改制重组，先后对江西三波电机总厂、湖南衡阳四机总厂等国有大中型企业进行整体重组，成为当地有影响的国企改制成功案例；自2004年始，公司开启品牌发展之路，积极参与国际化产业分工，通过与ABB等世界500强企业的合资合作加快开拓国际市场。公司品牌日具影响，成为国家工商总局首批命名的“重合同守信用”企业，被认定为中国驰名商标、中国名牌产品，中国最有价值商标500强，产品与解决方案应用于全球50多个国家和地区。

在“创导智能技术、产品和服务，以提高人类生活的品质”的企业使命引领下，公司业已形成以智慧城市、智能电网业务开展为主导，以军工装备和文化创意产业发展为两翼的发展格局。

4.10 文思海辉技术有限公司

文思海辉技术有限公司的前身分别是文思信息技术有限公司和海辉

软件（国际）集团公司。2012 年 8 月 11 日文思信息与海辉软件宣布合并，2013 年 10 月 17 日，文思海辉被黑石集团以 6.25 亿美元收购。

文思海辉技术有限公司 Pactera Technology International Ltd. 是咨询与科技服务提供商，公司拥有超强的全球运营能力、严格的质量标准和高效的交付流程，致力于成为全球企业“新时代的合作伙伴”，为客户成功保驾护航。

1995 年以来，文思海辉一直致力于为全球客户提供世界领先的商业/IT 咨询、解决方案以及外包服务，在金融服务、高科技、电信、旅游交通、能源、生命科学、制造、零售与分销等领域积累了丰富的行业经验，主要客户涵盖众多财富 500 强企业及大中型中国企业。凭借专业的交付能力，文思海辉帮助客户在全球市场中赢得成功，并且获得合作伙伴和行业分析师的高度认可。通过的业界领先的质量与安全认证包括 CMM Level 5、CMMI - SVC Level 3、六西格玛、ISO 27001、ISO9001：2008、SAS70 和 PIPA 等。

4.11　用友软件集团

用友软件集团是中国领先的企业及政府、社团组织管理与经营信息化应用软件与服务提供商，专注于软件主业发展，为客户提供优秀的应用软件产品、解决方案和服务。

用友是中国最大的管理软件、ERP 软件、集团管理软件、人力资源管理软件、客户关系管理软件、小型企业管理软件、财政及行政事业单位管理软件、汽车行业管理软件、烟草行业管理软件、内部审计软件及服务提供商，也是中国领先的企业云服务、医疗卫生软件、管理咨询及管理信息化人才培训提供商。

目前，中国及亚太地区 120 多万家企业与机构通过使用用友软件，实现精细管理、敏捷经营。用友软件股份有限公司连续多年被评定为国家“规划布局内重点软件企业”，2010 年获得工信部系统集成一级资质企业认证。“用友 ERP 管理软件” 系 “中国名牌产品”。2001 年 5 月 18 日，用友软件股份有限公司成功在上海证券交易所发行上市。

用友拥有中国和亚太实力最强的企业管理软件研发体系，规模最大的支持、咨询、实施、应用集成、培训服务网络，以及完备的产业生态系统。用友拥有包括总部研发中心（北京用友软件园）、南京制造业研发基地、重庆 PLM 研发中心、上海先进应用研究中心、上海汽车行业应用研发中心、深圳电子行业应用开发中心等在内的中国最大的企业应用软件研发体系。用友在日本、泰国、新加坡等亚洲地区，建立了分公司或代表处。

4.12　广联达软件股份有限公司

广联达软件股份有限公司成立于 1998 年，2010 年 5 月在深圳中小企业板成功上市，成为中国建设工程领域信息化产业首家上市软件公司。

广联达立足建设工程领域，围绕工程项目的全生命周期，提供以专业应用为核心，以大数据为支撑，以征信服务为基础，以互联网金融服务为增值的具有独特优势的一流产品和服务，打造建筑产业新生态，促进建筑产业现代化发展。经过十几年发展，广联达从单一的预算软件扩展到工程施工、工程信息、工程造价、工程教育、电子政务、电子商务、互联网金融与投资八大业务板块，近百款产品。目前，广联达的 PC 端专业应用产品企业用户数量达到 16 万余家，其中工具类产品直接使用者 50 余万，管理类产品直接使用者百余万；移动端 APP 专业应用产品直接使用者 200 余万；硬件端专业应用产品则覆盖 3000 余个项目部，直接使用者 3 万余人；大数据服务覆盖 27 个省市自治区，拥有近 7 年的行业数据；2015 年起正式运营的电商拥有 73 类、300 余种产品，超过 1 万部品构件信息向会员企业免费开放；互联网金融方面业务涵盖小贷、保理与保函。

广联达建立了完善的自主研发和技术管理体系，主要产品均具有自主知识产权及自主创新的软件架构，公司掌握核心技术 30 余项、软件著作权近200个、专利近20项，其中3D图形算法居国际领先水平，在针对建筑全生命周期的BIM解决方案、云计算、管理业务技术平台以及大数据方面，均有深厚积累。

目前，广联达产品被广泛使用于房屋建筑、工业工程与基础设施三大行业，在建设方、设计院、施工单位、中介咨询、设材厂商、物业公司、专业院校及政府部门8类客户中得到不同程度应用。在奥运鸟巢、上海迪士尼、广州东塔等各地各类工程中，广联达产品均得到深入应用，并赢得用户好评。

广联达拥有员工4300余人，在中国32个省市建立50余家分、子公司，销售与服务网络覆盖200余个地市。2009年起广联达开始国际化进程，目前正以美国子公司、芬兰子公司和英国子公司为核心辐射欧美市场，以新加坡子公司、香港子公司和马来西亚子公司的区域优势带动中国台湾地区和印度尼西亚、泰国等东南亚市场的发展。

4.13　亿赞普（北京）科技有限公司

亿赞普集团成立于2008年，是全球领先的互联网跨境贸易及大数据应用公司，是我国唯一在海外（89个国家和地区）部署有大数据平台的公司，在多数据源的采集与并发处理领域处于国际领先地位，连续两年承担国家“863”大数据项目的单位，并连续两年全程服务于两会，通过全球大数据洞察两会动态，在央视新闻联播等黄金节目中连续播出“大数据看两会”。2014年独家大数据支撑央视“据说APEC”。

亿赞普集团通过与全球运营商及互联网网站合作，基于自主创新的大数据智能处理技术，正在全球互联网上部署一张跨多个国家、多个地区、多个语言体系，覆盖面最广的电子商务平台和互联网媒体。目前，亿赞普已在欧洲、拉美、东南亚设立了三个海外运营中心，已有欧洲、拉美、亚太等地区21个跨国电信运营商和数十万网站加入亿赞普的平台，覆盖89个国家的8亿互联网用户，其中50%以上是国外的网民。

亿赞普集团主营业务覆盖跨境电子商务、大数据挖掘与分析、大数据广告营销等方面。

在跨境电子商务领域，亿赞普基于大数据技术与商业模式创新，在行业首提领先于B2C的“F2C”模式（F2C，即Factory to Consumer），为企业提供信息流、物流、资金流的端到端解决方案。

在信息流方面，在亿赞普全球大数据营销网络，一方面可以准确地将商品信息呈现给全球8亿的消费者，另一方面发挥经济雷达作用，指导企业按需生产、按需备货，解决了在跨境电子商务中最难的信息流到达问题。

在物流方面，亿赞普订单生产中心联通海关系统，通过BOM编码实现商品全程端到端的SLA管理、预报关及快速通关服务，通过在全球关键贸易节点布置的保税仓体系帮助提供企业保税仓前置保税备货服务，降低企业在物流环节的成本；收购意大利帕尔玛机场，将其作为欧洲和中国的快速物流通道，提升跨境物流速度。

在资金流方面，通过亿赞普集团旗下的钱宝跨境结算系统为商户的跨境收单结算、结汇保驾护航，钱宝跨境支付系统是目前亚洲最大的海外收单平台，2014年已支持20多种小语种在线支付，可以保障商户及时收款、规避金融汇率风险。携手eCard、GemPay等，满足本币化、虚拟化等多种需求，未来，平台还将依据不断积累的运营数据，为商户提供快速、便捷的互联网金融服务。

基于“F2C”模式，亿赞普构建了面向全球的跨境电子商务平台，帮助我国企业产品低成本、短渠道货销全球。

4.14　传神语联网网络科技股份有限公司

传神是大数据和移动互联时代新型的多语信息处理服务商，首创了“语联网”模式，其语言服务能力列亚洲第3位、全球第19位，已在国际工程、装备制造、影视传媒、文化旅游、服务外包、跨境电商等10多个方向形成嵌入式应用，服务的客户包括中石油集团、中石化集团、中国电力、中铁集团、中船集团、一汽集团、东风集团、阿里巴巴、亚马逊、Paypal 等，以及军工类、媒体类等上千个大型集团客户，同时成功地服务于北京奥运会、上海世博会、广州亚运会、深圳大运会、北京国际电影节、世界审计组织大会等重要国际性活动，并成为 CCTV4 唯一免检合作伙伴。

作为国家文化和科技融合重点企业，传神公司具有国际领先的核心技术和商业模式创新优势，已申请和获得 130 余项专利、60 余项软件著作权，被评为国家首批“现代服务业创新发展示范企业”，建立了全国首个“多语信息处理产业基地”、拥有全国唯一的省级多语工程技术研究中心，自主研发的“云翻译服务平台”被工信部 CSIP 列为典型的云计算解决方案，同时入选国家文化出口重点企业，传神“国际影视平台”入选国家文化出口重点项目。

目前，传神公司通过语联网类电网模式，已聚集全球 70 余万名译员、1000 余家翻译公司，在 30 多个语种中形成了独特的竞争优势，日均产能达 1000 万字，形成大型企业客户解决方案、微语言服务平台和跨境电商服务平台三大业务方向：

大型企业客户解决方案是面向大型企业集团提供语言整体解决方案，利用强大的语言能力支撑中国大型企业客户的海外工程、国际制造业引进，以及重大的跨国合作和国际会议等，提供全面的语言解决方案，使得客户在“走出去、引进来”过程中，可以最大限度地降低成本和提升国际竞争力。

微语言服务，是解决具体场景化需求的系列语言服务应用的统称，通过深植于应用场景，使得用户可以享受如水电一样方便的语言服务。截至目前，已经推出的微语言服务有全球畅邮（母语邮件系统）、拍拍易、小尾巴（旅行真人译）、公证语言一体化方案、云游（多语旅游助手产品）等多个示范应用。

跨境电子商务服务平台——“跨境云”服务中小外贸企业，该平台通过传神强大语言优势整合全球各地优质电商，形成无语言障碍的全球跨境电商营销网络，使得中国企业的商品轻松直达全球各地市场。“跨境云”平台已整合全球 39 个国家 179 个当地平台，实现用中文全球开店、邮件全球营销推广、各区域本地化搜索等基于多语大数据的营销支撑服务功能，真正实现企业用中文谈全球生意。

4.15　博看科技（北京）有限公司

博看科技的科技核心业务为建立国家移动互联网人才培养体系，编写移动互联人才国家标准，输出国家移动互联网应用人才培养与园区工程示范模式，引导建立移动互联网人才培养、服务外包、产业集聚生态环境。为我国高端人力资源储备和产业对接提供专业运营与解决方案。

博看科技正式提出中国移动互联网人才产业园区建设思路，国家移动互联网工程将在 2—3 年内完成在我国移动互联网人才培养规划的整体布局。工程目前已经得到中国信息产业发展研究院、中国教育学会、中国中小企业协会、清华大学国家人力资源研究院的战略合作支持，并且与展讯科技、华为公司等知名企业达成专项合作协议。

博看是中国教育学会信息化支撑我国教育发展、人才培养的战略合作单位，是清华大学国家人力资源研究院移动互联网服务外包人才标准的共同建设单位，是中国信息产业发展战略研究院移动互联人才培养课题共建单位，也是中国移动互联网 IT 实训系统设计、研发、培训整体解决方案的创建单位。

博看科技在移动互联网专业应用领域成果丰富，是中华医学会在国内独家指定的健康新媒体研发、运营机构，并受中华医学会的独家委托与三大电信运营企业（中国移动、中国联通、中国电信）进行健康新媒体合作的传播机构，也是中国最具专业度的健康内容制作和移动互联网软件发布提供商。

4.16 北京易知路科技有限公司

北京易知路科技有限公司是专业从事远程教育解决方案模式的互联网企业。“268 教育”隶属于北京易知路科技有限公司，2010 年开始便与国内知名的教育专家进行沟通和探讨，并与国外专家学者进行紧密合作，在深入研究未来互联网教育发展态势之后，以最前沿的教育理念为需求，以最先进的互联网软硬件设施为根本，凭借着强大的技术团队做后台支撑，成为目前国内最具影响力、最为专业的教育平台解决方案提供商。

北京易知路科技有限公司是专业从事远程教育解决方案模式的互联网企业。有多年的教育行业经验。立足于以技术为先驱，用户体验至上的理念。提供教育企业远程互联的产品方案。专业服务过学而思机构网校，尚德机构嗨学网网校等，针对网校系统建立的技术力量雄厚，经验丰富，具备复杂项目定制和个性化需求满足的能力，可服务于大、中、小型的公司。公司定位为国内最专业、最早进入网校系统建立领域的公司。

268 教育产品线主要包括在线教育学习系统、跨场景学习宝、代理商运营系统、在线作业练习考试系统、O2O 排课系统、教育社区系统、多平台移动 APP、网络营销 CRM 系统、自适配 CMS 资讯系统等在线教育系统。

成功案例包括世纪名家讲堂、恒企会计在线、长征教育、父母大学堂、仁和会计在线，以及得意门生、励克偲教育、罗德国际教育和大家网等。

4.17 斯坦德云科技股份有限公司

斯坦德云科技股份有限公司是一家企业私有云整体服务和运营提供商，公司“以领先的云计算技术，助力中小企业腾飞”作为企业使命，产品和技术达到国际领先水平。

斯坦德基于自主知识产权系列软硬件产品，提供中小企业私有云整体服务解决方案（云平台、云桌面和云应用），降低企业信息化建设和运维成本；云平台在企业内部，保证数据安全；同时支持移动办公、信息共享，形成数据资产；平台建设和运维可采用购买服务模式。

斯坦德是"国家高新技术企业""国家云计算标准、智慧城市标准成员单位""江苏省民营科技企业30强"，江苏省"博士集聚计划"入选企业。公司拥有"工业与信息化部云计算应用与服务平台""国际高性能计算委员会（HPC）－STD联合实验室""江苏省南京市物联网行业应用云计算平台"等基地。

4.18　山东泰盈科技有限公司

山东泰盈科技有限公司（纳斯达克：CCRC）是中国呼叫中心及电商后台服务外包行业领跑者，在全国包括北京、上海、山东、重庆、江苏、河北、安徽、广西、江西、新疆10省市设立近20家外包运营基地，与国内外互联网、电子商务、通信、金融、物流、制造业等行业中的近30家领先企业建立了战略合作关系。全面为合作企业提供客户服务整体解决方案、呼叫中心运营外包、电商后台运营外包、呼叫中心及电商后台人才培训、派遣、营销服务外包、企业云客服等核心外包服务。

公司将秉承"创外包之泰、享服务之盈"的核心价值观，抓住国家"一带一路"和产业升级的历史机遇，加速全国互联网与电子商务后台基地、金融业后台处理基地、通信业后台处理基地、制造业后台处理基地的规模扩张，依托"泰盈云"战略，进一步提升核心竞争力，争做全球BPO行业领军企业。

公司获得的荣誉包括：中国信息技术服务产业联盟常务副理事长单位；国家工信部中国呼叫中心与电商后台专委会理事长单位；商务部"重点联络服务外包企业"；国标委"呼叫中心服务标准化试点单位"；中华全国中工会"模范职工小家"；共青团中央"青年就业创业见习基

地”；中国呼叫中心与电子商务研究院“中国最佳客户中心”；工信部软件与集成电路促进中心“中国最佳外包客户联络中心”。

通过的认证包括：高新技术企业；双软企业；ISO9001 国际质量体系；ISO27001 国际信息安全体系。

4.19 乐视网

乐视是一家致力打造基于视频产业、内容产业和智能终端的“平台 + 内容 + 终端 + 应用”完整生态系统的企业。乐视垂直产业链整合业务涵盖互联网视频、影视制作与发行、智能终端、应用市场、电子商务、互联网智能电动汽车等；旗下公司包括乐视网、乐视致新、乐视移动、乐视影业、乐视体育、网酒网、乐视控股等；2014 年乐视全生态业务总收入接近 100 亿元。

乐视拥有乐视网、乐视影业、花儿影视等内容公司，其中乐视网成立于 2004 年 11 月，是国家级高新技术企业，2010 年 8 月 12 日在中国创业板上市，是行业内全球首家 IPO 上市公司，中国 A 股最早上市的视频公司。目前乐视网影视版权库涵盖 10 万多集电视剧和 5000 多部电影，并正在加速向自制、体育、综艺、音乐、动漫等领域发力。

乐视影业定位为“互联网时代的电影公司”，在出品、发行优秀影片的同时，旨在在互联网 2.0 时代背景下建立“一定三导”和“五屏联动”的 O2O 电影市场系统，为观众提供从线上到线下全方位的观影及增值服务。

乐视智能终端由超级电视、超级手机、乐视盒子、EUI 及 Leme 智能配件等共同组成。乐视智能终端由 CP2C 模式打造，秉承“千万人不满、千万人参与、千万人研发、千万人使用、千万人传播”理念，从最初的乐视 TV · 3D 云视频超清机 S10 到“乐视盒子”C1、C1S，超级电视 Max70、X60、X60S、X50 Air、S50 Air、S40 Air L 等，在线销量屡创佳绩，一举结束了 3SL（三星、索尼、夏普、LG）等国际巨头垄断市场的局面。目前超级电视已经进入美国市场。

2015 年 4 月 14 日，乐视推出全球首个生态手机品牌乐视超级手机，上市不到 3 个月超级手机销量突破百万台。超级手机采用量产成本定价模式，开创了智能手机生产厂商公布 BOM（物料成本清单）的先河，超级手机进入硬件免费时代，并且乐视打造的以服务为核心的生态型终端，已经让手机跨入生态时代。

乐视集团还构建起云视频开放平台、电商平台、广告平台、大数据平台等，其中，云视频平台拥有 10T 带宽，超过 600 个节点遍布全球各个角落。乐视商城已经位列中国十大 B2C 电商第七。

4.20　北京易华录信息技术股份有限公司

北京易华录信息技术股份有限公司成立于 2001 年 4 月，是华录集团旗下控股的上市公司。易华录紧紧把握政府管理创新需求，发挥央企优势，将金融资本和产业资本相结合，应用物联网、云计算、大数据等先进技术，以智慧城市、智慧交通、公共安全三大产业为主体，以网络支付、信息安全为两翼，将科技与文化、线上与线下相整合，打造城市互联网运营商，为政府、社会、公众提供公益和增值服务，成为政府社会化服务的主要提供商。

易华录旗下拥有 10 余家子公司及 20 余家分公司，业绩覆盖全国 30 个省、自治区、直辖市及多个海外城市，已为国内 230 多个城市及海外多个国家提供了技术服务，足迹横跨亚欧，拥有“中国智慧城市最具影响力企业”“中国智能交通领军品牌”等殊荣。

4.21　科南软件有限公司

科南软件有限公司是一家专门从事新一代企业互联网应用开发及云服务的专业厂商，公司的宗旨是“利用新一代信息技术，实现便捷的协作，更高的效率，更低的成本，让信息化告别传统，步入移动互联时代”。

公司潜心研发了国内第一套全面支持移动互联网和云计算的企业管理平台，在核心技术上实现自主可控，并在企业人财物和项目管理等核心业务领域，彻底改变传统 ERP 的局限，是我国互联网从个人消费领域向企业应用领域发展的代表性产品，是传统 ERP/HR/OA 等信息化系统升级换代的平台。

公司研发的产品改变传统 ERP 是基于制造业的流程生产和资源计划为基础的设计理念，以项目管理为核心的成本管控与资源协调，以人为中心构建互联网的服务，特别适合于科研院所事业单位，设计院、建筑施工、工程承包、咨询服务、型号研制型军工企业等组织的信息化需求。

4.22 浪潮集团

浪潮是中国领先的云计算整体解决方案供应商，已经形成涵盖 IaaS、PaaS、SaaS 三个层面的整体解决方案服务能力。凭借浪潮高端服务器、海量存储、云操作系统、信息安全技术为客户打造领先的云计算基础架构平台，基于浪潮政务、企业、行业信息化软件、终端产品和解决方案，全面支撑智慧政府、企业云、垂直行业云建设。

浪潮集团拥有浪潮信息、浪潮软件、浪潮国际三家上市公司，浪潮业务涵盖系统与技术、软件与服务、半导体三大产业群组。服务器销量全球第五、中国第一，并成为全球第五家掌握关键应用主机技术的公司。浪潮拥有 IT 领域唯一设在企业的国家重点实验室——浪潮高效能服务器和存储技术国家重点实验室。

浪潮国际化业务目前已拓展至全球 85 个国家和地区，在美国、日本、拉美等多地设立研发中心和工厂，在海外 26 个国家设立分公司和展示中心。全球拥有 8000 多家大中型渠道代理商，合作伙伴数量达到四位数，产品和方案广泛应用于全球数据中心、超算中心、税务、教育、智慧政府等领域。

浪潮与微软、思科、LG、爱立信等世界 500 强设立了合资公司，与

Intel、IBM、SAP、VMWARE、NIVIDIA、REDHAT 等建立了战略合作伙伴关系，与印度 UPTEC 合资共同发展软件实训产业。

浪潮先后加入 Open Stack、SPEC、TPC 等国际权威组织。2014 年 5 月，浪潮集团成功加入 SPEC 组织，正式成为国际标准化测试俱乐部的一员，跻身国际一线厂商行列。同年 7 月正式宣布加入国际云计算权威组织——Open Stack 基金会，成为全球最有活力的开源云平台管理项目的重要成员。同年 8 月国际标准化测试权威机构 TPC 组织宣布吸收浪潮为该组织的会员。浪潮服务器超能 3000 在 TPC - H 测试中获得当时的最好成绩，创造了中国服务器厂商第一个国际测试世界纪录，迄今为止，浪潮先后 16 次打破 TPC - E、TPC - H 以及 SPECjAppServer、SPEC Power 等一系列国际权威测试纪录。

4.23 宝驾（北京）信息技术有限公司

宝驾（北京）信息技术有限公司成立于 2014 年 3 月，是一个自驾汽车租赁社区，在这里人们可以通过网站或手机发布、挖掘和预订全国各地的独特车源。通过互联网，帮助人们更好地分享和分配闲置汽车资源，无论用户的预算是多少，无论用户想去中国的哪个角落，都能在宝驾找到最独一无二的当地驾行。

宝驾租车所倡导的“汽车共享模式”源于美国，现已风行全球。宝驾租车的“汽车共享模式”提供了一种全新出行的解决方案。

“汽车共享”则意味着拥有一辆私家车的车主可以依靠爱车多挣一份外快，而需要用车的人可以有更丰富的选择，无论是日常出行需要的经济型高尔夫、宝来或者科鲁兹；抑或是自驾游时更为合适的别克 Encore 或本田 CR - V。即用户可以拥有不止一台车，只需要去选择自己喜欢的车。

加入宝驾租车会员，通过宝驾租车平台的网站和手机客户端，车主可以很轻松地将闲置车辆租借给急需用车的租客，并且获得额外收入。

而租客则可以随时搜索附近的车辆，并通过手机完成鸣笛寻车、开锁等操作，用比市场低30%的价格不出社区就能租到更加满意的车型，完全实现了自助式汽车租赁。

4.24　北京证联信通科技发展有限公司

北京证联信通科技发展有限公司是在行业资深技术人员倡导下建立起来的，主要从事信息安全相关行业应用开发和技术推广，公司目前研发人员有20多人，主要关于数字签名的相关应用研发。

公司主要产品有数字统一认证平台管理系统、一网通平台系统等。公司还发起参与了基于android系统的移动代码签名应用规范的标准制定和控件开发等。

4.25　青岛众恒信息科技股份有限公司

青岛众恒信息科技股份有限公司是一家专注基于云计算平台的物联网信息系统企业。公司主营业务是视频监控管理平台，以视频数据分析为研发方向。

2013年，众恒发布自主知识产权的vPaaS物联网平台、物联网云终端、oakcloud云计算操作系统。2014年公司在蓝海股权交易中心挂牌，建立vPaaS+合作伙伴联盟，发布了消防和农业物联网大数据服务平台。2015年在“互联网+”和“中国制造2025”的大背景下，公司发布“机器云”——工业物联网大数据服务平台，并荣获“2015年度中国工业互联网领军企业”称号。

众恒自2013年开始潜心研发物联网云终端产品、物联网云计算操作系统、物联网vPaaS系统，整个系统是目前国内企业中唯一涵盖了从云到端全面的物联网技术，而且系统各个层面均拥有自主知识产权，其中vPaaS系统填补了国内云计算技术空白。

4.26　北京辰安科技股份有限公司

北京辰安科技股份有限公司是一家源于清华大学，由清华控股的高科技企业，创业板上市公司。

辰安科技基于清华大学成熟的“产学研用”相结合机制，在应急平台关键技术系统与装备方面，拥有完整的独立自主知识产权和核心技术，取得近百项软件著作权和国内外专利，荣获“国家科学技术进步一等奖”。

辰安科技下辖政府与行业应急、城市公共安全、国际业务三大业务板块，提供的产品和服务包括公共安全综合应急、监测监控、预防预警、救援指挥、城市生命线监测防控、环境监测与安全应急等相关系统和装备。其中现场在线会商、移动应急平台、应急测控飞艇、应急个人装备、多旋翼应急飞行器、应急物联网等设备，分别在北京、武汉、合肥建有规模化研发生产基地。

辰安科技的用户群包括各级政府，以及人防、公安消防、安全监管、核与辐射应急、铁路运输、民政救灾、海洋海事、电监电力、石油化工等部门与行业，得到了政府和社会各界的认可和赞誉。

辰安科技在公共安全与应急方面的核心软硬件和整体解决方案已走向海外，为厄瓜多尔、委内瑞拉、新加坡、巴基斯坦、哈萨克斯坦、印度尼西亚、文莱等多个国家提供产品和服务，为各国构建了完整的公共安全一体化平台、应急接处警与指挥控制系统等公共安全系统。

4.27 广东一一五科技股份有限公司

广东一一五科技股份有限公司（以下简称115科技），是一家拥有自主知识产权，为企业和个人提供云服务的国家高新技术企业，同时也是国内起步最早、实力最强、用户最多的创新型云计算互联网企业之一。115科技企业总部位于广东省东莞市松山湖国家高新技术产业开发区，在广州、深圳设有分公司，北京设有子公司，共有员工近200人，技术研发人员占员工总数近70%，是国内极少数的纯内资型互联网企业。

截至2016年，115科技已深耕云计算领域7年，拥有海量数据处理经验和亿级用户技术解决方案，有强大的数据加密技术和信息安全机制，并获得国际信息安全领域极具权威的ISO27001（信息安全体系）认证。

七年来，115科技一直专注于技术研发与产品打磨，目前已推出“115”和“115+”两大产品体系：其中“115”产品是国内最早一批云存储项目，目前已在云存储的基础上发展为一款跨平台、多端同步的云应用；“115+”是帮助政府部门、协会、企业等组织实现精细化管理的云管理工具。“115+”的推出，将推动万千中小微企业降本增效，提升组织信息化水平，引爆云计算带来的管理革命。

4.28 乐辰科技有限责任公司

乐辰科技有限责任公司是集医疗卫生、电子政务和IT职业教育于一体、国内率先发展起来的医疗云计算企业之一。公司现已经在北京、天津、大连、南京、银川、美国洛杉矶等地设立分支机构，业务拓展至欧美、日韩、中国大陆和香港地区。通过几年国际市场开拓，公司先后与微软、IBM、SK等世界500强公司，以及华为、联想等国内行业巨头公司建立了稳定的合作伙伴关系，同时通过国际化的管理，吸引了一批海外归国人员加入乐辰，打造了一个国际化的领军团队。现已获得国际ISO9001、ISO27001、ISO20000、CMMI3认证，国内高新技术企业认定，技术先进型企业及双软认证，项目实施实现了标准化正规化管理。公司多项产品入选国家科技部火炬计划、星火计划、支撑计划、惠民计划等，是科技部认定的国家第一批现代服务业创新发展示范企业，荣获2012中国医药卫生信息化“智慧医疗创新典范”称号。

乐辰科技自主研发的基于云计算的E-MHUB区域医疗信息管理平台、电子病历系统、哈尔滨市卫生服务信息系统等医疗卫生软件系统已成功在美国洛杉矶郡、哈尔滨、南京、大连等地应用。

4.29 安世亚太科技股份有限公司

安世亚太科技股份有限公司成立于2003年，是我国工业企业研发信息化领域的领先者、新型工业品研制者、企业仿真体系和精益研发体系创立者，在虚拟仿真行业排名第一。公司坚持“以助推中国工业发展为己任”，紧跟我国工业发展的迫切需求，伴随中国工业发展而发展，深入践行《中国制造 2025》。2015 年开启了公司新的发展战略：从“工业软件及服务提供者”走向“新型工业品研制者”，致力于工业软件开发、先进设计体系研究和智慧工业体系研究。

公司拥有 14 家分/子公司，客户 3000 多家。是国家规划布局内重点软件企业、北京市重点总部企业、“瞪羚计划”企业、“十百千工程”重点培育企业、北京市企业技术中心、两化融合管理体系贯标咨询服务机构、中国创新方法研究会副理事长单位和北京生态设计与绿色制造促进会主席团单位，2013 年获批建立北京市综合仿真工程实验室，2015 年经工信部批准成立“国家工业软件与先进设计研究院”。

安世亚太是第一家提出协同仿真理念的企业，是精益研发理念、方法、技术和平台的创立者。面对工业企业日益智能化的生产设施和云计算、大数据等智能科技的发展，提出了基于工业云的智慧工业体系和技术框架，创建以客户为中心的智慧化和自治化工业形态的支撑体系，针对工业 PaaS、智慧研发、智能制造和智慧工业提出相应解决方案。该体系可为“中国制造 2025”和智能制造战略目标的实现提供技术支撑。

公司广泛参与和支持了大飞机、航空发动机、运载火箭、飞船、坦克、船舶、高速机车等国家重大项目和工程的建设工作，多次主持或参与了 863、973 等国家重大课题研究工作。

4.30　中国移动巴基斯坦公司

中国移动巴基斯坦公司（CMPAK，商业品牌 ZONG）是中国移动在巴基斯坦的全资子公司。2007 年，中国移动在巴成功收购 Paktel，变更为全资子公司。

目前公司劳动用工总量为 3121 人，其中 80% 为本科或本科以上学历。公司总部设有21个部门和中心，总部在各省下设8个区域营销中心、3个区域网络运维中心。至2016年11月，公司共有2G基站数9043个（行业五家，排名第三），3G基站数6872个（行业第二），4G基站数4848个（行业第一）。总客户数约2709万，行业份额约19.5%（行业第三），其中3G客户数661万，行业份额约20%（行业第三），4G客户数160万，行业份额约73%（行业第一）。2016年1—11月，公司实现收入507亿卢比（约33亿元人民币），行业份额约16%（行业第三），预计2016年全年实现收入563亿卢比、利润15亿卢比。公司一直致力于本地信息化建设，助力中巴经济走廊战略项目的落地。

5 服务

5.1 工业和信息化部软件与集成电路促进中心

工业和信息化部软件与集成电路促进中心（CSIP）是工业和信息化部直属事业单位，全面承担了国家软件与集成电路等公共服务平台的建设、维护、运营和管理工作。

中心的主要职责包括：承担国家核心电子器件、高端通用芯片及基础软件产品科技重大专项的有关支撑保障工作；推进相关领域前瞻性技术和共性技术研发应用，开展科技成果的转化、推广以及国内外科技交流、技术咨询等工作；承担国家软件与集成电路等产业公共服务平台以及产业公共服务体系的相关建设工作，为我国软件与集成电路等产业和企业的发展提供公共、中立、开放的服务；开展工业和信息化相关领域战略研究、知识产权预警研究等软科学研究，为政府决策、行业发展提供支撑服务；承担工业和信息化相关领域高端、紧缺专业人才培养相关工作；承办工业和信息化部交办的其他事项等。

5.2　清华大学国际传播研究中心

清华大学国际传播研究中心是清华大学校级重点研究机构，是在汪道涵先生和王大中校长的创议下，由清华大学校务委员会于 1999 年夏决定成立的，李希光教授任主任。16 年来，中心在全球传播、健康传播、国家软实力建设、公共品牌塑造、新闻发言人制度建设与人才培养、危机传播管理、新闻改革和新闻教育等领域积累了深厚的科研实力和大量的实践经验。中心已形成政策、学术、媒体多边互动的研究构架，被政界、学界和传媒界视为中国在国际传播和舆论研究方面的新型智库，在一些重要决策上参与咨询。

5.3　北京大学国家战略传播研究院

北京大学国家战略传播研究院是专门致力于现代国家信息和舆论治理问题研究的科研教学机构。研究院的主要研究和咨询领域涉及国家的对外传播和形象建设、国际政府间和民间的公共外交、中国地方政府的媒体沟通和对外联络、中国大型企业国际化发展中的传播战略、国家互联网治理和传媒产业发展政策的制定等。

研究院采取大型企业和高等院校共建的形式，既能够集纳各方资源，发挥各方优势，又能够做到信息共享、协同创新，贡献出真正符合中国国家战略实际需要的智力资源。

研究院的筹备和发展已经得到了国家领导人的亲自批示和关注，并责成教育部和北京大学的有关部门协助创建和培育。

在政府资源支持方面，研究院的核心成员有着与国家新闻宣传部门、国务院各部委新闻宣传机构和地方政府的长期合作关系，在研究院成立之前就已经积累了大量的研究成果，并与这些政府机构形成了会议、项目、培训等各种长期联合工作机制。

在人员构成方面，研究院集纳了一批海内外中青年高水平学者参与日常的研究、咨询和培训工作，并邀请国内外一流的中国问题研究专家和传播问题研究专家担任学术顾问和特聘研究员，充分重视研究团队的国际视野和专业水准。

研究院计划在3—5年时间内办成国际一流的智库机构和公共外交机构。一方面构建成熟而高质量的国家传播政策预案体系和研究体系，领导构建现代国家传播治理体系的建设；另一方面建成一个有国际声誉和国际视野的公共外交平台，充分利用北京大学的优势，广泛开展各种国际合作和对外传播。

5.4　国浩律师事务所

国浩律师事务所创立于1998年6月，是目前中国最大的综合性律师事务所之一，在北京、上海、深圳、杭州、广州、昆明、天津、成都、宁波、福州、西安、南京、南宁、济南、重庆、苏州、香港及巴黎、马德里、硅谷二十地设有执业机构。作为THEINTERLEX GROUP在中国大陆地区的唯一成员，国浩律师事务所还与近50家国际顶级律所建立了紧密的合作关系，执业范围可扩展到59个国家及地区的155个城市。

国浩律师事务所现有合伙人260余人，执业律师及各类专业辅助人员近2000人。其中90%以上的合伙人具有硕士、博士学位或高级职称，且多为中国某一法律领域及相关专业之顶尖律师或专家学者。

国浩律师事务所设有证券与资本市场专业委员会、公司与商业专业委员会、银行与金融专业委员会、国际投资专业委员会、基础设施建设专业委员会、知识产权专业委员会6个专业化法律服务机构，开创了中国律师业规模化、专业化、团队化之先河。

国浩律师事务所系香港联合交易所、美国纽约证券交易所、美国NASDAQ证券交易市场、澳大利亚悉尼证券交易所、新加坡证券交易所等境外证券交易机构认可的可为证券发行上市及公司并购项目出具法律意见的中国律师事务所。

国浩律师事务所业务领域广泛，服务范围涵盖金融证券、公司商务、并购重组、跨境投资、国际贸易、知识产权、私募融资、争议解决等各项法律业务。尤其是在资本市场，国浩在境内外 IPO、再融资、重大资产重组、收购兼并等综合指标上几乎每年均排名行业第一。

国浩的服务对象多为国内外知名的跨国公司、大型国有企业及大中型民营企业，并为 300 余家上市公司提供过包括上市、并购重组、债券发行在内的法律服务。在国浩已完成的项目名单中，包括国家核电技术公司、中国航天信息、中国五矿有色、中国有色矿业集团、中国远洋运输集团、中粮集团、中国航空集团、中国东方航空、中国铝业、中国华能集团、江南重工、上海电气集团、上海百联集团、上海建工集团这样的大型国企，也有像腾讯、盛大网络、巨人集团这样的著名民营企业。近期完成的重大项目有以 245.3 亿港元集资规模荣膺港股“集资王”的中国核电巨头“中广核电力”香港发行上市项目、交易金额达到 30 亿美元的巨人网络私有化项目、中国南车与中国北车吸收合并项目、腾讯公司收购四维图新股权项目、阿里巴巴入股银泰商业项目、斑马技术公司收购摩托罗拉系统企业部项目等数十起。

5.5 北京德恒律师事务所

北京德恒律师事务所原名中国律师事务中心，1993 年 1 月经中华人民共和国司法部批准创建于北京，1995 年更名，现有分支机构 30 个，律师专业人员 1700 余人，已形成遍布中国和世界主要城市的服务网络和客户群，为中国最大规模的合伙制律师事务所之一。

据全球最大的财经通讯社美国彭博统计，2008 年度在企业重组改制及首次公开发行股票上市（IPO）法律顾问服务领域，德恒在中国大陆市场及香港市场均位居第二位。2010 年度德恒担任发行人律师 IPO 项目募集金额约 1721 亿元，占国内企业 IPO 融资总额的 23.7%，占全球 IPO 融资总额的 9.4%。2011 年度 ALB 中国法律大奖评选中，德恒担任发行人律师的中国农业银行 IPO 获“年度最佳股票市场项目大奖”。2012 年 12

月4日，德恒获21世纪经济报道“2012年度（PE/VC）最佳IPO律师事务所”大奖。2013年10月，德恒凭借在反垄断领域的出色表现，荣获2013年度“优秀内资反垄断律师”称号。

据Mergermarket统计，在2009年，德恒代理了总价值190亿美元的重大资产重组并购业务，列Mergermarket 2009年亚太地区（日本除外）重组并购业务排行榜（按金额）的第二名。

据ALB《亚洲法律杂志》公布的排名，自2007年起，德恒在全国律所规模20强中排名一直位居前列。2010年7月，在《亚洲法律杂志》（ALB）评定的“全国律所规模20强”中，德恒位居第三，稳居国内法律服务机构的第一梯队。

德恒拥有一流的律师队伍，全球员工逾1700余人，80%以上具有硕士、博士学位，具有在国内外立法、司法、行政机关、跨国公司、大型国企、金融证券机构的工作经历和经验。历经20年的磨砺，德恒在公司、金融、证券、并购、诉讼仲裁、基础建设与房地产、知识产权、科技法律、国际贸易等业务领域累积了丰富经验，形成了核心竞争力。

5.6　中国国家认证认可监督管理委员会认证认可技术研究所

国家认证认可监督管理委员会是国务院授权的统一管理、监督和综合协调全国认证认可工作的行政管理部门。

国家认证认可监督管理委员会认证认可技术研究所是由中央机构编制委员会批准的独立法人事业单位，直属国家认证认可监督管理委员会。是我国认证认可研究国家层面的社会公益类科研机构，是以认证认可政策理论、学术研究为主要职责的技术支撑服务机构。

研究所由综合技术研究中心、认证技术研究中心、认可技术研究中心、认证认可机构发展研究中心和办公室组成，其技术服务工作由中认国证（北京）评价技术服务有限公司承担。

根据国家事业单位登记管理局授权，研究所主体业务包括承担认证认可/合格评定理论研究；承担认证认可/合格评定标准研究；承担认证认可/合格评定专业培训与咨询；承担认证认可/合格评定技术开发与服务；承办国家质检总局、国家认监委委托事项。

主要职责为：围绕国家认证认可的方针政策，开展认证认可发展的前瞻性研究，承担国家认证认可科研课题和科研攻关项目，依据认证认可国际准则和我国认证认可工作发展需要，开展认证认可技术研究；根据认证认可客户需求，开展认证认可相关业务的培训和研讨活动；提供认证认可国内和国际相关信息，承担认证认可方针政策及相关技术的咨询服务等。

5.7　国家机床产品质量监督检验中心（山东）

国家机床产品质量监督检验中心（山东）（以下简称国家机床质检中心）是于2010年在滕州市产品质量监督检验所（事业法人单位）基础上经国家质检总局批准筹建的第三方实验室；2012年通过实验室CNAS“三合一”认证，项目覆盖金属切削机床、锻压机床、特种机床等机床产品。2012年参加由中国机械工业联合会与中国合格评定国家认可委员会联合组织的立式加工中心位置精度检测能力验证。2013年通过国家质检总局现场验收，能力建设现状被评为“国际先进，国内领先”等级水平。国家机床质检中心机床产品检测实验室面积约3000平方米，包括样品处理室、常规检测室、化学性能检测室、物理性能检测室、精密检测室、三坐标测量室，其中建有1400平方米的恒温（20℃ ±0.5℃）、低尘、减震的精密机床检验车间；拥有先进的仪器设备200余台套，其中德国蔡司三坐标测量机、金相显微镜，英国雷尼绍激光干涉仪、球杆仪，丹麦B&K动态信号分析仪、动平衡仪，日本三丰表面轮廓测量仪、圆度仪、表面轮廓测量仪，瑞士丹青WYLER电子精密水平仪等均为现阶段国际领先检验设备。

中心在为国际贸易提供技术支持、为仲裁委司法裁定提供技术支持、服务国家重大专项课题验收、为政府部门决策提供数据支持方面开展了大量的工作。

国家机床质检中心近两年对20余个国家重大专项项目的试制样品进行了性能检测，检测结果作为国家重大专项项目验收的重要依据。其中包括大族激光的三维五轴联动激光焊接机床，中国机械科学研究总院的数字化无模铸造精密成形机、三维织造成形机等项目。

国家机床质检中心还多次承担了机床产品机械、电气等安全方面的政府指令性抽查工作，并结合抽查结果和行业发展趋势，向政府提交了机床产品质量分析报告，为政府对经济宏观调控以及制定产业政策提供技术参考。

5.8　国信招标集团股份有限公司

国信招标集团股份有限公司（以下简称“国信招标集团”）成立于1999年，注册资本金15210.6084万元人民币，是国内最大的招标采购咨询综合性服务企业，由神华集团金瓷科技实业发展有限公司、北京首都创业集团有限公司、新华房地产开发公司（国家发改委基建办）、新产业投资股份有限公司等股东共同出资组建。

国信招标集团业务资质齐全。拥有各类招标甲级、工程咨询甲级、造价咨询甲级、工程监理甲级和进出口经营权证书等最高资质。

国信招标集团服务范围广泛。十几家子公司、参股公司及30多家分公司构成了覆盖全国主要省区的经营服务网络，可以向客户提供招标代理、工程咨询、项目管理、造价咨询、工程监理、投融资咨询与服务、国际贸易、信息技术服务等覆盖建设项目全产业链的综合服务。

国信招标集团经营业绩居业界首位。累计承接项目超过3万项次，委托金额近2万亿元，项目范围涵盖各行各业，连续多年获得“中国招标代理机构十大顶级品牌”及“中国最具竞争力招标代理机构”第一名的殊荣。

国信招标集团综合管理体系先进。经过十几年的发展，形成了一套管理制度化、程序规范化、办公自动化的科学管理体系；打造出一支素质过硬、德才兼备的员工队伍；在承办的各类业务中，严格执行国家法律法规，努力为客户实现综合效益最大化，赢得社会各界的高度评价。

国信招标集团是行业标准制定者，参与了《招标投标法》《政府采购法》及《招标投标法实施条例》等法律法规的起草，参与了发改委、财政部、建设部、商务部等行业部门招投标管理规范及标准的制定，参与了招标师职业水平考试大纲及辅导教材的编写，为推动国家招标投标事业发展发挥了积极作用。

5.9 中外友好国际交流中心

中外友好国际交流中心是经中国人民对外友好协会批准改制设立的独立实体。中心的工作得到了中国各级党政部门的支持，内外网络不断强化、国别优势不断扩展，组织多领域、多门类、多学科、多专业、多形式国际交流活动的能力不断增强。中心将努力架起国际交流的桥梁，为中外友好的崇高事业做出应有的贡献。

中心积极承办中共中央宣传部、国务院新闻办公室主办的国家对外形象推广工程“感知中国”活动；中心积极服务国家外交工作，努力为重大外交活动营造文化氛围，承担外交部、文化部、全国友协、驻外使馆交办、批准、委托的重要项目。

中心积极推动中外文化交流，为不同文明、不同文化的对话互鉴，为中国文化的国际传播，为中外艺术家的合作搭建平台、开辟渠道；中心积极制订实施“世界艺术殿堂计划”“国际著名艺术展览合作计划”“中国文化使者计划”“世界著名高校中国艺术传播计划”“中外优秀艺术家合作创展计划”；中心注重与中外媒体的合作；中心通过设立文化交流基金的方式，积极培育展现国家文化形象的品牌交流项目。

中心积极服务企业“走出去”的国家战略和“一带一路”战略，发挥桥梁作用，促进政府、智库、商协会组织、媒体、企业之间的交流沟通；发挥传播作用，诠释国家政策、方针，发布研究成果；发挥整合作用，凝聚内外资源，形成国别、行业投资合作优势。

5.10　中国标准化研究院

中国标准化研究院直属于国家质量监督检验检疫总局，从事标准化研究的国家级社会公益类科研机构，主要针对我国国民经济和社会发展中全局性、战略性和综合性的标准化问题进行研究。

全院现有职工500余人，包括研究员30名、博士及博士后80名，主要开展标准化发展战略、基础理论、原理方法和标准体系研究。承担节能减排、质量管理、国际贸易便利化、视觉健康与安全防护、现代服务、公共安全、公共管理与政务信息化、信息分类编码、人类工效、食品感官分析等领域标准化研究及相关标准的制（修）订工作。承担相关领域的全国专业标准化技术委员会、分技术委员会秘书处工作。承担相关标准科学实验、测试等研发及科研成果的推广与应用工作。组织开展能效标识、顾客满意度测评工作，承担地理标志产品保护研究及技术支持工作。负责标准文献资源建设与社会化服务工作，承担国家标准文献共享服务平台运行和标准化基础科学数据资源建设与应用工作。同时工作直接支撑着国家质量监督检验检疫总局以及国家标准化管理委员会的相关管理职能，包括我国缺陷产品召回管理、国家标准技术审查、全国工业产品、食品生产许可证审查等。

作为国家级社会公益类科研机构，中国标准化研究院一直致力于积极参与并主导国际组织活动，维护国家利益，承担了国际地理标志网络组织（ORIGIN）副主席职务，承担了国际标准化组织（ISO）的技术委员会副主席、秘书等13个关键职务，主持制定ISO标准20项。

5.11　E20环境平台

E20环境平台起始于2000年中国水网的创建，现正转型成为生态型产业服务平台公司，以产业预判能力、顶层设计能力及协同创新能力为核心竞争力，践行“用平台力量助力优秀企业跨越式发展，促进环境产业的转型和升级”的企业使命。平台以公信力为基础，领导力为导向，影响力为驱动，商业逻辑为准则，滋养优秀环境企业，提供深度系统的产业服务。

E20 环境平台旗下包括中国水网、中国固废网、中国大气网、E20 研究院、E20 论坛、E20 俱乐部、中国供水服务促进联盟、污泥处理处置产业技术创新战略联盟、垃圾焚烧产业促进联盟、中宜 E20 环境医院等子品牌、子平台和机构。

E20 环境平台依托 15 年来对环境产业的专注积累与核心资源能力，以坦诚开放、合作共赢的蓝色理念和平台思维整合产业和社会的智慧与力量，开展相关业务。目前，已有近 200 家各环境子领域 TOP 20% 的优秀企业加盟 E20 生态合作的产业第一圈层；数万专业人士深度参与平台各项基础服务互动；并成为政府有关部门的环境产业顾问和助手伙伴。

为了适应生态型平台公司的业务体系，E20 环境平台采取事业合伙人制度，引入不同业务领域的顶尖人才担任事业合伙人，并通过生态协同实现平台业务之间的价值流转。E20 环境平台已于 2015 年 11 月 11 日在新三板挂牌。

5.12　大余章源生态旅游有限公司（丫山风景区）

丫山景区为大余章源生态旅游有限公司于 2007 年保护性开发的生态景区，占地面积 3 万余亩。景区依托原住民与大龙山区丰富的生态资源，斥巨资陆续规划建设了九成山舍、道源书院等特色的乡村休闲度假区。第六届“中国环鄱阳湖国际自行车大赛”序幕赛、2015 环球小姐中国大赛澳门赛区丫山专场等众多国内外的重大活动均在大余丫山圆满举办。丫山已初步形成了一个集休闲度假、旅游观光、养生保健、户外运动于一体的生态度假胜地。期间荣获国家 4A 级景区、国家全民户外活动基地、国家森林公园、中国传统文化养生基地、国家登山基地、全国青少年户外体育活动营地、中国养生食品研究基地、国家居家养老示范基地、江西十大旅游新景区、江西省重点风景名胜区、江西省优秀旅游企业等美誉。

2015 年，在市、县政府“精准扶贫，旅游惠农”的政策指引下，为建一个“和谐乡村，幸福丫山”，丫山对整个山区进行了全面规划、转型升级与重新定位，将生态度假旅游、深度乡村体验、乡村特产产业链等完美结合。未来，丫山将继续以乡村旅游形成联动效应，打造中国生态乡村旅游标杆，与周边村落形成强有力的轻奢慢生活生态圈。把丫山打造成中国最具特色的户外运动景区、中国最具特色的自然影视基地、中国最宜养生养寿的颐养基地，从而带动大龙山区乃至赣南地区的全产业开发。

5.13 重庆刘一手餐饮管理有限公司

重庆刘一手集团公司创立于 2000 年，是专业从事连锁火锅产业生态系统平台构建的国际化大型知名企业。旗下囊括了餐饮管理、底料研发与生产、绿色食材开发、新品牌孵化、餐饮人才教育培训暨管理咨询等数十家全资或控股子公司。

公司自成立以来，坚持走“奉献创业，学习创新，竞合创效，诚信创牌”的发展之路，致力构建全球火锅第一品牌。历经 15 载的快速发展，刘一手集团已经把一个几百平方米的街边火锅小店锻造成一个全球 500 多家分店，遍及中国 31 个省、市自治区及美国、阿联酋迪拜、新加坡、澳大利亚、加拿大、法国、老挝、印度尼西亚等多个国家和地区，旗下包含“刘一手火锅、刘一手心火锅、六十一度老火锅、Hot More、老堂菜、心饺、森林童话”等多个品牌，在 2015 年中国餐饮百强企业名列第六、2015 年中国火锅餐饮十强名列第二，是年创营业总额超过 37 亿元的国际化餐饮集团。先后荣获中国火锅十佳著名品牌、中华名火锅、中华餐饮名店、全国绿色餐饮企业、重庆名火锅、重庆市著名商标、中国连锁企业五十强、消费者最佳信赖品牌等诸多殊荣。

高速发展的刘一手，在发扬传统美食的同时，更致力于为顾客打造有文化品位、生活品位、健康品位的餐饮名店，注重为顾客创造舒适的就餐环境和浓郁的文化氛围，将智慧刘一手、服务刘一手、放心刘一手、生态绿色刘一手等多品牌形象深植于全球消费者心中。未来的刘一手将开创火锅产业生态圈，建立火锅产业生态标杆，健全全产业链生态食材体系 + 火锅事业全方位解决方案，最终实现全球火锅产业第一平台的愿景目标。

5.14 北京大学海洋研究院

在国家“海洋强国战略”的大背景下，北京大学于 2013 年 12 月建立北京大学海洋研究院。海洋研究院采用新体制、新机制，是北京大学在海洋领域唯一的、独立的校级实体科研机构，统一负责全校海洋学科的规划协调和海洋产业及相关领域的对外合作工作。研究院将致力于大学改革和科技体制创新工作，先行先试，积极探索，争取为北京大学乃至全国高校改革，为大学科研乃至全国科研工作改革摸索道路，积累经验。

研究院定位为立足深海大洋事业和现代海洋科技，以海洋战略、海洋人文社科、海洋科学和海洋工程为重点研究领域，致力于建设成为国内顶尖、国际一流，具有全球影响力的综合性海洋研究机构。

研究院使命是成为国家实现海洋强国战略的重要智库；成为深海远海科学、工程与技术的发源地和核心研究机构；成为北京大学扎根中国蓝色国土，建设世界一流大学、服务国家战略与社会发展的重要平台。

5.15 巴基斯坦中资企业服务有限公司

巴基斯坦中资企业服务有限公司（CHINESE ENTERPRISES SERVICE PRIVATE LIMITED）坐落在素有“巴基斯坦之魂”称号的历史名城拉合

尔。公司借助“一带一路”以及“中巴经济走廊”的东风，凭借对中国和巴基斯坦两国的企业组织、文化背景、风土人情、法律法规等都了解的优势，竭力架起一座为中国企业快速、有效进入巴基斯坦，以及巴基斯坦企业寻求中国合作伙伴的桥梁。

公司愿景是成为中国、巴基斯坦两国政府、组织间最专业、最诚信的合作方案供应商，以及中国企业在巴基斯坦创业、发展的全过程、全方位、最专业、最诚信、最高效的服务提供商。

主要服务内容包括提供一站式双向市场考察服务；与政府有关部门与相关机构合作，提供最新的巴基斯坦技术信息，政策法规和市场调查研究；积极为企业牵线搭桥，寻找合作项目，介绍合作伙伴；对落地项目进行跟踪、落实，确保项目健康发展；协助政府相关部门，策划并组织中国企业和巴基斯坦企业相互间的业务交流和展览、展销活动；企业注册，税务咨询，财务管理，员工代聘代管等服务。

公司成立以来，已先后接待政府、商会、企业间来巴考察团数十组，接待中方企业考察人员数百人。

6 文化

6.1 天洋控股集团

天洋控股集团（以下简称天洋）创立于 1993 年，全球总部位于香港，并在洛杉矶和北京设立了北美总部和中国总部。目前，天洋已发展成为横跨文化产业、科技产业、互联网金融、产业地产四大产业的大型控股集团，旗下拥有香港上市公司——天洋国际控股（00593. HK）。

天洋正在全力实施以文化和科技两大产业为核心的战略转型，并创立了文化品牌“梦东方”和科技品牌“超级蜂巢”。天洋整合全球最优秀资源，以“互联网思维”颠覆传统模式，跨界融合发展，力争在 10 年内成为世界一流的文化、科技集团。

梦东方的使命就是要把中国文化推向世界，并成为中国文化产业的一面旗帜。中国要有强大的文化自信，梦东方通过拥有自主知识产权的文化作品，成为中国与世界沟通的桥梁，让全世界更多的人了解中国、热爱中国。

超级蜂巢在全球率先提出打造线上硅谷平台，把全球的原创技术引入中国这个巨大的市场，集聚全球智慧，推动世界变革。

天洋控股集团始终秉持“生之于天、容之于洋、爱之于人”的核心理念，以“创新·共赢”为经营思想，以“人与社会价值的创造者”为己任，成就“百年天洋”的梦想。

6.2　野马集团有限公司

野马集团有限公司前身是1993年在阿勒泰注册的阿勒泰野马实业有限公司，2003年迁至乌鲁木齐，2009年更名为野马集团有限公司。

野马集团经历了近20年的发展，是一家涉及外贸外经、金融投资、文化旅游等跨行业、多元化发展的民营企业集团。随着新疆进入新的大发展的历史时期，野马集团也进入了快速健康发展的轨道，2011年，被自治区评定为“100户优强企业”。

野马集团传统主业为进出口贸易，主营业务为工程机械、建筑机械、重型车辆、成套设备的出口。在哈萨克斯坦、乌兹别克斯坦、俄罗斯均设有机械设备展销维修服务中心。在国内市场，与东风新汽、中国重汽、徐工集团、鸿达重工等大型生产企业建立了良好的合作关系，取得了外贸授权，成为上述企业产品出口中亚和俄罗斯的总经销商。作为传统主业，野马集团已形成了完善的外贸出口流通体系，拥有一大批优秀的外贸人才，具备较强的核心竞争力。多年来野马集团一直处于新疆维吾尔自治区外贸出口龙头地位，曾经是中国百强民营出口企业之一。公司注册商标“野马国际”在国内及中亚市场具有很高的知名度。近三年，公司累计实现进出口贸易额近15亿美元，基于长期良好的业绩和信誉，野马集团被评为“新疆银行业信贷诚信企业客户”。

2009年，野马集团在新疆首家推出外币兑换业务，迈出了进军金融产业的第一步。6年来，以新疆野马小额贷款公司、新疆野马股权投资公司、新疆野马资产管理公司为主导的金融板块，已成为集团发展的重要支撑。在海通证券的指导下，新疆野马小额贷款公司将登陆新三板；新疆野马金融板块将继续向资产收购、资产管理领域扩张，打造出集“小额贷款、股权投资、资产管理”为一体的金融企业。

7　贸易、物流

7.1　中电科技国际贸易有限公司

中电科技国际贸易有限公司是中国电子科技集团公司的全资直属子公司，是从事电子信息产品国际贸易的综合性公司，以国际市场为先导，集产品供应、系统集成、解决方案、售后服务、国内外展览为一体，以中国电子行业科研院所及高科技企业的雄厚科研、生产和服务力量为后盾，广泛服务于国民经济各个行业。

7.2　江苏省海外企业集团有限公司

江苏省海外企业集团有限公司（JOC）是1995年经江苏省人民政府批准组建的国有独资公司，大型一类企业，注册资本人民币5亿元，1996年被列为江苏省重点企业集团。经省政府授权，集团公司具有授权范围内国有资产的投资、经营和管理职能。经过不断发展壮大，集团目前已成长为年营业额超150亿元、进出口总额超16亿美元，总资产超80亿元，净资产超20亿元，集进出口贸易、实业投资、现代服务业和境外投资于一体的综合性投资集团。

JOC是江苏最大的省属进口企业，已有31年国际贸易史，2001—

2015 年累计进口 110 亿美元。进口产品主要是设备与原材料两大类，设备包含城市交通、纺织机械、医疗器械、船用设备、成套设备及市政基础设施等相关设备；原材料主要包含铁矿砂、钢铁制品、化工原料、纺织原料、造纸原料、木材、轻工原料和化工中间体等。

JOC 是江苏最大进出口企业之一。2001—2015 年，集团累计完成进出口达 185 亿美元。出口产品主要是机电设备及成套设备、电力设备、船舶、金属与化工产品、纺织服装与轻工产品、宠物用品等。

JOC 及各成员企业目前在国内员工超过 2000 人。集团所属有 5 个进出口贸易企业、6 个服务业企业、2 个仓储物流基地、11 个境内生产研发基地、11 个海外窗口公司和海外生产研发基地及海企分支机构，并已在柬埔寨、缅甸和坦桑尼亚建立了纺织服装生产基地，境外企业雇员超过 1800 人，已成为江苏企业“走出去”的一支生力军。

7.3　中国外运长航集团有限公司

中国外运长航集团有限公司（以下简称“中国外运长航”）由中国对外贸易运输（集团）总公司与中国长江航运（集团）总公司于 2009 年 3 月重组成立，总部设在北京。中国外运长航是国务院国资委直属管理的大型国际化现代企业集团，是以物流为核心主业、航运为重要支柱业务、船舶重工为相关配套业务的中国最大的综合物流服务供应商。

中国外运长航的物流业务包括：海、陆、空货运代理、船务代理、供应链物流、快递、仓码、汽车运输等；在物流领域，中国外运长航是中国最大的国际货运代理公司、最大的航空货运和国际快件代理公司、第二大船务代理公司。中国外运长航的航运业务包括：干散货运输、石油运输、集装箱运输、滚装船运输、燃油贸易等；在航运领域，是中国三大船公司之一、中国内河最大的骨干航运企业集团、中国唯一能实现远洋、沿海、长江、运河全程物流服务的航运企业。船舶工业形成以船舶建造和修理、港口机械、电机产品为核心的工业体系，在国内外享有知名声誉，年造船能力超过400万载重吨。

2012年，中国外运长航集团的营业收入为1066.78亿元，截至2012年年底，资产总额为1229.33亿元，企业员工总数7万余人。中国外运长航集团自有车辆5700余辆，仓库堆场占地面积1200余万平方米，铁路专用线47条、55千米，自有码头90余个、泊位300余个、岸线75千米，拥有和控制各类船舶运力达1300余万载重吨。中国外运长航控股三家A股上市公司（外运发展、长航油运、长航凤凰），两家香港上市公司（中国外运、中外运航运），下属境内外企业730余家，网络范围覆盖了全国30个省、自治区、直辖市，以及中国香港、中国台湾和韩国、日本、加拿大、美国、德国等50余个国家和地区，与400多家知名的境外运输与物流服务商建立了业务代理和战略合作伙伴关系。

中国外运长航是中国物流标准委员会审定的，中国唯一的集团整体5A级（中国最高级）综合服务型物流企业。中国外运长航致力于成为服务全球、世界一流的中国综合物流企业。

7.4　广东省五金矿产进出口集团有限公司

广东省五金矿产进出口集团有限公司成立于1953年，是一家专业经营外贸进出口业务的公司。历经半个多世纪的拼搏和发展，集团公司始终遵循“质量第一、信誉第一、优质服务”的宗旨，与世界各大洲的120多个国家和地区的上千家知名企业建立了密切的贸易关系。

集团主要经营各类钢材、建筑材料、非金属矿产品、五金制品、有色金属等的进出口贸易，同时还开展国内贸易、生产加工、物业租赁、仓储运输、合作经营、转口贸易等多种经营，拥有“五羊”牌水泥、“长城”牌水磨石粉、“GRAND”牌镀银器皿及不锈钢洗涤槽、“钻石”牌铸铁制品等在国内外享有盛名的品牌群，其中“GRAND”被评为“广东省著名商标”以及“重点培育和发展的广东省出口名牌”，在同行业中领先并具明显的竞争优势。自1990年至今，集团公司一直位居“全国进出口额最大的500家企业”行列，年进出口总额3亿—5亿美元，年销售收入达到40多亿元人民币。

2000年公司通过ISO9001：2008国际质量体系认证，2002年全面实施ERP系统管理，建立和完善了现代企业制度，多次被授予“全国质量效益型先进企业”及“中国广州最具诚信度、最具竞争力服务业”等荣誉称号，并被评为“连续十年守合同重信用企业”，连年获得省级表彰奖励，赢得各界的信赖和赞誉。

为贯彻实施国家“走出去”的发展战略，集团公司于2007年11月与合作方签订了合资经营协议，共同出资1.5亿元人民币在越南投资建设钢铁厂项目圣力（越南）特钢有限公司，生产销售钢坯、螺纹钢等钢材产品，使集团公司由国内经营走向国际化经营，在转型发展上取得重要进展。

7.5　中国有色金属进出口江苏公司

中国有色金属进出口江苏公司于1984年12月经中国有色金属工业总公司批准成立，2010年7月进入江苏国信集团，注册资本2.6亿元。公司的主营业务为进出口贸易，经营冶金、有色金属产品及设备的进出口业务和进料、来料加工业务。2005年公司全资收购了中国冶金进出口江苏公司，并于2007年8月将其改制更名为江苏冶金进出口有限公司。

公司经营的主要产品包括稀土类，钢铁系列，铜、铝、铁合金类，锗、钨、钼、铟、钴、锶、铋等稀有金属及其加工产品。围绕主营业务，公司积极实施多元化发展战略，先后投资参股四家生产企业，坚持走内外贸相结合的道路。

经过30多年的发展，公司已经具备一定的综合实力，在全国有色金属行业同类企业中各项经济指标领先，连续17年被中国银行江苏省分行评为A类特优企业。

7.6　中国石油国际事业有限公司

中国石油国际事业有限公司作为中国石油天然气股份有限公司全资子公司，于2002年1月18日注册成立，注册资金140亿元人民币。公司主要职责是经营原油、成品油、天然气、石化产品进出口及转口、节能减排等国际贸易业务，负责组织实施中国石油境外除勘探开发项目以外的石油加工、储运码头设施、终端销售网络的建设和经营管理，以及境内沿海沿边口岸原油、成品油商业储备库和原油码头的建设与经营管理。

公司依托中国石油雄厚实力，积极开拓国际市场，增加贸易技术含量，延长贸易价值链，创新贸易方式，丰富贸易手段，国际贸易业务获得快速稳健发展。贸易方式包括进出口、转口、海外委托加工、油品炼制、调兑、仓储、运输和批发零售等多种形式。国际贸易业务已涉及80多个国家和地区，交易品种上百种。

公司积极搭建营销网络，在全球资源集散地和金融中心及境内主要沿海和陆路口岸设置多家分支机构，为拓展国际贸易创造了有利条件。

公司积极开展集仓储设施、炼制加工、油库码头、运输为一体的海外油气运营中心建设，通过兼并、收购、投资、参股等多种形式在境内外主要资源地、消费地建设石油仓储、运输等设施，为国际贸易稳健发展提供有力支持。

7.7　新疆三宝实业集团有限公司

新疆三宝实业集团是自治区骨干外贸企业之一，在国内外拥有20余家全资或控股企业。三宝一直与中亚各国特别是哈萨克斯坦开展进出口业务，目前已发展成为以对外贸易为主，集对外国际工程总承包、生产加工、仓储物流、旅游购物为一体的综合性外贸企业。具有商务部批准的对外承包工程业务经营权，是中国在哈萨克斯坦“中国工业园区建设项目”的承办方。

近年来，三宝累计对哈出口车辆及工程机械4000余辆（台），多项产品填补了中国出口中亚市场的空白。先后承接国外大型工程项目 21 项：其中年产 3 万公吨聚丙烯、25000 公吨/年 MTBE 项目填补了哈萨克斯坦国石油化工领域的空白，开创了新疆大型石油化工成套设备出口并在国外建设工程项目的先河。

2003 年三宝涉足哈国和中亚及俄罗斯油气田石油勘探开发项目合作，石油工程技术服务，与哈国石油公司共同开发阿克纠宾斯克州拜加宁油田，出口配套车装钻机开展钻井技术服务。

2004 年三宝出口的 5000 标准立方米/小时空分设备目前仍是哈萨克斯坦先进的空气分离装置，该项目对哈国的冶金工业具有积极助推作用。

2006 年三宝与国内钻机生产厂合作共同参与研制开发的低温耐寒石油钻机出口俄罗斯西伯利亚地区托木斯克油田（ZJ50L 1 台，ZJ40L 3 台），奠定了公司向俄罗斯出口大型设备的基础，近期又向哈国出口 3 台交流变频电驱动拖挂式钻机。

2008 年三宝承建的“科克其套”水泥厂项目是哈萨克斯坦国家级重点项目，也是目前中亚生产能力、技术水平最高的水泥厂。同年，在乌鲁木齐市经济技术开发区和高新区开始建造铝制品和石油钻机及配套设备的两家生产型企业，其产品将全部销往中亚各国。

目前，三宝已投入运营的博尔塔拉蒙古自治州三宝生物科技有限公司的卤虫卵产品达到国际先进水平，占国内销售市场份额的 2/5 左右。

集团 2013 年进出口额为 10.98 亿美元，是中国外贸 200 强企业之一，连续 10 年被自治区外经贸厅评为“先进外贸企业”“十佳边贸企业”，是海关总署核定的“A 类通关企业”和“红名单”企业，被税务机关核定为“A 类纳税企业”，被金融系统授予“AAA”级信誉企业，2007 年 1 月被评为新疆十大知名商贸企业，2008 年 1 月被授予全国商务系统先进集体，是自治区“百强优势企业”。

7.8 新疆八钢国际贸易股份有限公司

新疆八钢国际贸易股份有限公司成立于1996年9月，原为新疆八一钢铁集团有限责任公司的全资子公司——新疆中钢冶金进出口阿拉山口公司，2002年8月经改制设立为新疆阿拉山口口岸工贸股份有限公司，2009年7月更名为新疆八钢国际贸易股份有限公司。公司现为宝钢集团新疆八一钢铁有限公司的控股子公司，注册资本为9000万元人民币。

公司主要经营各类冶金原燃料的进口和钢材出口，目前客户已涉及中亚、俄罗斯、南亚、东欧等10多个地区和国家。进口品种主要包括球团矿、铁精粉、铁矿石、硅锰合金、高碳铬铁、锰矿、热压块、铬矿、焦煤等，在保障八钢公司、宝钢集团生产所需的基础上，还实现了对外销售；出口钢材主要包括建材、窄带钢、热轧板、冷轧板、镀锌板和彩涂板等产品，客户分布在俄罗斯、哈萨克斯坦、乌兹别克斯坦、土库曼斯坦、吉尔吉斯斯坦、阿富汗、伊朗、印度、阿联酋、尼泊尔、波兰等国家。

公司具有自理、代理国际货运资质，在新疆的阿拉山口、霍尔果斯、老爷庙、青河等口岸以及内蒙古的满洲里口岸通过陆运货物进口和通关，并在北仑、镇江、防城港、京唐港、青岛、天津等海运港口开展进出口业务。经过多年与哈萨克斯坦、乌兹别克斯坦、俄罗斯供应商的合作，在上述三国客户中树立了良好的信誉，并在当地设有办事机构。

随着宝钢集团、八钢公司战略布局的调整，新疆八钢国际贸易股份有限公司将利用独特的地缘优势，成为八钢公司乃至宝钢集团一个有力的资源支撑点。公司也将积极利用宝钢集团、八钢公司的平台，立足中亚和蒙古国以及俄罗斯等周边地区不断做大做强，实现跨越式发展，打造成为国内十大钢铁资源进口公司之一。

7.9 淮北皖宏贸易有限公司

淮北皖宏贸易有限公司是以煤炭、焦炭物流为主的企业，年贸易额近2亿元。公司下属2个二级公司，分别经营印刷包装和建筑工程产业。目前，公司为了响应国家淘汰过剩产能企业，正着手转型向新能源产业迈进。公司将紧跟“一带一路”的投资建设，在国际化进程中加快企业的发展。

7.10　新疆亚欧国际物资交易中心有限公司

新疆亚欧国际物资交易中心有限公司于2010年8月由新疆新西亚石油化工有限公司、商务部中国国际电子商务中心、新疆农资集团北疆农家乐股份有限公司共同出资组建。

亚欧国际致力于在“上合组织”框架内寻求区域贸易便利化。开通了“中国—乌兹别克斯坦”网上跨境商品竞拍所集成的各种商品交易系统，实现在线买卖乌兹别克斯坦大宗商品物资；实现了“跨境竞价拍卖”“跨境征信”“跨境结算”“跨境物流”等贸易金融服务，并以“中—乌”跨境交易系统为起点，将逐步接入俄、哈等国；其保税物流园区配套项目获得乌鲁木齐海关批准，并于2008年开工建设，2009年4月正式封关运营。保税物流园区将成为地区性的出境物资集货基地、进口物资的转运基地、生产资料的供应和配送基地、货品储存基地和综合配送中心、快速通关的物流基地。保税物流中心为大宗商品交易提供了硬件支撑，有力地支撑了奎屯市国家电子商务示范基地建设。

2012年，“亚欧国际物资交易平台”中俄文系统完成对接，与俄罗斯、哈萨克斯坦等中亚国家实现电子商务合作，奎屯市也在当年被商务部确定为首批国家电子商务示范基地（全国唯一的县级基地）。

2014年，在国家出口形势严峻的情况下，企业积极开拓内地市场，平台完成交易额7800多万元。

2014年6月，作为亚欧国际跨境交易平台配套服务，奎屯公共保税物流园区（509亩）建成并投入使用，“一关两检”封关运营。

为把新疆奎屯市真正打造成面向中亚国家的物流集散地，自治区联合国家有关部委，于2015年1月29日开通了“奎屯—格鲁吉亚”首趟西行班列，2015年3月11日首趟发往吉尔吉斯斯坦比什凯克专列成功出港。西行班列的开通，为亚欧国际大宗国际物流服务提供了有力的支撑。

目前，亚欧国际物资交易平台正在与国家“一带一路”经济带进行对接，借助国家对新疆经济发展的大力支持，借助中乌经委会达成的共识，按照互联互通、西进东出的战略规划和模式，全力打造跨境大宗商品电子交易中心的升级版，辐射中亚五国和欧洲，成为架起中国企业和国外企业合作共赢的桥梁。

7.11 天津世纪五矿贸易有限公司

天津世纪五矿贸易有限公司是由公司本部、出口生产基地、境内外营销公司及境外代表处构成的大型专业化进出口公司。天津世纪五矿前身是天津五矿，2004年改为股份制企业，主要出口焊材、五金制品、耐火材料等。公司的自主品牌——“永久”牌是中国驰名商标。公司在国际上声誉良好，销售市场遍及东南亚、中东、拉美、非洲、大洋洲和欧美。

天津世纪五矿的主项商品均通过了国内外权威机构的质量认证，其中“永久牌”“MT－12”牌电焊条在中国率先通过了美国船级社（ABS）、法国船级社（BV）、中国船级社（CCS）、挪威船级社（DNV）、英国劳埃德船级社（LR）、德意志劳埃德船级社（GL）和日本海事协会（NK）共七国船级社的质量认证。

天津世纪五矿不仅拥有自己的生产基地，还与国内外数百家厂矿企业建立了长期稳定的合作关系，并且在东南亚、中东、澳洲和拉丁美洲等地区设立有子公司和境外代表处，形成了覆盖国内外市场的完整的销售体系。同时，公司还与科研机构保持着技术和信息共享，积极进行产品研发。凭借优质的产品和服务，公司与世界上众多国家和地区的客户保持着良好的业务往来，建立了长期的互惠互利的合作关系。

天津世纪五矿始终将满足客户需求作为经营宗旨，已通过挪威船级社（DNV）ISO9001：2008质量管理体系认证。公司按照现代企业制度要求建立了新型的企业管理体系，实现了现代化、信息化、规范化管理，企业核心竞争力不断提高。

7.12　中国电子进出口总公司

中国电子进出口总公司（CEIEC）成立于1980年4月。CEIEC具有国际贸易、国际工程总承包、招标代理、对外劳务合作、展览广告等多种业务的甲级经营资质。2015年年底，CEIEC总资产达298.91亿元人民币，当年实现销售收入375.3亿元人民币，已与全球160多个国家和地区建立广泛的业务合作。当前，CEIEC的战略重点立足于打造防务系统集成、公共安全集成、海外工程集成、贸易服务集成四大主业。

防务系统集成业务为客户顶层设计、集成和建设现代化电子防务系统，集综合产品验证、大型系统项目集成、关键软件与核心设备研发生产、海外高技术人员培训于一身，防务电子海外工程集成业务是CEIEC为响应国家“走出去”战略的号召而打造的核心业务。通过10多年的打拼，CEIEC目前已拥有工程规划、设计和监理、成套设备采购、项目建设和管理的综合集成能力。在能源开发、基础设施、文体会展、工业安装、信息工程和现代化农业等领域拥有丰富的项目管理经验。2008—2015年，CEIEC多次被国际工程领域权威杂志《工程新闻纪录》（ENR）评为全球250家最大的国际工程承包商之一。

贸易服务集成业务整合了CEIEC招标代理业务、国际贸易业务、展览广告和现代物流业务，通过为用户提供一体化的、量身定制的解决方案，在商品流通价值链的多个环节同步提升运作效率，实现多方共赢。信息系统顶层设计和集成领域正发挥着不可估量的作用。

7.13　中国成套设备进出口（集团）总公司

中国成套设备进出口（集团）总公司（中文简称中成集团，外文简称 COMPLANT）成立于 1959 年 11 月，是国家开发投资公司的全资子公司。

公司注册资本 10.14 亿元。拥有 8 家全资子公司、6 家控股子公司、2 家分公司。控股中成进出口股份有限公司（A 股上市公司）、华联国际糖业公司（H 股上市公司）。

公司主要业务一是国际合作（包括援外，国际承包工程、劳务，成套设备出口及相关服务业务）；二是境外糖业的投资与租赁经营（包括以糖联业务为基础的产业链延伸）；三是符合国家开发投资公司发展战略的国际市场开发业务。

公司成立以后，长期受政府委托统一组织实施中国政府对外经济技术援助项目，同世界上 100 多个国家和地区的政府及工商界建立了良好的关系，建成了一大批各类对外工程成套项目，赢得了广泛赞誉。公司业务分布在 50 多个国家和地区。境外糖联业务主要分布在多哥、贝宁、塞拉利昂、马达加斯加和牙买加，拥有 8 家糖联投资与租赁经营企业。

7.14 安徽省外经建设（集团）有限公司

安徽省外经建设（集团）有限公司是以经营国际工程承包、境外矿产资源开发、房地产开发、珠宝加工、连锁超市、连锁酒店、建材加工和温泉旅游度假等业务为主的大型综合性企业，具有房屋建筑工程总承包和机电安装工程总承包一级、装修装饰专业承包一级、公路工程施工总承包二级和房地产开发二级等企业资质，并通过了 ISO 质量管理体系、环境管理体系和职业健康安全管理体系认证。

公司自成立以来，积极响应国家“走出去”的战略号召，先后在非洲、欧洲、亚洲、中南美洲和大洋洲等地区近 30 个国家圆满承建了近百个中国大中型援外项目、驻外使馆和经商处项目、中国优惠贷款项目和一系列国际工程承包项目。

公司还先后在马达加斯加、莫桑比克、多哥、科特迪瓦、津巴布韦、格林纳达、法国、比利时等20多个国家注册成立了分支机构，分别在相关国家投资开展房地产开发、宾馆酒店和大型连锁超市经营等业务。2009年，公司迈入了一个全新的领域——境外矿产资源开发，先后在津巴布韦、赞比亚、莫桑比克、刚果金等非洲国家获得了钻石矿、金矿、祖母绿矿、钛锆矿和铜矿等矿产资源的特许勘探和开采权，其中在津巴布韦已建成投产了安津和津安两大矿区。近年来，公司连续四届被评为“全国文明单位”，连续多年位列ENR全球最大250家国际承包商排行榜，并被评为全国优秀施工企业、全国外经贸先进企业、全国商务系统先进单位、中国建筑业竞争力百强企业、感动非洲十大中国企业、中国企业海外投资100强、对外工程承包及劳务输出“AAA”级信用企业、中国进出口银行“两优两贷最佳执行企业”、安徽省先进企业、安徽省百强企业、安徽省优秀建筑施工企业等称号。

7.15　中国河南国际合作集团有限公司

中国河南国际合作集团有限公司（CHICO）是一家国有独资大型外经外贸企业，公司注册资本为2亿元人民币。主要经营：国际承包工程、劳务合作、进出口贸易，提供技术服务、对外投资，承担国家对外经援项目。公司具有组织全省力量对外开展经济技术合作的职能，先后在60多个国家和地区开展了业务，并获得了优良的经营业绩。

经过30年的努力和发展，公司已经拥有了一支雄厚的包括项目工程管理、国际贸易、外语以及包括机电、纺织、粮油、轻工等各行业的高级工程师在内的技术力量队伍。国际承包工程方面，能胜任各类工业和民用建筑、道路桥梁、农田水利、电力、地质勘探、打井、城市公共设施等建设领域的工程承包业务。已经在亚洲、非洲的20多个国家和地区完成了100多个国际承包工程和对外经援项目；劳务合作方面，向30多个国家和地区提供各类劳务合作服务，建有设备配套、管理规范的外派劳务培训中心，能够根据业务需要培训各类合格的劳务人员；国际贸易方面，公司与全世界50多个国家和地区建立了密切的贸易合作关系。公司2002年的对外经营额达到8000万美元。为了大力开展国际贸易，广泛开辟国际市场，公司还在塞内加尔、尼泊尔、坦桑尼亚、尼日利亚等国设立了分公司。同时，公司还积极开展代理进出口业务，为企业提供全面周到的代理服务。

公司素以诚信为本，拥有良好的商业信誉和银行信用。已连续3年被中国银行授予AAA级单位，被郑州海关授予A类企业。

7.16　威海国际经济技术合作股份有限公司

威海国际公司是经中华人民共和国商务部批准的具有对外业务经营权的综合性企业。经过20多年的开拓进取，形成了国际工程承包、国际劳务合作、国际船务合作、房地产开发、矿产资源开发、资本运营、国际物流等多项产业协调发展的跨国经营格局，业务遍及世界30多个国家和地区，并在日本、韩国、刚果共和国、刚果民主共和国、莫桑比克等十几个国家和地区设立了分支机构，综合实力位居全国同行业前列。

公司先后被国家商务部授予“全国商务系统先进集体”，中国对外承包工程商会授予“中国对外劳务合作优秀企业奖”、对外承包工程和劳务合作“企业信用评价AAA级信用企业”“中国对外承包工程企业社会责任绩效评价领先型企业”，山东省政府授予“对外承包劳务最佳企业”，中国银行授予“一级（AAA）信用企业”等荣誉称号。凭借在国际工程承包领域的骄人业绩，公司自2007年起连续入选美国ENR评出的全球最大250家国际承包商榜单。

7.17　烟台国际经济技术合作集团有限公司

烟台国际经济技术合作集团有限公司是由国家商务部授权经营，主营业务涵盖日本技能实习生、国内外建筑工程、房地产开发、教育、金融投资、国际贸易、运动健身等，实行集团化运营。

公司成立30年来，矢志不渝地致力于“赴日研修、改变人生、出国劳务、富民强国”事业的追求和发展，在行业内享有盛誉。作为行业龙头，公司蝉联“全国对外劳务合作行业企业信用评价AAA级信用企业”（烟台市唯一一家），是中日研修生、技能实习生合作优秀派遣机构，连续多年获评“山东省外经贸优秀企业”，并荣获“烟台市对外开放30年功勋企业”等荣誉称号。

面向未来，公司将继续秉承“创造无限、诚信永远”的经营宗旨，全面加快“走出去”步伐，依托和服务于“一带一路”的国家战略，不断拓展新的发展领域，努力打造长青基业，让“烟台国际”品牌走出中国，走向世界。

7.18 中国江苏国际经济技术合作集团有限公司

中国江苏国际经济技术合作集团有限公司（以下简称中江国际）是经国务院批准成立的大型外经贸企业。

中江国际具有商务部授予的对外承包工程和劳务合作经营权、进出口贸易经营权，对外援助成套项目施工任务和对外援助物资项目A级实施企业资格。国家住房和城乡建设部颁发的房屋建筑工程施工总承包特级资质、市政公用工程总承包一级资质和建筑装修装饰工程、机电设备安装、钢结构工程、建筑智能化工程、建筑幕墙工程专业承包一级资质，消防设施工程、地基与基础工程专业承包二级资质。拥有国家中央投资项目招标代理、国家机电产品国际招标代理、中央单位政府采购招标业务代理、工程招标代理机构四项招标代理甲级资质。

中江国际始终坚持实施“走出去”战略，大力开展国际经济技术合作，推进国际化、多元化经营，逐步形成以国际国内工程承包、工程咨询服务、房地产开发、对外劳务合作、进出口贸易为主体的业务构架。已在海外设立30多家办事处、分公司，在世界上近100多个国家和地区开展业务。中江国际连续19年被美国《工程新闻记录》评为“全球最大的225家承包商”之一，近年先后被评为全国“对外承包工程和劳务合作”双优奖企业、“中国建筑业竞争力百强企业”“中国对外劳务合作十大优秀企业”“中国500家最大服务行业企业”“江苏省服务业名牌企业”“全国守合同重信用企业”“对外承包工程和对外劳务合作行业AAA级信用企业”。

7.19　中国大连国际经济技术合作集团有限公司

中国大连国际经济技术合作集团有限公司是经中华人民共和国国务院批准成立，是以对外经济、技术合作业务为主的综合性大型国有企业集团。

公司业务涉及工程承包、国际劳务合作、房地产开发、远洋运输、国际贸易、远洋渔业、生物制药等领域，在新加坡、苏里南、俄罗斯、加蓬、几内亚、塞拉利昂、阿根廷、西班牙、韩国和日本等国进行投资并设立了分支机构，与世界30多个国家和地区的数百家客户建立了友好、稳定的经贸合作关系。

公司构建了公司制的现代企业管理体制，拥有一支千余人的高素质、专业化员工队伍，形成了“携手合作、立业五洲”的企业精神。经过多年发展，公司逐步树立起良好的品牌形象，被评为国家级“守合同、重信用”单位。

7.20　中国山东国际经济技术合作公司

中国山东国际经济技术合作公司是经国务院批准成立的大型外经企业集团，2008年成为山东省最大的国有企业山东高速集团的全资子公司，主营业务涵盖境外投资、国际承包工程、国家经援项目承建、人力资源合作与交流、留学、培训等多个领域，在境外投资建设的基础设施项目遍及五大洲106个国家和地区，在国际市场上具有较高声誉。

多年来，公司依托山东高速集团雄厚的实力背景，凭借一批优秀的国际商务、工程、投资管理人才，以及多年积累的对外经济合作经验，积极开拓国际市场，广泛开展国际合作，通过转方式、调结构，深化转型升级，在经济发展的浪潮中迅速崛起。作为山东高速集团实施国际化战略的平台和窗口，正积极开拓国际港口、路桥、能源、农业、国际人才交流和培训等领域业务。

公司通过了 ISO9001 质量管理体系、ISO14001 环境管理体系、OHSAS18001 职业健康安全管理体系国际认证，先后获得“中国 500 家最大服务企业第 41 名”“海关信得过企业”“中国对外承包劳务最大 50 家公司之一”“山东省最佳对外承包劳务企业”等荣誉称号。公司作为中国对外承包工程商会理事和国际公司工作委员会副会长、山东省对外承包劳务商会会长，为推动中国与世界各国经济技术合作做出了重要贡献。

7.21　中国江西国际经济技术合作公司

中国江西国际经济技术合作公司是 1983 年经国务院批准成立，隶属于江西省人民政府的大型综合外向型国有企业。公司主要经营境内外工程承包、境内外房地产开发、对外劳务合作、矿产资源开发、对外贸易、建筑设计和设计咨询，承担国家对外经济援助项目等。

具有建筑工程、市政公用工程施工总承包一级资质和中国政府对外援助项目实施 A 级资质，具有水利水电工程、市政公用工程、机电设备安装工程、电梯安装工程、体育场地设施工程等十余项施工总承包和专业承包资质，在博茨瓦纳、津巴布韦、赞比亚、肯尼亚、加纳等国家取得水利工程、设计、土建工程、道路桥梁等十余项当地最高等级总承包资质。

公司在国际工程承包领域享有较高的知名度，连续两次获得中国对外承包工程和劳务合作两个“AAA”级信用等级评价，荣获中国对外承包工程企业履行社会责任金奖。2015 年，公司获评对外承包工程企业社会责任绩效评价领先型企业。自 2003 年以来连续 12 年入选全球 250 家（2012 年以前为 225 家）最大国际承包商行列，且位次不断前移，2015 年列第 112 位。

7.22 中国沈阳国际经济技术合作有限公司

中国沈阳国际经济技术合作有限公司于1984年经中华人民共和国国务院批准成立，为沈阳市人民政府直属国有企业。公司是沈阳市唯一一家开展综合类对外经济技术合作业务的专业公司。主要从事国内外承包工程、国家援外工程、境内外投资经营、对外劳务合作、进出口贸易等业务。

公司具有中国政府对外援助项目实施A级资质，对外援助物资项目实施B级资格。获得国家建设主管部门颁发的房屋建筑工程施工总承包、市政公用工程总承包、机电安装工程总承包、建筑装修装饰工程、建筑智能化工程、钢结构工程等一级或专业承包资质；在塞舌尔、喀麦隆、科摩罗、多哥、阿尔及利亚、布基纳法索、蒙古、越南、柬埔寨等国具有房建、路桥的总承包资质。公司通过了质量管理体系ISO9001：2008、环境管理体系ISO14001：2004、职业健康安全管理体系GB/T28001—2001认证。

公司成立以来，以其自身的实力和特色同世界70多个国家、地区的客户建立了经济技术合作关系，在亚、非、拉等30多个国家承建了200余项工业民用建筑、水利电力、港口、市政公用工程等国际承包和国家援外工程项目，先后向日本、韩国、新加坡、约旦、沙特、美国、俄罗斯、澳大利亚等国家和地区派遣各类劳务人员7万余人次，与多个国家开展了境外合资合营、进出口贸易业务。近年来公司大力开展国内工程开发、建设，境内外业务累计实现营业额30多亿美元。并连续多年入选全球225家最大国际承包商，所承担的国家援外工程均被评为优良工程。

7.23 江阴恒阳化工储运有限公司

江阴恒阳化工储运有限公司是一专业石化仓储企业，公司紧邻长江并配有5万吨级的石化码头，水陆交通便捷。

恒阳化工罐区总占地13万平方米。目前共有储罐49座，库容

139600 立方米。恒阳罐区占地 6 万平方米，建有储罐 27 座，总容量 6.8 万立方米，单罐容量从 900 立方米到 5700 立方米，储罐材质有碳钢、316L 和 304 不锈钢，有自动氮封罐、加热保温罐和内浮顶罐，可以储存各类化工产品。

恒阳化工库区采用全新专业信息化管理，具有远程实时查询功能，客户可以随时查询自己租用储罐的库存及发货情况。库区由国外著名专业公司协助管理，设有专业的产品质量检验设备，高精度多头自动灌桶机等一系列先进设备。

恒阳化工库区配套码头是一类国际开放码头，最大靠泊能力可达 5 万吨，通向罐区的管道为配有加热保温装置的不锈钢管，可输送各类液体产品，未来将积极向“一带一路”国家推广并发展。

8　基建

8.1　中国铁建股份有限公司

中国铁建股份有限公司（英文简称 CRCC）前身是铁道兵，由中国铁道建筑总公司独家发起设立，于2007 年 11 月 5 日在北京成立，为国务院国有资产监督管理委员会管理的特大型建筑企业。2008 年 3 月 10 日、13 日分别在上海和香港上市。

中国铁建拥有经中国建设部核准的施工总承包特级资质 19 项，铁路工程施工总承包特级资质 17 项，高居行业首位；中国建设部核准的施工总承包一级资质 251 项，专业承包一级资质 324 项；中国建设部核准的施工资质专业类别 44 个，覆盖面广泛。中国建设部核准的水利水电一级资质 20 项，是中国少数拥有众多该等资质的大型企业之一。中国铁建在香港地区和尼日利亚、阿拉伯联合酋长国、阿尔及利亚、以色列、土耳其、肯尼亚、沙特阿拉伯、坦桑尼亚和博茨瓦纳等国家和地区均取得了当地经营的最高资质。

中国铁建是中国乃至全球最具实力、最具规模的特大型综合建设集团之一，2014 年《财富》“世界 500 强企业”排名第 79 位、“中国企业 500 强”排名第 11 位，2013 年度“全球最大 250 家工程承包商”排名第 1 位。公司业务涵盖工程建筑、房地产、工业制造、物资物流、特许经营、矿产资源及金融保险。经营范围遍及除台湾地区以外的全国 31 个省（市）、自治区和香港、澳门特别行政区以及世界 80 多个国家和地区。

8.2　中国交通建设股份有限公司

中国交通建设股份有限公司成立于 2006 年 10 月 8 日，是经国务院批准，由中国交通建设集团有限公司整体重组改制并独家发起设立的股份有限公司，并于 2006 年 12 月 15 日在香港联合交易所主板挂牌上市交易，是中国第一家成功实现境外整体上市的特大型国有基建企业。2012 年 3 月 9 日，中国交建在上海证券交易所挂牌交易。

中国交建是世界 500 强企业，主要从事公路、桥梁、港口、码头、航道、铁路、隧道、市政等基础设施的勘察、设计、建设、监理，港口和航道的疏浚，海洋重型装备与港口机械、筑路机械的制造，以及交通基础设施投资、城市综合体开发运营和房地产开发业务等，拥有 60 多家全资、控股子公司，业务足迹遍及世界 120 余个国家和地区。在 2015 年 7 月 22 日美国《财富》杂志最新公布的 2015 年世界 500 强排行榜中，中国交建以 601.19 亿美元的营业收入位列第 165 位，比上年提升了 22 位，继续保持在世界 500 强企业的中前列位置；在入选的中国企业（包括香港、台湾）中排名第 30 位，在国务院国资委监管的中央企业中排名第 17 位。目前，中国交建位居 ENR 全球最大 250 家国际承包商第 5 位，首次跃入前 5 名行列，连续 9 年位居中国上榜企业第 1 名。在全球最大 150 家设计企业中排名第 8 位。在国务院国资委监管的 113 家中央企业中，营业收入列第 17 位，利润总额列第 16 位，净利润列第 14 位，连续 10 年获评国务院国资委经营业绩考核 A 级企业。公司是全国创新型企业，连续三个中央企业考核任期获“创新企业奖”。

中国交建是中国最大的港口设计及建设企业，设计承建了新中国成立以来绝大多数沿海大中型港口码头；世界领先的公路、桥梁设计及建设企业，参与了国内众多高等级主干线公路建设；世界第一疏浚企业，拥有世界最大的疏浚船队，耙吸船总舱容量和绞吸船总装机功率均排名世界第一；全球最大的集装箱起重机制造商，集装箱起重机业务占世界市场份额的78%以上，产品出口 86 个国家和地区的近 200 个港口；中国最大的国际工程承包商，中国交建（CCCC）、中国港湾（CHEC）、中国路桥（CRBC）、振华重工（ZPMC）等标志性品牌享誉全球；中国最大的设计公司，拥有 13 家大型设计院、8 个国家级技术中心、18 个省级技术中心、5 个交通行业重点实验室、8 个博士后科研工作站；中国第三大高速公路投资运营商，投资高速公路里程已超过 2000 公里；中国铁路建设的主力军，先后参与了武合铁路、太中银铁路、哈大客专、京沪高铁、沪宁城际、石武客专、兰渝铁路、湘桂铁路、宁安铁路等多个国家重点铁路项目的设计和施工；创造诸多世界“之最”工程，公司设计承建了全球 10 大集装箱码头中的 5 个、世界 10 大斜拉桥中的 5 座、世界 10 大悬索桥中的 4 座和世界 10 大跨海大桥中的 5 座，上海洋山深水港、苏通长江大桥、杭州湾跨海大桥，以及正在实施的港珠澳大桥等工程，均代表了世界最高水平。

8.3　中国建筑股份有限公司

中国建筑股份有限公司是由中国建筑工程总公司、中国石油天然气集团公司、宝钢集团有限公司、中国中化集团公司 4 家世界 500 强企业共同发起，于 2007 年 12 月 10 日正式创立，并于 2009 年 7 月 29 日在上海证券交易所成功上市。

中国建筑传承了中国建筑工程总公司的全部资产和企业文化。主营业务包括房屋建筑工程、国际工程承包、房地产开发与投资、基础设施建设与投资以及设计勘察五大领域。

中国建筑是中国最大的建筑房地产综合企业集团，中国最大的房屋建筑承包商，长期位居中国国际工程承包业务首位，是发展中国家和地区最大的跨国建筑公司以及全球最大的住宅工程建造商。

中国建筑是中国专业化经营历史最久、市场化经营最早、一体化程度最高的建筑房地产企业集团之一，截至2014年5月，中建股份及所属子公司拥有各类施工、勘察、设计、工程监理、工程造价、工程咨询等经营资质共计770个。中国建筑股份有限公司具有房屋建筑、公路工程、市政公用总承包三个特级资质，是国内唯一一家同时拥有“三特”资质、“1+4”资质和建筑行业工程设计甲级资质的建筑企业，在资质方面位列全国建筑行业之首。

中国建筑始终以科学管理和科技进步作为企业发展的两个重要推动，截至2013年年底，中国建筑获得国家科学技术奖60项，詹天佑土木工程大奖45项，国家级工法141项，授权专利4396项，其中发明专利333项，主编国家和行业标准57项，组织通过验收国家级科技推广示范工程64项，承担国家科研课题108项，获得经费支持5.2亿元。

8.4 中国海外集团有限公司

中国海外集团（China Overseas Holdings Limited，COHL）1979年6月在香港成立，隶属于中国建筑工程总公司，业务领域以建筑、地产和基建投资为主体，经营地域遍布香港地区、澳门地区、中国内地及阿联酋和印度的许多城市，现有员工14000余人。

截至2009年6月，累计承接各类工程816项，合约总额5816亿港元；发展房地产、投资基建及实业239项，计划总投资2080亿港元；累计完成营业额2415亿港元；累计实现利润190亿港元；资产总值997亿港元，资产净值318亿港元。

1992 年 8 月，集团之旗舰中国海外发展有限公司（中国海外：0688. H）在香港联合交易所公开上市。2005 年 7 月，集团成功分拆建筑业务，旗下中国建筑国际集团有限公司（中国建筑：3311. HK）在香港联合交易所公开上市。2007 年 12 月，中国海外（0688. HK）正式纳入香港恒生指数成分股。

中国海外集团在香港承接建设了许多具有历史价值的规模性工程项目，兴建了无数与市民生活息息相关的公营房屋、私人住宅楼宇、医疗机构、文化设施、公共建设、酒店、桥梁、道路等。

中国海外集团拥有可以竞投投标额不受限制的楼宇建筑、海港工程、道路与渠务、地盘开拓和水务工程五项最高级别的施工牌照（简称 5 块 C 牌）。其中，被国际权威机构评为 20 世纪全球十大建筑的香港新机场客运大楼、香港西九龙填海造地、中国人民解放军驻香港海军基地、中环填海、后海湾干线、迪士尼基建等，均为香港同期同类项目中最大的工程。尤其是合约额 101 亿港元的香港新机场客运大楼工程，被国际权威机构评为世界 20 世纪之十大建筑之一。

8. 5　中建钢构有限公司

中建钢构有限公司是中国建筑股份有限公司旗下集研发、设计、制造、安装、检测业务一体化发展的大型全产业链钢结构专业集团企业，是国家高新技术企业。公司是国家建筑钢结构工程制造、安装定点企业和中国建筑金属结构协会副会长单位。具有房屋建筑工程施工总承包一级、钢结构工程专业承包一级、钢结构制造特级、建筑金属屋（墙）面设计与施工特级、钢结构工程设计专项甲级资质，取得中国进出口经营权资格证书，通过了 ISO9001、ISO14001、OHSAS18001 “三标一体”认证。

中建钢构以承建“高、大、新、尖、特、重”工程著称于世，并创造了国内钢结构施工史上“最早”“最高”“最大”“最快”的业绩。

1985 年承建的深圳发展中心大厦是国内第一座超高层钢结构建筑，上海环球金融中心是中国已建成的最高建筑，武汉绿地中心是中国在建第一高楼，中央电视台新台址主楼是世界上面积最大的钢结构办公楼和中国最大的单体钢结构建筑，在深圳地王大厦和广州国际金融中心（西塔）施工中先后创造了“两天半一层楼”和“两天一层”的世界高层建筑施工新纪录。

中建钢构经营区域覆盖全国，并进入了中国港澳及南亚、中东、北非、澳洲、北美市场。承建了一大批体量大、难度高、工期紧的标志性建筑，形成了以上海环球金融中心、广州西塔等为代表的商业大厦系列，以深圳宝安国际机场、广州白云国际机场、武汉火车站等为代表的空港车站系列，以北京奥林匹克体育中心主体育场、深圳第 26 届世界大学生夏季运动会主体育场为代表的体育场馆系列，以重庆国际博览中心、深圳会展中心、广州白云会议中心为代表的会展中心系列，以中国电影博物馆、广州歌剧院、深圳文化中心为代表的文化设施系列，以河南广播电视塔、澳门观光塔为代表的塔桅构筑系列，以广州飞机维修库、深圳 IBM 厂房为代表的工业厂房系列，以重庆江津粉房湾长江大桥、武汉江汉六桥为代表的路桥工程系列。此外，还承建了以香港环球贸易广场、澳门新葡京酒店、迪拜地铁、巴基斯坦贝·布托国际机场、阿布扎比国际机场、阿尔及利亚大清真寺、科威特国民银行为代表的海外工程。公司在江苏、广东、湖北、四川、天津等地投资设立了五大现代化钢结构制造厂，并正在打造国家级研发设计院以及国家级钢结构实验检测中心。

8.6　中国中铁航空港建设集团有限公司

中国中铁航空港建设集团有限公司是世界双 500 强企业——中国中铁股份有限公司的全资子公司，由原中铁一局集团一公司、中铁三局集团一公司、中铁建工集团北京公司和原中国航空港建设总公司通过重组整合，于 2010 年 10 月转型升级为大型综合性建筑企业集团。

公司下辖一、二、三、北京、辽宁、颐和监理、中铁润达、天翔房地产公司8个子公司，机场、深圳、杭州、四、五、六、七、八、设计分公司9个分公司和东北、华北、华中、西北、华东、西南、华南7个区域指挥部。在册员工8000余人，一、二级注册建造师460余人，专业技术和管理人员近4000人，具有房屋建筑工程施工总承包特级、铁路工程施工总承包特级资质；公路、市政公用、机电设备安装工程施工总承包一级资质；城市轨道交通工程专业承包资质；公路路基、路面、桥梁、隧道、土石方、钢结构、机场场道工程专业承包一级资质；建筑装饰装修工程设计与施工一体化一级资质；矿山工程施工总承包三级资质；建筑行业设计甲级、铁道行业设计甲II级资质；测绘乙级资质、房屋建筑工程监理甲级和航天航空工程监理甲级资质。公司可承建房建、公路、铁路、市政公用、城轨、港口与航道、水利水电、矿山工程施工总承包、工程总承包和项目管理及开展设计主导专业人员齐备的施工图设计业务。具有对外承包工程资质和进出口贸易权。通过了ISO9001质量管理体系、ISO14001环境管理体系、GB/T28001职业健康安全管理体系认证，拥有AAA级资信，具备年营业额200亿元以上的施工能力。

公司所属子、分公司均为共和国基本建设战线的劲旅，先后参加了国内外120余项长大铁路干线、客运专线及高速铁路工程建设，新建、改建、扩建铁路4300余公里；参加了国内外140余项高等级和高速公路工程建设，完成新建、改建、扩建公路700余公里；承建了国内外数百项工业与民用建筑及国家重点公共设施工程；承建了30多项机场新建、改建、扩建工程，以及40多项市政工程、地铁工程和城市轨道交通工程，30多项大跨度、高难度、新工艺的钢结构工程，50多项装饰装修工程和10余项大型水利水电工程，为国内外铁路、公路、城市交通、军用及民用机场、工业与民用建筑、水利水电工程建设作出了卓越的贡献。

8.7　中铁十七局集团有限公司

中铁十七局集团有限公司前身为铁道兵第七师，是中国铁建股份有限公司全资的大型建筑施工企业。

中铁十七局集团公司是铁路工程和房屋建筑工程施工总承包特级企业，并具有公路、市政公用、水利水电工程施工总承包一级资质和路基、桥梁、隧道、机场场道工程专业承包一级资质及城市轨道交通工程、地质灾害治理甲级等资质；拥有承包境外工程、勘测、设计、监理项目、设备材料进出口和对外派遣劳务等经营权。

集团公司累计建成铁路5100公里、公路4000公里、隧道500公里、桥梁2930公里，各类房屋400万平方米，在铁路客专、高铁施工及城市轨道建设领域具有较强的技术装备实力。近年来，先后参加了宁杭、京沪、郑西、杭甬、成都至重庆等25条铁路客运专线和高速铁路建设。近几年，设备更新投入达21.96亿元，全集团拥有16套32米900吨箱梁预制生产线、4套T梁预制生产线，拥有10套桥梁提运架设备、12套移动模架、5套无碴轨道板生产线、33条（4种类型）无碴轨道板铺设作业线、12套城市地铁盾构施工设备和一大批先进的大型专业施工设备。铁路历次质量信用评价保持A类企业地位。

企业在长大隧道、高难度桥梁、大型市政、房屋建筑、铁路“四电”、水利水电、机场工程等领域具有良好的经营业绩和竞争优势。修建了亚洲第一长隧、全长27.8公里的石太客运专线太行山隧道，兰新铁路20公里长的乌鞘岭隧道等800多座隧道；修建了世界上第一座同桥面公轨两用桥——重庆鱼洞长江大桥、集多项复杂技术为一体的中宁黄河特大桥、亚洲第一公路高桥龙潭河特大桥、亚洲最高铁路桥内昆铁路花土坡特大桥等高精尖桥梁工程2600多座；修建了海口美兰国际机场、浙江赵山渡引水工程、贵州大花水水电站等大型水利、机场工程建设和青岛火车站地下综合工程、福建登云高尔夫球场、山西省国税局大楼、厦门东浮建筑群、广州大学城、山西省图书馆等一大批市政、房屋建筑工程。

企业在科技研发和技术自主创新等方面保持优势地位。近年来先后完成科技攻关项目 106 项，推广“四新技术”108 项，所建工程质量合格率均为 100%，荣获“中国工程建筑鲁班奖”工程 15 项、“国家优质工程奖”18 项、省（部）优质工程 124 项、詹天佑土木工程大奖 3 项，荣获国家科技进步特等奖 1 项，二等奖 2 项，省部级以上科技进步奖 29 项，获得国家专利 58 项，开发先进实用工法 158 项。

8.8　青建集团股份公司

青建集团股份公司成立于 1952 年，注册资本为 8.003 亿元，是一家大型综合跨国企业集团，是中国国际工程承包商中排名第一的民营股份制企业。

青建集团股份公司的主营业务包括工程总承包、房地产开发、经营；投资管理、经营；对外承包工程和劳务合作业务；进出口贸易；工程设计、施工、科研、检测、监理、咨询服务；技术开发、转让及技术咨询服务；建筑机械设备、材料、构件、料具的生产、销售、租赁、安装；物业管理等。

青建是全国首批通过房屋总承包特级资质重新就位的 15 家企业之一；在国际多个国家拥有当地施工承建最高资质。

青建连续 12 年入选“中国企业 500 强”，2014 年排名第 261 位；连续 11 年入选“中国承包商 80 强”，2014 年排名第 19 位；连续 10 年入选“ENR 全球最大 250 强国际承包商”，2015 年排名第 81 位；在 2014 年中国最具国际拓展力承包商中排名第 6 位，是排名最高的地方企业；2012 年获青岛市市长质量奖，这是青岛市组织的首届规格最高的综合性质量类奖项评定。

1998 年年初，通过 ISO9001 质量管理体系认证；2000 年，通过 ISO14001 环境管理体系认证；2001 年，通过 OHSMS28001 职业健康安全管理体系认证；2003 年起，开始推行卓越绩效管理模式。2005 年获得全国质量管理奖，是全国第三家获奖的建筑企业；并于 2008 年顺利通过全国质量管理奖的复评。

青建 2014 年营业额 468 亿元，海外营业额为 13.15 亿美元，位列“2014 年我国对外承包工程业务完成营业额前 100 家企业”第 16 位，在国内地方施工企业中位居第一。

8.9 北京建工博海建设有限公司

建工博海建设有限公司是由北京建工集团与青岛建设集团共同出资、强强联手、重组改制的新企业。具有房屋建筑工程总承包一级资质、装饰装修工程专业承包一级资质、机电设备安装工程专业承包一级资质；获得了 GB/T19001—2008 质量管理体系、GB/T24001—2004 环境管理体系和 GB/T28001—2001 职业健康安全管理体系认证。是一家施工技术先进、专业人才济济、管理职能配套的综合建筑施工企业。下属有四个投资子公司：北京建工博海置业有限公司、北京恺建建筑工程有限公司、北京信远博恒检测科技有限责任公司、北京博海国际贸易有限公司。下属单位有：六个土建分公司、五个直属项目经理部、国际事业部、区域分公司、机电分公司及装饰分公司。

北京建工博海建设有限公司具有辉煌的历史、雄厚的实力和显著的业绩。在不同的历史时期先后承建了人民大会堂、民族文化宫、中国科技会堂、北京西站、中国银行金融大楼、中国大百科全书出版社、北京月坛体育馆、北京东方广场、北京奥林匹克公园（B 区）国家会议中心、北京电视中心、北京当代 MOMA、山西太原丽华苑小区及公建酒店、黑龙江哈医大二院和三院、青岛府新大厦、青岛广播电视中心、青岛第一体育场改建工程等一系列国家及省市级重点工程和标志性工程。

建工博海建设有限公司始终秉持“质量第一，塑造精品工程；用户至上，提供优质服务”的质量方针，近年来累计竣工建筑面积达 450 余万平方米。获得中国建筑工程鲁班奖5项，中国土木工程詹天佑大奖2项，国家优质工程1项，国家级工法4项；全国用户满意工程7项；被评为全国优秀施工企业、全国质量效益型企业、全国用户满意施工企业、北京市优秀建筑企业和北京市质量管理规范单位。

8.10　中国海外工程有限责任公司

中国海外工程有限责任公司系中国中铁股份有限公司（中国中铁，CREC）全资子公司，1991年正式成立，原隶属对外贸易经济合作部。2003年12月，在国资委部署下，经国务院批准，中国海外工程总公司重组并入中国铁路工程总公司，改名为中国海外工程有限责任公司，成为中国铁路工程总公司全资子公司。

中海外是最早进入国际工程承包市场和劳务输出领域的中国国有企业，在国际工程承包、对外经援、资源开发、境外实业投资、劳务输出和进出口贸易、基建物资、房地产开发等领域具备雄厚实力，尤其在项目的运作、实施、管理及融资等方面优势显著。

中国海外工程有限责任公司（中文简称中海外，英文简称COVEC），原名中国海外工程总公司，20世纪90年代中期以来，中国海外连年入选美国《工程新闻纪要》全球最大225家国际工程承包商行列，在国际工程承包市场上树立了良好的企业信誉和知名度，在非洲、南部太平洋和东南亚等区域市场上，“COVEC”已成为著名的国际工程承包商品牌。

8.11　中南建设集团有限公司

中南建设集团起步于1988年，已发展成为拥有各类员工5万余人、总资产890亿元、2015年综合产值518.93亿元的大型集团化上市企业。目前拥有“房地产业”“建筑产业”“商业产业”等产业板块，以及金控事业部、资本事业部、工业事业部、土木事业部。业务涉及房地产开发、造城、工程总承包、市政工程、地铁轨道交通、安装、装潢、钢结构、能源、机械、矿产、金融投资等领域。

中南建设集团旗下设有中南城市建设投资有限公司、南通市中南建工设备安装有限公司、金丰环球装饰工程（天津）有限公司等158家独立法人企业、93家子分公司的集团化上市公司。业务拓展到18个省、45个地县级城市及海外市场。集团现有各类经济技术管理人才7600余人，其中博士20人，硕士200余人，本科及大专学历人才5200余人，各类中、高级职称人员2000人。

2015年中南建设获评“亚洲品牌500强”，刷新中国《财富》500强第238位；中国企业500强第259位。中南地产获评“中国最具价值地产上市公司”“中国蓝筹地产企业”、房地产企业品牌价值26强。中南建筑获评ENR全球最大总承包商第42名、中国建筑企业500强第9名。中南工业环宇获评省“高新技术企业”，NPC生产线外销实现突破，承接文莱首个海外项目。中南商业荣膺中国商业地产新锐、商业地产百强第30名、商业地产百强成长性TOP10。

房地产业是中南建设目前重点发展的业务领域，重点从事房地产开发、销售、物业管理、酒店商业运营等多种业务，年开发面积400万平方米。与同行业相比，中南专注大盘开发，形成集住宅地产、商业地产、旅游地产、文化地产、养老地产及工业地产为一体的中国新兴城市综合运营商。

江苏中南建筑产业集团有限责任公司为中南建设旗下全资核心子公司，中国自有工人最多的民营工程总承包企业，现有职工人数超过40000人。是江苏省第一家地产施工综合类上市公司，地下工程施工的龙头企业。公司承建的工程先后获鲁班奖15项，詹天佑奖4项，“泰山杯”“扬子杯”“长城杯”“白玉兰杯”等省级优质工程奖50余项，获市优质工程奖100多项。公司连续多年被各级政府和主管部门评为“明星企业”“优秀企业”，被美国ENR《工程新闻纪录》评为全球最大250家工程承包商和中国承包商80强企业，被中国施工协会授予全国优秀企业，被中国建筑业协会授予竞争力百强企业。

8.12　中铁三局集团有限公司

中铁三局集团有限公司的前身是铁道部第三工程局，成立于1952年，2000年11月改制为有限责任公司，2007年作为世界“双五百强”中国中铁股份有限公司的全资子公司同步在沪港上市。中铁三局主要从事交通基础设施工程建设施工，是全国首批工程总承包建筑企业，具有铁路工程施工总承包特级资质，是可承接房屋建筑、公路、铁路、市政公用、港口与航道、水利水电各类别施工总承包、工程总承包和项目管理业务的大型综合性建筑施工企业。中铁三局经营范围涵盖国内外土木工程施工、机械租赁、地方和专用铁路运营与管理、投资及BT项目建设、房地产开发、建筑工程勘测设计咨询服务等。

建局60年来，中铁三局先后承建了600余项国家重点工程和国外工程，累计完成国家投资1200多亿元，建成铁路里程总长度超万公里，占我国铁路通车里程的1/10。进入21世纪以来，先后参加了80余条铁路新线、复线建设、技术改造工程，特别是在新一轮高标准铁路建设中，先后参加了石太、合宁、郑西、武广、京沪、石武、杭甬、杭长、沪昆、大西等多条重点客运专线和高速铁路工程的建设。在城市轨道工程施工中，承建了北京、上海、广州、天津、重庆、成都、西安、南京等大城市地铁工程，积累了多种复杂地质条件下车站、区间浅埋暗挖、整体道床铺轨、长轨焊接、换铺无缝线路和电力通信等综合施工的丰富经验。在高速公路、市政工程施工中，参加了北京—珠海、北京—上海、石家庄—太原等数十条高速公路工程及上海南浦、杨浦大桥等市政工程的施工。在高层建筑施工中，先后承建了山西医科大学住院部大楼、郑州车站主体以及南配楼等工程。公司还先后承建了新加坡、印度、阿联酋、坦桑尼亚、尼日利亚、埃塞俄比亚等十几个国家地区的建设工程，积累了丰富的国外工程施工管理经验。

中铁三局在册员工总数2.6万余人，管理、技术人员占员工总数的一半以上，拥有高级技术职称的人员已达千人，具有设计、施工及其他相关专业类别注册执业资格人员600多人。本部设21个职能部门，下设18个子公司、4个分公司，8个地区工程指挥部，3个直管办事（联络）处。截至2011年年底，企业拥有授权专利共129项，其中发明专利27项；研发国家级工法16项，省部级工法186项；获省部级科技进步奖82项、中施企协科学技术奖10项，全集团公司科技创新能力不断增强。全集团总资产203.58亿元。集团公司拥有各类机械设备5754台套，企业装备实力雄厚，年施工生产能力达到400亿元。

8.13　中国上海外经（集团）有限公司

中国上海外经（集团）有限公司是经国家商务部和上海市人民政府批准成立的综合涉外国有企业。净资产近8亿元人民币，总资产35亿元人民币，拥有6家全资子公司、3家控股公司和10个常驻境外机构，业务涉及138个国家或地区。

集团以国际工程承包为核心业务，主要有五大产品：民用房屋土木工程、工业成套设备工程、现代农业工程、工程配套咨询、工程配套服务贸易。其中，成套设备工程是集团五大拳头产品之一，分别承接了缅甸照济电站、蒙古都日根电站、越南山洞电站、泰国BNS钢厂、巴基斯坦液化气储罐等超过600个项目。

自1993年至今，集团已连续15年入选全球最大225家承包商，被授予ENR荣誉牌，并成为中国服务企业500强、全球华人企业500强、上海企业100强；同时也被中国对外承包商会评为中国对外承包工程企业信用等级AAA级，对外劳务合作企业信用等级AAA级，是上海市唯一的一家获得双AAA级的外经企业。

公司经营范围包括境内外工业与民用建筑、路桥等土木工程项目承包；劳务技术合作、研修人员派遣；境内外投资、兴办中外合资、合作及独资企业；国际招标、国际采购、政府项目采购及科技咨询；货物进出口贸易、转口贸易、技术进出口贸易，来料加工、来样装配、来样加工、补偿贸易，代理报关；外商来沪投资的咨询代理，在沪外资工程的代为转分包及施工人员招用；国内贸易批发、零售；房地产开发、经营、室内装潢、旧房置换等不动产业务；石油制品经营，为油、气开采提供各项服务。

公司荣获国家商务部（原外经贸部）“中国国外经济合作五星奖”银奖，全国外经贸企业管理先进奖和外经贸优秀企业，上海市优秀企业。多次被国务院发展研究中心的 11 个国家部委评为中国最大 500 家服务企业和中国 60 家最大外经企业。自 1993 年至今，连续被具有行业权威的美国《工程新闻记录》杂志列入全球最大的 225 家承包商行列，被授予“国际著名承包商”荣誉牌。

8.14　中国石油西部钻探工程有限公司

西部钻探工程有限公司（以下简称“西部钻探公司”）隶属于中国石油天然气集团公司，是按照集团公司集约化、专业化、一体化思路组建的第一家专业化钻探公司。公司是集钻井、测井、录井、固井等石油工程技术服务、石油工程技术研究为一体，跨国、跨地区的大型国有企业。公司总部设在新欧亚大陆桥中国西段的桥头堡、以西部明珠闻名世界的乌鲁木齐市。

公司具备支撑西部和中亚地区油气业务发展的雄厚实力，作业区域主要分布在新疆、甘肃、青海、内蒙古、四川五省区，以新疆、吐哈、青海、玉门、塔里木等西部油田为重点。国外主要分布在哈萨克斯坦、乌兹别克斯坦、沙特、埃及四个国家。其中，公司配套工程技术服务在哈、乌两国具有主导优势，社会和品牌影响力不断增强。

公司坚持自主研发，特色技术优势突出。拥有完善的科研机构，建成了中石油深井超深井科研试验基地、博士后科研工作站等 13 个国内一流的实验院所。公司专业研发人员近600人，先进的科研设备300余台（套），自主研发了雪狼型综合录井仪和井下套管阀等拳头产品，形成了比较完善的深井、超深井、特殊工艺井配套技术系列，适应西部和中亚地区复杂地表和地质构造的钻探需求，培育了以垂直钻井系统为代表的“十大利器”和“十大特色技术”。近三年来，获得国家科技进步成果奖2项，国家专利优秀奖1项，自治区科技成果奖12项，集团公司技术创新成果奖5项。

8.15　中国石油集团工程设计有限责任公司

中国石油集团工程设计有限责任公司（CPE）是中国石油天然气集团公司（CNPC）的全资子公司，是一家致力于油气田上游地面工程建设的专业化国际工程公司。业务涵盖油气田地面工程、长输管道、LNG和LPG工程、油气储备终端、基础设施和市政工程等，提供包括勘察、设计、采购、施工、工程总承包、工程咨询、项目管理和橇装设备、药剂供货等全套服务。

CPE总部位于北京，国内下设8个分、子公司，并在海外设有12家分支机构，业务遍布中东、中亚—俄罗斯、非洲、亚太、美洲，涉及伊拉克、伊朗、土库曼斯坦、坦桑尼亚等近30个国家。公司在册员工总数6748人，其中，教授级高级职称人员53人，高级职称人员564人，高级技师10人，拥有国家级专家14人，享受政府特殊津贴专家13人，全国勘察设计大师1人，集团公司（省）级专家60人。公司海外用工总数801人，其中外籍员工409人，国内聘用外籍高级技术专家30余名。

CPE连续三年上榜ENR排名，2015年在国际工程设计公司225强榜单中列第70位，在全球工程设计公司150强榜单中列第92位，并成功跻身中华人民共和国商务部对外援助成套项目实施企业短名单。

8.16　江苏燕宁建设工程有限公司

江苏燕宁建设工程有限公司成立于1994年，是上市公司苏交科集团股份有限公司的全资子公司，是按照国际标准管理体系运作的一家现代企业。公司设有投资部、国内部、海外部三大业务部门，致力于基础设施投资建设及整体区域开发运营，业务覆盖交通、市政、新材料新技术等行业，向海外延伸到非洲、中东、东南亚、中亚等地区，成立了燕宁顺通科技发展有限公司、燕宁国际、江苏兆通路桥工程有限公司、燕宁交通智慧产业园管理有限公司等子公司。

主要资质包括：公路工程总承包一级、市政工程总承包二级、对外承包工程资格等。

8.17　中国中铁股份有限公司

中国中铁股份有限公司是集勘察设计、施工安装、工业制造、房地产开发、资源矿产、金融投资和其他业务于一体的特大型企业集团，总部设在中国北京。作为全球最大建筑工程承包商之一，中国中铁连续 10 年进入世界企业 500 强，2015 年在《财富》世界 500 强企业排名第 71 位，在中国企业 500 强中列第 11 位。2007 年 9 月 12 日，中国铁路工程总公司独家发起设立中国中铁股份有限公司，并于 2007 年 12 月 3 日和 12 月 7 日，分别在上海证券交易所和香港联合交易所上市。

中国中铁具有中国国家住房与城乡建设部批准的铁路工程施工总承包特级资质、公路工程施工总承包一级资质、市政公用工程施工总承包一级资质以及桥梁工程、隧道工程、公路路基、路面工程专业承包一级资质，城市轨道交通工程专业承包资质，拥有中华人民共和国对外经济合作经营资格证书和进出口企业资格证书。

中国中铁先后参加了百余条铁路建设，新建、改建、扩建铁路占中国铁路总里程的 2/3 以上；建成电气化铁路占中国电气化铁路的 90%；参与建设的高速公路约占中国高速公路总里程的 1/10；参与建设了中国 3/5 的城市轨道工程。

中国中铁业务范围涵盖了几乎所有基本建设领域，包括铁路、公路、市政、房建、城市轨道交通、水利水电、机场、港口、码头等，能够提供建筑业“纵向一体化”的一揽子交钥匙服务。中国中铁在特大桥、深水桥、长大隧道、铁路电气化、桥梁钢结构、盾构及高速道岔的研发制造、试车场建设等方面积累了丰富的经验，形成了独特的管理和技术优势。桥梁修建技术方面，有多项修建技术处于世界先进水平；隧道及城市地铁修建技术处于国内领先水平，部分技术达到世界先进水平；铁路电气化技术代表着当前中国电气化最高水平。

中国中铁机械装备领先。拥有国内数量最多的隧道掘进机械（盾构、TBM）、亚洲起重能力最大的吊装船、整套深海水上作业施工装备、国内数量最多的用于铁路建设的架桥机及铺轨机，以及国内数量最多的用于电气化铁路建设的架空接触线路施工设备。公司能够自行开发及制造具有国际先进水平的专用重工机械，同时公司是世界上能够独立生产 TBM 并具有知识产权的三大企业之一。

中国中铁现有员工 28 万余人，其中中高级技术人员 69314 名、中国工程院院士 2 名、国家有突出贡献中青年专家 8 名、全国工程勘察设计大师 5 名、享受国务院政府特殊津贴专家人员 309 名。同时，拥有高技能人才 5.27 万人。

8.18　中铁国际集团有限公司

中铁国际集团有限公司（以下简称“中铁国际集团”）是由世界企业 500 强、世界品牌 500 强企业——中国中铁股份有限公司（CREC）为实施“大海外”战略、加快“走出去”步伐、整合系统内外经资源而设立的专业化外经公司。

中铁国际集团作为专业的外经公司，承担着“履行做大做强中国中铁外经事业责任，成就中铁国际人精彩人生”的使命与责任。公司的总体发展目标是：“建设主业突出、多元经营、联合发展、具有较强国际竞争力的学习型、效益型国际工程承包商。”项目运作模式主要以设计、施工、采购总承包（EPC）、带资承包（EPC + F：出口信贷、资源项目贷款一揽子合作、双边和多边合作）、特许经营（BOT、PPP）和海外投资等业务模式为主，形成施工承包业务、EPC 总承包和投资业务有效互补协调、可持续发展的格局，在工程项目建设中充当计划者、组织者、融资者、设计者和管理者的角色。

目前，中铁国际集团下辖 8 家全资子公司、8 家分公司、3 家控股子公司、9 个境外办事处，业务范围遍及亚洲、非洲、南美洲、大洋洲和中东欧等区域的多个国家和地区。在中国香港和委内瑞拉、马来西亚、印尼、南非、尼日利亚等 17 个国家和地区均有在建项目。

8.19　中国葛洲坝集团股份有限公司

中国葛洲坝集团股份有限公司（英文简称：CGGC）是由中国葛洲坝集团公司控股的上市公司，于 2007 年 9 月上市。

截至 2013 年年底，中国葛洲坝集团股份有限公司共有各类资质 200 余项。在职员工 4 万余名，各类专业技术人员 1.65 万余名，各类施工设备 5.1 万余台（套）。具有年土石方挖填 2.5 亿立方米、混凝土浇筑 1800 万立方米、金属结构制造安装 21 万吨、装机总容量 900 万千瓦等综合能力。

中国葛洲坝集团股份有限公司拥有多家产值规模过百亿、专业实力领先的大型建筑企业，广泛涉足铁路、公路、核电、机场、港口、风电、桥梁、轨道交通等领域，建筑板块呈现大建安格局。凭借独家承建葛洲坝工程形成的核心竞争优势，公司完成了标志当今世界建筑施工最高水平的工程——三峡工程 65% 以上的工作量，建成了世界最高面板堆石坝——水布垭大坝、世界最高双曲拱坝——锦屏一级大坝、世界最高碾压混凝土大坝——龙滩大坝等一系列世界顶尖级工程，确立了行业领先地位。

中国葛洲坝集团股份有限公司积极稳健拓展产业链相互依托的投资

业务，拥有资产规模达200亿元的专业投资公司，积极介入水务等环保领域，向高附加值、资源型业务延伸，形成上下游一体化、业务之间紧密关联的产业链，产业协同效应及抗经营风险能力显著增强；水泥板块拥有全国最大特种水泥基地，水泥年产能达2100万吨，业界技术领先，节能减排各项指标优良，区域优势明显，行业排名全国前列，凭借科技优势积极介入矿渣处理、垃圾处理等节能环保产业，发展前景广阔；民爆板块既拥有民用爆炸物品生产、销售、进出口资质，又拥有完整工程施工类资质，工业炸药年产能20万吨，通过引进海外技术提升产品附加值，实现跨区域增长，行业排名稳居前三；公司海外投资步伐加快，投资的利比里亚邦矿重油电站、莫桑比克水泥等项目经济效益良好，投资回报丰厚。

8.20　中国土木工程集团有限公司

中国土木工程集团有限公司前身是铁道部援外办公室，1979年6月经国务院批准成立，是中国最早进入国际市场的外经企业之一，目前已发展成为拥有中国铁路工程施工总承包特级资质的大型国有企业，连续17年入选ENR国际承包商排行榜百强行列。

自20世纪60年代承建中国最大的援外项目坦赞铁路开始，中土集团公司不断发展壮大，目前经营领域涵盖工程承包、设计咨询、房地产开发、进出口贸易等，经营范围遍及亚洲、欧洲、非洲、美洲、大洋洲50多个国家和地区。近年来，公司先后承揽并实施了一大批铁路、公路、桥梁、房建、市政等重点工程，企业实力不断提升，多次获得“中国对外承包工程优秀企业”“中国对外承包工程和对外劳务合作AAA级信用等级企业”“中国境外成套工程AAA级信用企业”等荣誉称号。

中土集团公司是拥有“中国铁路工程施工总承包特级资质”且连续17年被国际承包工程领域权威刊物——美国《工程新闻记录》（*ENR*）杂志评为全球最大225/250家国际承包商之一，并在入选中国企业中名列前茅。

中土集团公司还多次获得“中国对外承包工程优秀企业奖”“中国建筑业功勋企业”“全国最大 500 家服务企业”“国有企业 500 强”“中国对外承包工程和对外劳务合作 AAA 级信用等级企业”“中国境外成套工程 AAA 级信用企业”“对外承包工程企业社会责任奖”等荣誉称号。

8.21　中信建设有限责任公司

中信建设有限责任公司成立于 1986 年，为中国中信集团公司旗下从事国内外工程总承包及相关业务的全资子公司。公司依托中信集团雄厚的综合实力和良好的国际声誉，坚持“以投资、融资和为业主前期服务为先导取得工程总承包，以工程总承包带动相关产业发展”的经营战略，成功跨入全球最大国际工程承包商百强行列。2015 年，中信建设有限责任公司入选中国建筑施工企业联合会评选的中国建筑 500 强，排名第 9 位。公司致力于在 EPC 工程总承包、PPP、BOT 融资建设、项目管理等方面成为国内领先、国际知名的大型国际工程承包商。公司先后承揽了众多大型、特大型工程项目和基础设施项目。公司拥有国家颁发的房屋建筑工程施工总承包、公路工程施工总承包、市政公用工程施工总承包、装修装饰工程专业承包、公路路基工程专业承包五项一级资质；具有楼宇建筑工程、机械工程咨询和设计资质、电力系统咨询、设计和项目管理资质；并成为香港机电工程承包商协会唯一的中资会员，同时是香港中国企业协会会员、香港中国总商会会员。公司先后通过了 ISO9001 质量体系、ISO14001 环境体系和 GB/T28001 职业健康安全管理体系的认证。2005 年、2006 年公司两次荣获“全国用户满意服务”企业；2007 年，公司被评为“全国质量管理优秀企业”。

中信建设为中国对外承包工程商会、中国机电产品进出口商会副会长单位。公司已通过 ISO9001 质量体系、ISO14001 环境体系和 OHS18001 职业健康安全管理体系认证。从 2005 年起，中信建设连续荣获“全国用户满意服务企业”和“全国质量管理优秀企业”称号。2009 年，中信建设成为国内首批 15 家荣获中国对外承包企业社会责任金奖的企业之一。

8.22 中国化学工程集团公司

中国化学工程集团公司（China National Chemical Engineering Group Corporation）是国务院国有资产监督管理委员会直接管理的大型工业工程建设企业集团，是一支集勘察、设计、施工为一体，知识技术相对密集的国际工程建设集团。

公司主要从事化工、石油化工、电力、市政、建筑、环保等工程建设、服务及相关业务。半个多世纪以来，承建了中国绝大部分化工、部分石油化工和炼油项目及一大批电力、建筑、市政、环保、医药、机械、轻工、纺织等领域的工程项目。先后建设了吉林、大连、太原、南京、兰州、乌鲁木齐等一大批化工和石油化工基地，为构筑共和国的工业体系打下了基础，为促进国民经济的发展以及我国化工、石油化工整体水平的提高做出了重要贡献，开辟了我国以工程总承包带动成套设备出口的先河。业务范围遍及世界 40 多个国家和地区，公司品牌在国际市场上具有一定的影响力。

公司拥有国家级企业技术中心 6 家、国家能源研发中心 1 家、省级企业技术中心 8 家、博士后工作站 3 家、高新技术企业 17 家。拥有包括中国工程院院士、全国工程勘察设计大师等在内的一大批优秀管理和技术人才队伍，集中了我国石油化工、煤化工、天然气化工和化学工业以及其他工程建设领域的主要力量。业务范围遍及世界 50 多个国家和地区。

8.23 中石化炼化工程（集团）股份有限公司

中石化炼化工程（集团）股份有限公司［Sinopec Engineering (Group) Co., Ltd.，英文缩写 SEG］是由中国石油化工集团公司控股的、面向境内外炼油化工工程市场的大型综合一体化工程服务商和技术专利商，是目前国内最大的工程建设企业之一。

公司持有国家发改委、住房和城乡建设部、商务部、安全生产监督管理总局、环境保护总局，以及英国劳氏船级社、国际咨询工程师联合会等国际国内政府部门和权威机构颁发的资格证书，并形成了全方位、多层次、宽领域的人才架构。凭借高素质的人才、丰富的工程设计和建设经验、雄厚的技术实力，可在石油炼制和石油化工、煤化工、天然气化工、环境工程与公用工程等诸多领域为境内外客户提供优质全面的服务。

公司从 1990 年开始成功进入国际市场，建立的业务平台覆盖了中东、中亚、亚太、非洲、南美等全球炼油和石油化工工程业务资本支出较多的地区，在科威特、沙特、卡塔尔、哈萨克斯坦、尼日利亚、新加坡、孟加拉国等国家和地区承担了多个炼油和石油化工工程项目，取得了良好的国际声誉并形成了固定的客户群。

8.24　中地海外集团有限公司

2014 年 12 月 5 日，中地海外建设集团有限公司更名为中地海外集团有限公司。中地海外集团有限公司是由国内大型石油化工、矿业勘察、工程建设、投资基金共同投资组建的跨国集团，在 10 余个国家主要从事工程建设、贸易租赁、投资运营、代理咨询业务。集团凭借长期扎根海外的团队优势，秉承“合作创造财富，创新谋求发展”的经营理念，为所在国的经济和社会发展以及中国资本和技术“走出去”提供优质服务。咨询服务依托集团在海外多年的积累和沉淀，与已在海外形成品牌和影响力的咨询公司及世界知名的智库、一流的经济学家合作，深度研发发展中国家愿望和需求，对接中国资本，引领中国资本和中国发展模式“走出去”，为发展中国家政府客户提供经济社会发展的整体规划，为中国企业客户的国际化发展提供一揽子的咨询服务。中地海外公司主要在现代农业、工业、房地产、清洁能源、矿业领域有投资业务。在过去的 30 年里，中地海外建设集团有限公司在多个国家成功实施了数千个基础设施项目。

作为中国众多知名制造品牌在海外多个国家的总代理，公司致力于为海外客户提供优质的产品和极为专业的售后服务。同时，中地海外建设集团有限公司积极地将国际优秀商品引入中国内地市场。利用在海外多年建立的商业网络，为广大客户累计提供了数万台套的中国装备，是中国装备对外出口的重要平台。此外，中地海外建设集团有限公司利用深植于海外的商务网络和业务平台，延伸发展出国际物流业务。目前在多个国家成立了物流公司并迅速发展壮大。中地海外汉盛集团是承接中地海外集团实业与贸易物流相关业务的专业化平台。

8.25　上海建工集团

上海建工集团（以下简称“上海建工”）是中国建设行业的龙头企业，承担了中国城市现代化建设的重任。60 年来，上海建工多次刷新中国乃至世界工程建设史上的纪录。在积极参与中国城市化进程中，为各地奉献了众多工程精品，包括超高层建筑、大型桥梁工程、轨道交通工程、宾馆商贸楼宇工程、公共文化体育工程、工业工程、环保工程等。同时，在全球 30 多个国家和地区，承担了近百项工程。

上海建工打造完整的产业链，从规划、设计、施工到运行保障维护；从工程建设全过程到高性能商品混凝土和建筑构配件生产供应；从房地产开发到城市基础设施项目的投资、融资、建设、运营。一大批专业技术能力强、经营管理素质高的企业在为社会提供全面服务的同时，塑造了“上海建工”优质品牌的形象。上海建工的“SCG”商标获得国家工商总局认定的“中国驰名商标”称号。

上海建工具有国家有关工程设计、施工和房地产开发等方面的最高等级资质，具备对外承包经营、外派劳务、进出口贸易等资格；集团优势使上海建工具备工程总承包能力、成套施工技术研发和集成能力、工程设计咨询和技术研发和集成能力、工程配套服务集成能力、产业集成能力和社会资源整合能力，形成了强大的综合实力。上海建工坚持“科技兴企，人才强企”的发展战略，依托国家级技术中心、博士后工作站以及多层次的技术研发体系，取得了一批具有行业领先水平的科技成果，其中国家科技进步奖一等奖4项、二等奖7项和200多项部市级奖项。由一大批专业技术人员、管理人员、技术工人组成的人才高地，包括中国工程院院士、国家级中青年专家、享受国务院特殊津贴专家、勘察设计大师以及一批学科带头人和专业领军人才。

8.26　北京建工集团有限责任公司

北京建工集团是一家跨行业、跨所有制、跨地区、跨国发展的大型企业集团。年综合经营额超过500亿元，年新签工程合同额近800亿元。

集团拥有全资企业、控股企业、参股企业50家，拥有总承包部、国际工程部、物业部等多个直属经营型事业部；集团拥有1.8万名员工，其中专业技术人才1.3万名，高级以上职称专家千余名。北京建工集团的业务格局为“双主业多板块”。“双主业”为工程建设和房地产开发、物业管理，“多板块”包括节能环保、工业和服务业等。集团集生态评估、城市规划、环境改造、建筑设计、工程技术研发、投资开发、施工建造、低碳运营维护等于一体，可以提供全过程“交钥匙”服务。北京建工集团在国内外各领域拥有一批颇具实力的战略合作伙伴，使集团在整个产业链的每个环节，都可以充分整合企业内外各种优势资源，为客户提供最优质的服务。北京建工集团的经营地域遍布中国国内以及世界各地。

公司工程遍布国内30多个省（自治区、直辖市）、港澳地区，在全球20多个国家（地区）设立区域分公司或办事机构。其中63项工程荣获“中国建设工程鲁班奖”；29项工程荣获中国土木工程（詹天佑）大奖（含优秀住宅小区金奖）；45项工程获中国国家优质工程称号。取得部市级以上重大科技成果315项，国家级工法47项。在20世纪50年代、

80 年代、90 年代以及北京当代四次“北京市十大建筑”评选中，共有 22 项工程出自北京建工集团之手；有 8 项工程当选“新中国成立 60 周年百项经典暨精品工程”；在中国“百年百项杰出土木工程”评选中，北京建工集团建设了其中 7 项。

8.27　中国中原对外工程有限公司

中国中原对外工程有限公司（CZEC）是 1983 年 4 月 25 日经国务院批准成立的国际经济技术合作企业，是中国核工业集团的全资子公司，总部设在北京。

公司拥有中华人民共和国商务部颁发的国际工程 A 类资质和 A 类对外劳务合作经营资格，以及中华人民共和国建设部颁发的建筑业企业四个一级总承包资质和三个二级专业承包资质。

公司贯彻“以核为本，多种经营”的经营理念，跻身于国际市场，致力于国际经济技术合作，不断发展和扩大海外及国内市场，业务范围涵盖工程承包、工程监理、进出口贸易、设计咨询、技术服务、劳务合作和物业管理等领域，业务涉及地域遍及五大洲 30 多个国家和地区。

在中国政府与中国核工业集团公司的领导下，中国中原对外工程公司成功地开创了中国核技术以及中国核电站走出国门，走向世界的先河。公司具有丰富的工程建设和管理经验，以其精湛的技术和优质的服务在国际工程承包市场赢得了良好的信誉。公司曾获得“国家科学技术进步奖”“中国行业一百强”“优秀新技术企业”等荣誉和称号。

自 1996 年以来，公司连年入选美国权威杂志《工程新闻记录》*ENR* 评选的全球最大 225 家工程承包商，排名逐年上升。公司拥有一支完善的工程技术和项目管理队伍，在国际工程项目承包、设备采购和现场土建安装分包管理等方面具有丰富的运作经验。公司建立了符合现代化管理要求的计算机局域网，开发了具有设备共享、信息共享、方便信息交流为特点的公司管理信息系统，实现了公司管理的科学化、现代化。公司坚持“以人为本”的管理理念，建立健全科学规范管理体系，打造可持续性发展的开放型企业。

8.28　新疆生产建设兵团建设工程（集团）有限责任公司

新疆生产建设兵团建设工程（集团）有限责任公司是1952年组建的一家集科研、设计、道路、桥隧、铁路、水利、电力、工民建施工、设备安装、建材生产、房地产开发、商贸物流等为一体的多元经营的企业集团，现为建筑工程施工总承包特级资质，国家公路、铁路、水利、工业施工总承包一级资质。

集团公司总部在中国新疆乌鲁木齐市，下设12个子公司、3个分公司，并在北京、上海、成都和巴基斯坦等地设有分支机构。2006年获北京世标质量、环境、职业健康安全体系认证中心质量体系认证证书；银行资信AAA级。注册资金10.18亿元，净资产10.59亿元，资产总额44亿元。

公司承建了多项国家、自治区重点建设工程项目，获得了包括“鲁班奖”“詹天佑大奖”“火车头金奖”“国家市政工程金奖”“国家科技进步特别奖”等上百项国家、自治区级优质工程殊荣。连续4年跻身于全球225家最大国际承包商之列，连续2年荣获国家商务系统先进集体和全国优秀施工企业。公司社会信誉良好，经济实力雄厚，是新疆道路、桥隧、铁路、水利、电力、工民建等工程建设的主要施工力量。

8.29　中国地质工程集团公司

中国地质工程集团公司（以下简称中地集团公司，英文简称CGC）系国务院国有资产监督管理委员会管理的全民所有制二级大型企业集团公司。总部设在北京，在亚洲、非洲近30个国家和地区设有分公司，在国内有20余个子公司、分公司。

集团公司拥有对外经济合作经营资格证书、对外承包工程劳务合作经营许可证、进出口经营资格证书和地质勘查资格证书，具有房屋建筑工程施工总承包一级资质、公路工程施工总承包一级资质、地基与基础工程专业承包一级资质、市政公用工程施工总承包一级资质、桥梁工程专业承包一级资质、水利水电工程施工总承包二级资质、甲级工程设计证书、甲级工程勘察证书、甲级工程监理证书、地质灾害防治工程甲级勘察、甲级施工单位资质证书等多项甲级资质。

中地集团公司实力雄厚，拥有一批国际水准的高级专家，具有中、高级专业技术职称的员工占员工总数的80%；拥有上千台（套）先进精良的各类大型施工设备与机具。在国际工程市场，先后在60多个国家和地区完成各类大、中型工程项目数百项，均以“守约、优质、高效”而受到有关国际金融机构、业主、所在国政府和人民的高度赞誉，与西方知名公司如德国的WABAG公司、西门子公司，法国的木松乔公司等建立了战略伙伴联盟。

8.30　安徽建工集团有限公司

安徽建工集团有限公司是中国企业500强、ENR国际承包商250强，拥有房屋建筑和建筑工程施工总承包两项特级资质以及境外承包工程、劳务经营权和对外援助成套项目施工任务实施企业资格。同时，具有各类总承包或专业承包资质151项，其中一级资质75项。集团注册资本5.2亿元，现有近20家子、分公司和1家事业单位，其中安徽水利是安徽省建筑系统第一家上市公司（股票代码：600502）。

集团技术中心被评为国家级技术中心，并拥有一家博士后科研工作站。集团主营业务为：建筑工程及工程技术服务、水电及工程项目投资运营、房地产开发经营。安徽建工始终恪守“重合同、守信誉”和“质量第一、用户至上”的服务宗旨，先后承建了大批国家、省、市重点工程和“高、精、尖、特”建设项目。在国际市场上，凭借丰富的跨国施工和投资管理经验、雄厚的国际市场业务操作能力和良好的国际品牌信誉度，所承揽和投资建设的工程遍布五大洲40多个国家和地区，一大批工程获得中国外交部、商务部通报嘉奖和国外客户的高度评价。集团先后获鲁班奖 13 项、国家土木工程詹天佑奖 4 项、国家优质工程奖 3 项、全国市政金杯示范工程 5 项、大禹奖 4 项，200 余项省（部）级建筑工程质量奖，先后荣获国家、省部级科技进步奖 40 余项，主编参编国家、行业标准近 10 项，国家级工法 16 项，拥有自主知识产权的专利 136 项，其中发明专利 21 项。伴随着企业的发展，安徽建工连续 7 年荣获中国企业 500 强称号，最新排名第 359 位；连续 7 年荣获 ENR 全球最大 225 家国际承包商称号和中国承包商 80 强称号；先后获得“全国守合同重信用企业”“全国工程总承包先进企业”“全国建筑业诚信企业”“全国建设系统先进集体”“中国最具成长性的承包商”“中国最具国际拓展力的承包商”“全国五一劳动奖状”等荣誉称号。

8. 31　江西中煤建设集团有限公司

江西中煤建设集团有限公司（以下简称“中煤集团”）隶属于江西省煤田地质局，是一家“立足江西，跨省、跨地区、跨国经营”的国际知名企业集团，是全球最大国际工程承包商 250 强（2012 年前为 225 强）和最具创新力“走出去”50 强。公司总部地处历史文化名城南昌。

中煤集团以国际化的视野展开了全球的谋篇布局，清晰地勾勒出了充分利用两种资源、两个市场，打造国内、外市场板块的美好蓝图，在国内、外拥有分支机构 67 家，在册正式编制职工 1500 余人，从业人员近 2 万人。

中煤集团拥有多位一体的工程资质 50 余项，拥有国家批准的 5 个施工总承包一级资质，对外承包工程经营权和援外工程 A 级等资质，是江西省唯一一家拥有城市轨道交通资质的企业。公司长期致力于发展多位一体的产业板块，积极培育拓展房地产市场、宾馆旅游业，施工产业链上游的设计、咨询、监理和项目开发以及投融资业务。积极在国内、外市场上承揽实施大型总承包工程、资源开发、实业投资、房地产开发、进出口贸易等业务。

8.32 中鼎国际工程有限责任公司

中鼎国际建设集团是在原中鼎国际工程有限责任公司的基础上于2011年组建，旗下核心企业中鼎国际工程有限责任公司属全球最大国际承包商225强，业务涉及工业与民用建筑、矿山隧道建设、机电设备安装、煤矿采选、地质勘探、水利电力、污水处理、道路桥梁施工、人防工程、工程设计与咨询、房地产开发、对外投资、劳务输出、国际贸易等各专业领域。

公司具备国家对外工程承包经营资格（中国对外承包工程商会理事单位）、国家对外援助成套项目A级实施企业资质、房屋建筑工程施工总承包一级、矿山工程施工总承包一级、市政公用工程施工总承包一级、隧道工程专业承包一级、钢结构工程专业承包一级、房地产开发企业二级、公路工程总承包二级、矿山隧道设计甲级、建筑设计乙级、桥梁工程专业承包二级、机电安装工程施工总承包二级、电力工程总承包三级、防腐保温工程专业承包三级等资质。

公司于20世纪90年代初走出国门，开创海外事业，是第一家到海外承包工程的煤炭企业，第一家在海外成功开办合营医院的企业，第一家在海外投资煤矿的中国企业，以及第一家成功在印尼以井工方式开采煤矿的企业。连续5年入选“ENR全球最大国际承包商225强”，从2002年起连续被评为江西省“走出去”先进企业、江西省外经工作先进单位，连续多年获得“全国煤炭行业优秀施工企业”“江西省优秀企业”“全省先进建筑业企业”“全国煤炭行业优秀工程造价管理企业”等称号，当选“全国煤炭施工前10强企业”，被中国对外工程承包商会评为AAA级信用企业、授予社会责任银奖。

8.33 浙江省建设投资集团有限公司

浙江省建设投资集团是成立最早的浙江国有企业，也是浙江最大的建筑业企业集团。

历经66年的发展，集团已发展成为产业链完整、专业门类齐全、市场准入条件好的大型企业集团。现拥有各类建筑业企业资质近120项，其中房建施工总承包特级资质4项，钢结构制造特级资质1项，施工总承包和专业总承包一级资质47项，甲级设计资质5项，获得资质为行业内最高资质的共计48项。同时拥有对外经营权、外派劳务权和进出口权，是浙江省建筑业走向世界参与国际建筑和贸易市场竞争的重要窗口，生产经营业务遍布全国31个省市自治区和中国香港及阿尔及利亚、尼日利亚、日本、新加坡等全球10多个国家和地区。集团多年来综合经济技术指标保持全国各省区市同行业领先地位，连续入选ENR全球250家最大国际承包商、中国承包商60强、中国企业500强、浙江省百强企业和纳税百强企业。荣获“全国五一劳动奖状”“全国先进建筑施工企业”和“全国建设系统精神文明建设工作先进单位”等多项省部级称号。拥有1家博士后科研工作站和6家省级技术中心，获鲁班奖30项，国家优质工程奖39项，詹天佑大奖2项，“省级杯”近400项，自参评以来，连续23年蝉联浙江省建设工程钱江杯奖桂冠，承建的华能玉环电厂还入选新中国成立60周年“百项经典暨精品工程”，系浙江省唯一的入选精品工程，共获国家发明专利、实用新型专利、国家级工法、全国建筑业新技术应用示范工程等近400项国家级技术进步成果。

8.34　沈阳远大铝业工程有限公司

沈阳远大铝业工程有限公司（以下简称远大公司）业务开展于1993年初。历经19年迅猛发展，远大公司以优化的法人治理结构、雄厚的资本实力、规范化的企业运作、社会化的品牌形象，使企业得到了超常规发展，成为世界幕墙领军企业。根据思纬2010年度行业调查报告，远大公司依据营业收入计算，已成为全球第一的建筑幕墙公司。

远大公司是中国国家建设部首批授予的建筑幕墙甲级设计和施工一

级企业，是国家建设部命名的建筑幕墙定点企业。公司遵循“服务、质量、成本”的产品理念，向客户提供最优质的一站式幕墙解决方案，服务范围包括幕墙系统的设计、材料采购、制造及装配幕墙产品、性能检测、安装以及售后服务。1996 年，远大公司率先通过 ISO9001 国际质量体系认证；1998 年，投资并建立国家合格评定认可委员会批准的，全球互认的“工程实验室”，检验检测能力全面满足并符合国标、美标、英标、欧标四大标准体系的建筑幕墙检测，其卓越的工程品质和完善的服务体系成为中国建筑幕墙行业超越世界先进水平的标志。以人为本，科技当先，人才是远大发展的原动力。远大中国目前在全球拥有 1.27 万名员工，其中各类经营管理和科技研发人才 6278 人，包括技术研发团队 1546 人，产品高级研发人员 632 人。

8.35　南通建工集团股份有限公司

南通建工集团股份有限公司前身为南通市建筑安装工程总公司，2004 年整体改制为股份制民营企业，现为国家房屋建筑工程施工总承包特级资质企业，同时拥有国家房屋建筑和市政公用工程施工总承包一级资质，建筑装饰装修、机电设备安装、起重设备安装、地基与基础、钢结构、消防工程等专业承包一级资质，以及建筑装饰设计甲级资质和多项二级资质，并拥有对外承包工程资格和对外援助成套项目 A 级实施企业资格。公司业务遍及全国大部分省、市、自治区，在苏丹、津巴布韦、莫桑比克、塞内加尔、坦桑尼亚、肯尼亚等海外地区设有分支机构和业务基地。现有 8 个子公司、29 个土建和专业分公司；拥有各类专业技术人员 2400 余人，其中研究员级高工 15 人、高级职称 125 人、中级职称 215 人，一级注册建造师 200 人、二级注册建造师 225 人；公司拥有各类机械设备 4000 余台（套），年施工能力 200 亿元以上。

多年来，公司始终坚持继承与创新并举，改革与发展同步，两个文明建设协调发展。先后荣获“ENR 全球最大国际承包商 225 强”“中国民营企业500强”“中国承包商60强”“中国建筑业竞争力百强企业”“全国建筑业先进企业”“全国优秀施工企业”“全国模范劳动关系和谐企业”“全国用户满意施工企业”“全国建筑业诚信企业”“全国企业信用评价AAA级企业”“江苏省建筑业竞争力百强企业”等荣誉称号。

8.36　江苏南通三建集团有限公司

2004年，南通三建由国有企业改制重组成为股份制企业，现注册资本金5.0128亿元人民币，已发展成为以建筑施工为主业，集投资、房屋开发、工程管理、运营服务于一体的大型综合性现代建筑集团，下辖分公司及全资、控股子公司40多家，拥有建筑工程甲级设计公司，施工范围涵盖房建、机电、市政、公路工程等领域。建筑主业拥有房屋建筑施工总承包特级资质，9个一级资质以及多个其他施工资质；具备对外承包工程和劳务合作经营权、对外援助成套项目施工A级实施企业资格，施工队伍遍及全国28个省、市、自治区——北京、上海、广州、青岛、大连、沈阳等120多个大中城市以及世界五大洲——俄罗斯、科威特、安哥拉、也门等30多个国家和地区。

公司先后创获铁人王进喜纪念馆、青海省电信公司办公大楼、上海市闸北区文化馆、镇江皇冠假日酒店等30多项鲁班、国优奖工程，参建了北京奥运会场馆、上海虹桥机场航站楼、东方明珠电视塔、上海金茂大厦、杨浦大桥、卢浦大桥、南京紫峰大厦、世博会意大利馆、苏州东方之门，以及欧洲第一高楼——俄罗斯联邦大厦、科威特皇宫等一大批标志性建筑。2013年，荣登“中国驰名商标”榜首。2015年度，公司在建施工面积逾3300万平方米，经济总量突破550亿元，荣列“中国企业500强”第216位、“中国民营企业500强”第34位、“中国承包商80强”第14位、“中国建筑业竞争力百强企业”第10位、“ENR全球最大250家工程承包商”第48位，获“中国建筑业行业标杆”称号。公司连续多年被评为“全国建筑业先进企业”“全国优秀施工企业”“全国重信用守合同企业”“全国AAA级工程建设企业”，还荣获“全国创鲁班奖特别荣誉企业”“全国创鲁班奖突出贡献企业”“国家优质工程奖设立三十周年先进单位”“全国实施用户满意工程先进单位”“中国品牌文化影响力十大最具价值品牌”等称号。

8.37 江苏南通六建建设集团有限公司

江苏南通六建建设集团有限公司创建于1956年10月，1994年晋升为一级资质企业，1998年取得外经贸部境外工程承包签约权，2005年晋升总承包特级资质，2011年顺利通过住建部特级资质就位考评验收。

经过60年的风雨耕耘，公司发展为以房屋建筑工程施工总承包，市政公用工程、机电安装工程、园林古建筑工程、地基与基础工程、建筑装修装饰工程、钢结构工程、公路工程、桥梁工程、消防设施工程设计与施工等专业承包为主业的大型建筑施工企业。公司现下辖15个区域公司和4个工程处，拥有施工人数3.5万余人，各类经济技术人员4000余名，总资产28亿元，各类大、中型机械12000台（套）；具有独立承建境内外各类高、大、难工程的综合施工能力。公司全面贯彻执行质量、环境、职业健康安全管理体系标准，近年来，获实用新型专利24项、发明专利9项，国家行业标准4项，华夏建设科技奖2项；获鲁班奖、国优等国家级奖项12项、全国用户满意工程1项、国家级工法4项、全国QC成果14项、全国新技术应用示范工程1项；国家AAA级安全文明标准化诚信工地5项，得到业主和各级主管部门的高度赞扬。

公司先后荣获全国守合同重信用企业、全国优秀施工企业、全国建筑业科技进步与技术创新先进企业、全国模范职工之家、全国工人先锋号、全国青年文明号等称号。连续多年获中国建筑业企业竞争力百强企业、国际知名承包商ENR250强、江苏省建筑业最佳企业、江苏省建筑业百强企业综合实力50强、江苏省建筑业百强企业建筑外经10强、江苏省民营企业纳税大户、江苏省建筑业企业安全生产先进单位、江苏省建筑业科技进步和技术创新先进单位等荣誉称号。

8.38 云南建工集团有限公司

云南建工集团有限公司是集投融资、房地产开发和工程建设总承包为一体的大型建设企业集团，业务覆盖国际工程投资与总承包、基础设施投资建设、房地产开发、城市建设投资开发，机电设备、路桥市政、钢结构、水利水电、铁路、轻轨、机场、港口、地基等工程施工，商品混凝土生产、建材与设备供销、建筑科研、勘察设计、建筑劳务等范围，是云南省政府国资委履行出资人职责的15户省属重要骨干企业之一。现有全资子公司、控股公司和直管企事业单位37个，职工18300余人，各类专业技术人员12000余人，其中高级职称1278人。

近年来，在省委省政府和省国资委的正确领导下，在社会各界的关心和支持下，云南建工坚持“筑牢房建主业，打造房地产第二主业，做强做大专业板块”发展思路，大力推进“转方式、调结构”工作，集团投融资能力、施工总承包能力和“走出去”能力显著提高。2014年完成经营额864.38亿元，合同额539.48亿元，产值438.34亿元，完成竣工面积728.35万平方米，实现利润12亿元，营业收入利润率高达2.7%，遥居行业领先水平，投融资能力得到空前提升。截至2014年，集团累计获得全国建筑工程鲁班奖24项，国家优质工程金奖1项，国家优质工程银质奖41项，詹天佑土木工程大奖1项，部省级优质工程奖390余项，国家级工法21项，发明专利11项，实用新型专利117项，主编国家行业标准6项，现有国家级企业技术中心1个，院士工作站2个，博士后工作站1个，全国和省级以上科技进步奖励及成果430余项。

2014年，集团连续23次入选中国企业500强，位列第295名；连续5次入选*ENR* 250强（美国《工程新闻记录》杂志），位列第166名；在中国承包商80强中位列第13名，在中国100大跨国公司及跨国指数排名中位列第72名，有较强的综合竞争实力、品牌影响力和社会信誉度，集团已成功转型为集投融资、房地产开发、工程施工总承包为一体的大型建设企业集团。

8.39　烟建集团有限公司

烟建集团有限公司是主要从事国内外工程总承包、房地产开发、资本运营、商业贸易等业务的大型综合企业集团。

公司拥有建筑工程施工总承包特级资质，建筑工程设计甲级资质，市政公用工程、公路工程和机电安装工程施工总承包一级资质，房地产开发一级资质，建筑装修装饰工程、建筑幕墙工程、钢结构工程、建筑智能化工程、消防设施工程设计与施工一体化一级资质，以及地基与基础工程、机电设备安装工程、园林绿化等20多项专业承包资质；拥有中华人民共和国对外承包工程经营资格、对外劳务合作经营资格、商务部对外援助成套项目总承包企业资格、对外技术援助项目（技术保障专业）实施企业资格。施工范围已延伸到青岛、济南、淄博、潍坊、临沂、莱芜、威海等省内市场和上海、北京、天津、浙江、安徽、四川、河北、河南、福建、内蒙古、新疆等省外市场，先后在南美洲、非洲、大洋洲、西亚、中亚、南亚等地区的30多个国家承建工程。

公司曾受到国务院嘉奖，荣获7项“鲁班奖”、12项“国家优质工程奖”、40多项“国家优质样板工程”和“泰山杯奖”；多次被评为“中国建筑业竞争力百强企业”“全国优秀施工企业”“全国用户满意施工企业”“全国建筑业AAA级信用企业”“创鲁班奖工程特别荣誉企业”“创建鲁班奖工程突出贡献奖”“中国优秀企业（公众）形象十佳单位”“中国最具社会责任感企业”“全国企业文化建设百佳贡献单位”“全国企业文化建设百家重诚信单位”“全国践行社会主义核心价值观企业文化模范单位”“全国企业文化创新优秀单位”等；被中央精神文明建设指导委员会授予“全国文明单位”，被人力资源和社会保障部、国家发改委、解放军总政治部联合授予“汶川地震灾后恢复重建先进集体”荣誉称号；被中国对外承包商会评为“企业信用评价 AAA 级信用企业”；荣登 ENR/建筑时报“中国承包商和工程设计企业双 60 强”榜单，连续三年入选“ENR 全球承包商 250 强”和“ENR 国际承包商 250 强”；是烟台市首家被国家工商总局授予“全国守合同重信用企业”荣誉称号的企业，并被中国建设银行审定为总行级重点客户，被多家银行审定为“AAA 级信用等级客户”，烟建商标被认定为“山东省著名商标”。

8.40 北京城建集团

北京城建集团是以工程承包、地产开发、城轨建设、园林绿化、物业经营、投资融资为六大支柱产业的大型综合性建筑企业集团，从前期投资规划至后期服务经营，拥有上下游联动的完整产业链。“中国企业 500 强”之一，“ENR250 全球及国际工程大承包商”之一，荣获“中国最具影响力企业”“北京最具影响力十大企业”“全国优秀施工企业”“全国思想政治工作先进单位”“全国建设系统企业文化建设先进企业”等荣誉称号。

北京城建集团现有总资产 1054 亿元，自有员工 24500 人。2015 年营销额 1016 亿元，营业收入 502 亿元，开复工面积 4000 万平方米以上，自营房地产开发面积 500 万平方米以上，主要经济技术指标在北京市属建筑企业中均排名第一。集团现有 120 余家法人企业、42 家分公司，包括境内（A 股）上市公司 1 家，境外（H 股）上市公司 1 家，全资、控股子公司 29 家。北京城建集团具有房屋建筑工程、公路工程施工总承包特级，工程设计综合甲级和市政公用工程、机电安装、地基与基础、钢结构、公路路面、城市轨道交通工程等一批专业总承包一级资质。在工业与民用建筑、市政工程、城市轨道交流、高速公路、园林绿化、深基础、长输管线等领域的设计和施工业务遍及全国，并涉足东南亚、中东、南美和非洲多国。地产开发业务秉承“品质·人生”理念，在全国多个省市拥有地产开发项目。城轨建设拥有全国轨道交通创新平台，形成了设计引领、产品研发，市场推广的一体化发展模式。连续30年承担天安门广场摆花任务，园林绿化形成了集设计、施工养护、苗木花卉研发、古建建设为一体的大园林业务格局。

8.41　重庆对外建设（集团）有限公司

重庆对外建设（集团）有限公司是重庆对外经贸（集团）有限公司的骨干子企业，成立于1985年，注册资本金6.2亿元人民币。拥有对外工程承包、对外劳务输出、进出口贸易经营权，具有对外援助成套项目实施企业A级、市政公用工程施工总承包一级、房屋建筑工程施工总承包一级、公路工程总承包二级、港口与海岸工程专业承包二级，装饰及装修专业承包二级、机电安装专业承包二级、土石方专业施工一级等资质。在苏丹、坦桑尼亚、乌干达、约旦、利比里亚设有海外分公司，在国内拥有5个全资或控股子公司和12个分公司，业务覆盖海内外工程承包、进出口贸易、劳务输出、设备租赁、项目咨询、工程监理、建筑设计、机电安装和建筑材料生产等相关领域。集团先后在亚、非国家和地区承建了近60个大、中型国际工程项目，其中多个项目以进度快、质量优受到业主、监理、世行代表及驻外使馆的好评。集团还在国内承建了200多项工程项目，工程一次性交验合格率达到100%，多个项目荣获鲁班奖、国家优质工程奖、重庆市巴渝杯和重庆市市政工程金杯奖等。

近年来，集团秉承讲诚信、重合同、守信誉的优良传统，连续5年被评为重庆市优秀建筑企业，连续4年进入美国《工程新闻记录》杂志全球最大250家国际承包商排行榜，近3年入选重庆百强企业，连续两年荣获重庆市发展开放型经济先进单位，被评为重庆市最佳诚信企业。

在未来的发展过程中，重庆对外建设（集团）有限公司将以打造差异化、国际化的组织为目标，以把管理、创新和社会责任融入一流的建筑产品为己任，坚持“创新至上，责任唯先；内外兼修，品牌构建”的管理理念，愿为中国企业实施“走出去”战略并不断发展壮大做出更大的贡献！

8.42 中国电建集团中南勘测设计研究院有限公司

中国电建集团中南勘测设计研究院有限公司（以下简称中南院）前身为国民政府资源委员会全国水电发电工程总处华中勘测处，始建于1949年5月20日，于1980年在长沙重新合并组建电力工业部中南勘测设计院。2014年6月5日，公司正式更名为“中国电建集团中南勘测设计研究院有限公司”。

中南院注册资本金6.3亿元，主要涉足水电水利工程、新能源工程、环境保护与水务工程、市政交通与建筑工程四大主营业务领域；主要从事工程规划与勘测设计、工程总承包与设备成套、投资开发与运营三大业务板块。

自1993年以来连续位居“中国勘测设计单位综合实力百强”“中国工程设计企业60强”“中国设计行业综合实力50强”前列，2012年、2013年均位于“中国承包商及工程设计企业”双60强第18名，并获全国水利水电勘测设计行业信用等级AAA等荣誉称号。公司先后荣获国家科技进步奖21项，国家优秀工程设计和优秀工程勘察金奖7项，银奖3项，FIDIC（国际咨询工程师联合会）百年工程奖1项，国家质量银奖1项，湖南省省长质量奖1项。

中南院现有在职职工1867人，其中，培养了2位中国工程院院士，拥有享受国务院政府特殊津贴的专家14人，教授级高级工程师296人，高级工程师562人，持有各类注册执业资格证书员工人数约1300人。2006年5月，被人力资源和社会保障部全国博士后管理委员会授予博士后工作站单位。

中南院1998年通过了ISO9001质量管理体系认证和世行DACON信

息中心资格认证。2009 年获得“质量、环境、职业健康安全管理体系”认证证书。

中南院目前拥有全资经营性子公司 3 家，投资性项目公司 9 家，设有 14 个管理服务部门、9 个生产处和 9 个分公司。

8.43　盈创建筑科技（上海）有限公司

盈创建筑科技（上海）有限公司系一家专业从事建筑新材料研发、生产的高新技术企业，公司目前拥有 100 多项国家专利证书。

公司专注于 3D 打印新绿色建筑，致力于创建世界上最大的共赢产业联盟生态平台；专注研发大型、连续 3D 打印机和打印油墨，成为 3D 打印应用领域的领跑者；改变建筑、建材装饰、传统制造对环境的破坏。

公司研发与生产的 GRG、SRC、FRP、盈恒石产品能够满足建筑室内外墙面、地面的各种造型的装饰，已从 2002 年开始在市场实践检验应用了 12 年，取得了丰硕的工程业绩和客户认可。

公司是中国国内第一家特殊玻璃纤维强化石膏板（GRG）生产企业，主要运用于大剧院、体育场、会议厅、商业综合体、高端会所、酒店、售楼处的室内装饰。从 2002 年至今，公司已成功完成了 400 多项国内大剧院项目，国内大剧院采用率达到 95%，为政府节约了大量成本，是中国 GRG 行业的发起者和领跑者。

2004 年以来，公司先后承接了国家大剧院、国家游泳中心（水立方）、中国京剧院（梅兰芳大剧院）、上海世博中心、上海东方艺术中心、上海国际汽车博览中心等百余项大型公共建筑中造型复杂、功能多样的 GRG 装饰工程。

8.44　中国港湾工程有限责任公司

中国港湾工程有限责任公司是中国交通建设股份有限公司的全资子公司，代表中交股份在国际工程市场开展业务，业务涵盖 70 多个国家和地区，在建项目合同额约75亿美元，全球员工总数超过6000人。中国港湾经过30年，开辟了广阔的海外市场，目前在世界各地设有30个分公司和办事处。

中国港湾的业务主要集中在交通基础设施建设方面，包括海事工程、疏浚吹填、公路桥梁、轨道交通、航空枢纽以及相关的成套设备供应与安装。此外，在房建、市政环保、水利工程、电站电厂、资源开发等领域也有着丰富的资源和经验。

中国港湾从创建初始，便跻身于风云变幻的国际市场。以一体化服务为己任，形成了针对不同需求和细分市场的服务阵列，以及适应经济全球化和产业快速发展变革的公司运行机制。核心事业拓展到海事工程、疏浚吹填、公路桥梁、港口机械、勘察设计五大业务领域，涉及沿海及内河的港口港湾和船坞与船台、疏浚、路桥、隧道、机场、水利、环保、市政、工民建、港口机械、航标制造安装、勘察设计、工程监理、外经外贸等多项业务。依靠中国港湾的信誉和实力，充分发挥融资功能，形成以一体化服务为基础，涉及设计总承包、工程建造总承包、BT、BOT、EPC、MPC等多种服务模式。

中国港湾一直致力于提供交通建筑领域一体化服务。随着业务的不断拓展，在世界20多个国家和地区设立了分支机构，形成高效经营管理网络，业务涉及亚洲、非洲和美洲的数十个国家和地区，“CHEC”已成为国际工程业知名品牌。早在20世纪80年代就成功设计建造了马耳他30万吨干船坞及毛里塔尼亚友谊港项目；90年代作为总承包商承建了澳门国际机场工程；近年来，又先后承建了巴基斯坦的瓜达尔深水港和卡拉奇OP－5液品码头及潮汐通道工程、孟加拉吉大港、澳门友谊大桥、泰国八世皇大桥、香港新机场平台和葵涌九号货柜码头及T7马鞍山道路工程、马来西亚沙巴州K. K吹填工程、科威特舒艾拜油品码头、哥伦比亚费罗达吹填工程、尼日利亚卡拉巴航道疏浚、苏丹港等一大批有影响的工程。

8.45　中国海外港口控股有限公司

中国海外港口控股有限公司（以下简称“中国港控”）是一家在香港成立的新兴、快速发展的公司，其在巴基斯坦的子公司负责自由区、港口、海事服务和物流领域的开发和经营。

中国港控于2013年接管了瓜达尔港及923公顷自由区的开发权和运营权。作为巴基斯坦的第三大港，瓜达尔港是南亚和中东地区的重要深水港，具备极其重要的战略位置，也是中巴经济走廊（CPEC）和21世纪海上丝绸之路的重要节点和旗舰项目。中海外公司致力于将瓜达尔港及自由区发展成为区域范围内物流和加工制造的重要枢纽。

中国港控目前下设4家子公司，包括中国港控（巴基斯坦）公司、瓜达尔码头公司、瓜达尔海事服务公司、瓜达尔自由区公司，系统化为前往瓜达尔港参与开发的公司提供服务。

8.46　广东龙浩集团有限公司

广东龙浩集团有限公司于2003年1月16日在广东省工商行政管理局登记成立，总部位于广州珠江新城广晟国际大厦，是一家以高速公路等大型基础设施和航空产业投资建设为主业，集市政工程、影视传媒、高新技术开发应用于一体，业务遍及多个国家和地区的跨行业、多元化、国际化大型企业集团，旗下拥有广东浩邦建设投资集团有限公司、广东龙浩航空集团有限公司、龙浩国际建设集团有限公司、广东浩锦投资集团有限公司4家子集团。

集团投资建设、经营管理的高速公路项目包括广西梧贵、广东从莞、湖南岳望、湖北洪利、广东汕揭、云南曲靖东过境、云南昆曲、广东佛清从高速公路8个，总里程约1000公里，总投资超1000亿元。

为响应国家“一带一路”战略及新兴产业规划，集团全面进军航空产业，并组建了广东龙浩航空集团有限公司，业务领域包括机场投资建设运营、中远程公共运输、短途客货运输、飞行培训、低空服务、航空港经济区建设运营等。

9 医药

9.1 国药集团药业股份有限公司

国药集团药业股份有限公司是由中国医药集团总公司作为主发起人，并联合国药集团上海医疗器械有限公司、天津启宇医疗器械有限责任公司、广州南方医疗器材公司、北京仁康医疗器材经营部共同发起设立的股份有限公司。

国药的经营范围包括批发中成药、化学药制剂、化学原料药、抗生素、生化药品、生物制品、疫苗、麻醉药品和第一类精神药品（含原料药）、第二类精神药品、蛋白同化制剂和肽类激素、医疗用毒性药品（注射用 A 型肉毒素）、麻黄素原料药（小包装）；组织药品生产；销售医疗器械（Ⅱ类、Ⅲ类）；销售保健食品、定型包装食品。一般经营项目：进出口业务，与上述业务有关的咨询，销售日用百货、化妆品。

国药股份经营范围包括：组织药品生产；化学原料药、西药制剂、生化药品、生物制品及中成药的销售；自营和代理各种商品及技术的进出口业务；进料加工和“三来一补”业务；对销贸易和转口贸易；保健食品的销售及与上述业务有关的咨询。

国药股份积极拓展国际市场，自营和代理各类商品和技术的进出口业务，2004 年进出口额 8860 万美元。公司在北京和天津开展了进口保税业务，可实现大批量进口分批报关，更利于保证合理库存。公司以良好的信誉于 2004 年 6 月被北京海关授予最高等级的 AA 类管理认证，这必将促进公司国际贸易业务的进一步拓展。

9.2 石药集团有限公司

石药集团是我国医药行业的龙头企业之一，总资产200亿元，员工18000人。在港上市公司（01093. HK）市值400亿元港币，是香港知名医药上市企业之一，也是香港恒生红筹股指数成分股。

石药集团拥有原料药、成药、创新药、抗肿瘤药、医药商业和大健康六大业务板块，主要从事医药及相关产品的开发、生产和销售，产品主要包括抗生素、维生素、心脑血管、解热镇痛、消化系统用药、抗肿瘤用药和中成药七大系列近千个品种。石药集团有维生药业、中诺药业、欧意药业、恩必普药业、银湖制药等30余家下属公司，分别位于冀、吉、晋、辽、鲁、苏和香港等地，其中设在香港的控股子公司——香港石药集团有限公司是中国医药行业首家境外上市公司，是目前香港最大的制药上市公司之一，同时也是香港恒生红筹股指数成分股之一，连续两次被世界著名的《福布斯》杂志评为全球亚洲区营业额10亿美元以下的100家优秀上市公司之一。

2014年，全集团实现不含税销售收入203亿元（含非上市板块），同比增长13%；实现利税、利润分别为21亿元和13亿元，同比增长55%和40.6%，一举成为河北省首家销售收入破200亿元、利税破20亿元的制药企业。

石药集团是国家科技部等三部委认定的“国家创新型企业”，新药研发实力位居全国药企最前列。依托于企业的博士后科研工作站、国家级企业技术中心、“863计划”高技术产业化基地、药物制剂及释药技术国家重点实验室和国家手性药物中心，目前石药集团在研的新药项目有170项，仅国家一类新药就有25个，涉及心脑血管、精神神经、内分泌、抗肿瘤等七大领域。集团已成功上市的具有自主知识产权的国家一类新药“恩必普”是脑卒中治疗领域的全球领先药物，是我国第三个拥有自主知识产权的国家一类新药，并在全球86个国家受到专利保护。目前，企业已与美国和韩国两家知名公司，签署了恩必普软胶囊在欧美和韩国市场的专利使用权转让协议，开创了中国医药企业向世界最发达国家转让药品知识产权的先例，为国家和民族赢得了荣誉。

石药集团建立了完备的三级质量管理体系，所有药品都通过了 GMP 认证，所有下属企业都通过了 ISO9000、OHSAS18000 和 ISO14001 认证，产品市场检合格率始终保持 100%。同时，企业以技术提升质量内涵，目前集团共取得了 16 张 CEP 证书和 33 个 DMF 登记号，有 15 个产品顺利通过美国 FDA 现场检查，这标志着石药集团的产品已经可以拿到国外高端市场参与竞争，固体制剂可以直接摆上美国的药房和柜台，也标志着石药集团的药品质量已与国际先进水平实现对接。

9.3　江苏康缘集团有限责任公司

江苏康缘集团有限责任公司是以大健康产业为主线，以现代制药为核心，融医药工业、医药商业、生态农业、地产投资、国际贸易、科研为一体的高科技健康产业集团。集团现有从业人员 6800 余人，下属 11 家企业，资产总额达 88 亿元，综合经营业绩连续十多年排名全国医药行业前列，跻身“中国民营企业 500 强”“中国医药工业 50 强”“全国中药行业 5 强”。

集团核心企业——江苏康缘药业股份有限公司，于 2002 年在上海证券交易所挂牌上市，是国家创新型试点企业、国家技术创新示范企业、国家中药现代化示范企业、国家重点高新技术企业、中国制药工业百强企业。拥有中药制药过程新技术国家重点实验室，国家重大新药创制企业大平台、国家博士后科研工作站等国家级科研创新平台，是中国中药行业当中获得新药证书最多、拥有发明专利最多的企业，以及推进中药国际化最为深入的企业之一。公司核心产品热毒宁注射液获得第十五届中国专利奖金奖，国内妇科血瘀症首选用药——桂枝茯苓胶囊 2000 年被国家科技部推荐申报美国 FDA 认证，目前已进入三期临床研究准备阶段。

“康缘”牌商标为中国驰名商标。

公司建成了中国第一个中药数字化提取工厂——康缘现代中药数字化提取精制工厂，拥有国内第一条中药智能化提取精制生产线，年产提取物达1500吨，入选国家工信部智能制造试点示范项目。康缘现代中药数字化提取精制工厂将引领中药产业转型升级，开启制药工业智能化时代，为中国药品制造工业4.0、中药先进制造2025树立了标杆。

9.4　浙江永太科技股份有限公司

浙江永太科技股份有限公司是专业研发、生产含氟精细化学品的国家火炬重点高新技术企业，总部位于浙江台州临海的国家级化学原料药基地。公司于2009年12月在深圳交易所上市，代码002326。公司在江苏和浙江共计建设了三个主要的生产基地，总占地面积40万平方米，全职员工共计1700余名。公司共计生产四大系列80多种氟苯化合物，是全球产品链最完善、产能规模最大的氟苯精细化学品制造商。公司服务于国内外的液晶、医药和农药等多个创新性化学子行业，产品远销美国、欧洲、日本和印度等主要国际市场。经过十来年的创业，公司已经发展成为专业研发、生产和销售氟精细化学品的国家级重点高新技术企业和上市公司。

永太科技含氟精细化工品下游领域具有容量大和多元化的特征：21世纪，液晶显示和数字化浪潮是新媒体发展的必然方向，而氟苯化合物是单晶的必备关键原料，永太科技已经和全球三大液晶厂商德国默克、日本智索和永生华清均建立战略业务关系，占据氟化工价值链高端市场；含氟专利医药和农药具有高效、广谱、低毒、低残留等特点，越来越多的重磅专利医药和农药含有氟苯片段，永太科技已经多次成功为国际专利医药公司和专利农药公司提供百吨级的定制加工服务，成为专利创新性跨国企业全球供应链上不可或缺的关键一环。

依托现有的综合性氟化产业化技术和生产研发平台，永太科技对氟精细化学品领域进行了持续深耕。2010 年永太科技直接投入研发费用 2187.78 万元，比 2009 年增长 61.56%，连续三年保持 50% 以上的增长。2010 年，公司已完成 75 个产品的小试开发工作，产品涵盖液晶、医药高级中间体、原料药等。

9.5　江阴天江药业有限公司

江阴天江药业有限公司创建于 1992 年，是中药配方颗粒的研制者和行业开创者。1992 年 6 月，江阴天江借鉴国内外中药复方颗粒研发经验，提出组建专门公司创制系列单味“免煎中药颗粒”的设想（后正式命名为中药配方颗粒）；同年 12 月，江阴天江制药有限公司成立；1998 年，中药配方颗粒项目取得重大突破，江阴天江通过了“国家高新技术企业”认证；2001 年，天江获国家药监局批准，成为全国第一个“中药配方颗粒试点生产企业”；2002 年，天江在业内率先通过国家 GMP 认证；2008 年，“江阴天江”并购另一配方颗粒试点企业“广东一方”为旗下子公司，成为中药配方颗粒领域规模最大的企业，年销售额占全国同行业约 60%；2015 年 10 月，中国中药收购天江药业，将“江阴天江”和“广东一方”并列为旗下两个独立法人。

公司首次在国内集成、创新多种先进技术与装备，研制了 600 多种中药单味配方颗粒，建立了科学的制备工艺并实现了产业化，创建了中药配方颗粒质量标准与质量控制体系，通过多中心、多学科协作，揭示了中药配方颗粒的相关药理活性和临床效应。迄今为止，其产品已在国内 32 个省、自治区、直辖市、特别行政区及国际亚、非、欧、美等 30 多个国家和地区不同程度地得到了临床应用。公司先后承担和完成国家省部级重点科研课题 18 项，取得配方颗粒发明专利授权 13 项，获“国家科技进步二等奖”1 项，省部级科技进步一、二、三等奖和地市级科技奖多项，在国际上首次出版发行了《中药配方颗粒薄层色谱彩色图集》2 册，配方颗粒临床研究著作 2 部，发表学术论文 260 多篇，编集临床应用研究总结900多个。

目前，江阴天江建有全国最先进的中药配方颗粒全自动生产线，拥有规模化现代中药生产设备和高级分析仪器300多台套，设有“中药配方颗粒研究院”“博士后科研工作站”“中药配方颗粒工程技术研究中心”，是一个在中药配方颗粒生产规模、工艺技术、质量标准和科学研究等方面具有领先优势的国家重点高新技术企业。

9.6　华兰生物工程股份有限公司

华兰生物工程股份有限公司是从事血液制品研发和生产的国家级重点高新技术企业，并于1998年首家通过了血液制品行业的GMP认证。

通过近20年的发展，目前华兰生物拥有20余家全资控股子公司，总市值超过280亿元，是国内拥有产品品种最多、规格最全的血液制品生产企业，血浆处理能力居国内乃至亚洲前列，这标志着公司已成为亚洲大型血液制品生产企业。其中主导产品国内市场占有率居同行业前列，主要财务指标连续多年高速增长，综合实力公司进入中国国家医药工业行业30强。

作为国家定点大型生物制品生产企业，华兰先后承担多项国家、省、市级科技攻关项目，其中外科用冻干人纤维蛋白胶被列入国家863项目。华兰博士后科研工作站，河南省生物医药工程技术中心和中国科学院生物技术创新与产业化共同基金及中国科学院的多个联合实验室的成立，为企业的高成长性和核心竞争力奠定了坚实的基础。

9.7　佩兰生物科技（上海）股份有限公司

佩兰生物科技（上海）股份有限公司秉承“健康、天然，让肌肤吸收自然精髓，芳香世界”的理念，专注于纯植物防腐除霉技术开发、种植、萃取、产业转化和应用，皂料、精油、香皂等产品生产销售的芳香全产业链布局。佩兰带动了香草园当地的观光旅游，致富了当地贫困农民。佩兰管理层将产品品质和企业信誉作为发展的基石，传承“佩兰为爱，以香筑家”的企业文化。香链农工商，打造中国芳香科技龙头股。

佩兰联合上海交通大学和吉林农业科技学院，建立上海交大佩兰特色植物健康资源和研究中心，形成强有力的研发体系。同时与上海交通大学联合开设全国首个农业 EMBA 课程，培养农业产业化人才。

佩兰以上海安亭大众创意工业园为大本营，汇聚了上海市嘉定区安亭郊野公园、浦东新区周浦花海、崇明横沙生态岛，江苏省苏州市太湖西山香满庭，浙江省杭州市萧山绿科秀、安徽省黄山市休宁齐云山、吉林省延边市安图长白山、新疆伊犁薰衣草、马来西亚吉隆坡热带雨林、印度尼西亚棉兰等香草园基地，采用佩兰品牌定制形式完善标准体系，美丽中国，芳香世界。

9.8　广誉远中药股份有限公司

广誉远为现存历史最悠久的中药企业，2006 年被中华人民共和国商务部认定为首批“中华老字号”。其主导产品龟龄集、定坤丹都为国家保密配方，国家级非物质文化遗产。

2003 年，广誉远由全国著名的大型现代化医药企业——西安东盛集团投资控股。结合现代管理运营理念，广誉远这一百年老字号，发展成为集中成药研发、生产、销售于一体的高科技现代化制药企业。

475 年来，广誉远秉承“修合虽无人见，存心自有天知”的古训，严苛制药，精益求精，遵循“非义而为，一介不取；合情之道，九百何辞”的准则，诚信自律，以义制利，铸就了百年老店的辉煌。

传承有自，反本开新，如今广誉远以“尊德贵生、传承创新”为企业理念。尊德贵生，体现着中华优秀传统文化以德为本、注重生命的思想文化，更承载着中医药文化仁德济世的胸怀与心志。传承创新，400 余年广誉远不断实践着中医药文化的方剂学、制药学，反复锤炼着秘不外传的道家炉鼎升炼技术，对炮制古法精益求精，推出系列养生精品中药，开创智慧养生的新纪元。为振兴传统中医药文化，贡献应尽的社会责任与历史使命。

9.9 深圳易特科集团

易特科集团创立于2003年，注册实收资金2亿元人民币，是业内领先的从事“互联网+医疗+健康+养老”服务的高新技术企业，是国内外领先的生物传感器、生命搜索与定位技术、医学物联网、健康管理、网络医院的技术提供商和服务运营商。2015年度易特科集团营业收入达到9.1951亿元人民币，利润达到8104万元人民币，业务拓展到加拿大、美国、日本等全球多个国家和地区，在加拿大、法国拥有专门研发机构。

易特科（前海安测）依托集团互联网和物联网技术，以连锁化经营模式，提供O2O健康管理服务，现已成为首家拥有一级综合门诊部医疗机构牌照的互联网医疗公司。集团产品已广泛应用于医疗信息化、移动健康管理、智慧养老和慢病干预等领域，精心打造的一站式自助健康管理服务平台、社区医疗工作站、“治未病中心”服务系统、慢病管理系统、乳腺肿瘤筛查整体解决方案、医养护理中心整体解决方案等产品和服务赢得了广大客户的青睐。目前，易特科（前海安测）不仅在线下拥有和运营12家O2O健康管理中心、24家社康合作店和3家干休所合作店，在线上自主研发的安测健康APP也受到了各界广泛关注，下载量高达3340万人次，注册用户达到855万人次。此外，易特科（前海安测）在医疗大数据挖掘方面也拥有强劲实力，已与南方医科大学、都柏林城市大学以及海南医学院建立了长期紧密合作关系，拥有“广东省互联网医疗工程中心”和“广东省医疗大数据研究应用示范基地”等资质和荣誉。

集团人才荟萃，拥有一支一流的国际化专业团队，包括院士5名、教授10名、博士28名、硕士16名以及10名欧洲顶级生物分析和传感器科学家。截至目前，易特科已申请/拥有各类知识产权1600多项，行业技术覆盖了生物IT、O2O医疗服务、网络医院、健康管理、慢病干预、中医养生、智慧养老、军民融合等多个领域。

9.10　微医贝联集团

微医贝联是中国最大的互联网妇幼医疗平台，由妇幼医疗大数据、互联网妇幼医院、妇幼医疗产业基金三块构成，现拥有 1900 家三甲医院的妇幼挂号平台、在 1500 多家妇幼机构投资建设 WIFI，并拥有全国唯一一张互联网妇幼医院牌照，有 4 万名妇幼专家在线开展诊疗服务，同时已在全国建立 6 个妇幼医疗中心为妇幼人群服务。

微医贝联投资人包括腾讯、复星、高翎、高盛、红杉、景林、唯品会、开物等。微医贝联发起的妇幼医疗产业基金拥有 100 亿元的资金规模，专注于妇幼医疗机构的投资。

10　房地产

10.1　中融国投集团公司

中融国投集团公司创建于 2000 年，目前公司资产规模逾 100 亿元，是一家多重股份制形式的具有雄厚资产规模的大型企业集团。现已发展成为以科技创意园区、主题文化小镇、城市住宅综合开发与服务产业为主要业务运营模块，跨国及地区的专业化的大型企业集团。

旗下全资拥有 ZRT 中融国投置业株式会社、ZRGT Group DWC_L. L. C、CCG TECHNICAL WORKS L. L. C、HongKong DeJun Investment. Co. Ltd. 等多家海外公司，以及中融国投置业有限公司、中视雅典文化传媒有限公司等数十家国内控股或参股公司，多家子公司位列“中国服务业企业 500 强”“中国房地产企业 500 强”“中国房地产年度社会责任感企业”。

一直以来，中融国投集团以增强城市综合竞争力，实现城市的可持续发展为目标，业务范围涉及国有资本运营、城市建设及房地产开发等领域，包括城市功能性公益性项目投资融资、城市基础设施施工建设、土地一级开发、保障性住房建设、大型工程的施工建设以及城市功能性公益性设施的经营管理等。

中融国投集团一直在积极探索适合自身的发展之道。2009 年 6 月中融国投正式开拓海外业务，先后成立 ZRT 中融国投置业株式会社、ZRGT Group DWC_ L. L. C、CCG TECHNICAL WORKS L. L. C 等海外公司，拥有从产品技术研发、勘察设计、工程承包、地产开发、设备制造、物业管理等完整的建筑产品产业链条。中融国投集团先后进入马来西亚、新加坡、韩国市场，实现了在地产、文化领域的稳步发展。

10. 2　中冶置业集团有限公司

中冶置业集团有限公司（以下简称“中冶置业集团”）是中国中冶独资的大型国有房地产开发企业，也是中国中冶房地产业务的核心企业，拥有国家一级房地产开发资质。

2005 年国务院国资委批准房地产作为中国中冶主营业务之一，由此掀开了中冶置业集团创新提升、做强做优的新篇章。历经风雨洗礼，公司凭借专业化运营管理、集团全产业链优势及资源有效整合能力，实现跨越式发展，全面完成以长三角、环渤海、珠三角为重点发展区域并辐射全国的战略布局，开创了统一品牌与区域化经营相结合的发展新纪元，成为业务涵盖房地产开发、酒店管理、物业管理、资产运营在内的多层次、专业化经营的房地产企业。

中冶置业集团坚持多业态经营的发展路线。企业发挥中国中冶高水准的全产业链优势，以精益求精、追求完美的态度，打造品质人文住宅；企业联合全球行业优势资源，以放眼世界、尊重传统的智慧，实施城市综合开发；企业运用中国中冶领先的工程施工技术经验，以敢肩风雨、勇担责任的豪迈，开发高质量的保障性住房等民生工程。企业以科技创新为依托，以人文精神为内涵，研发更加节能环保、自然舒适的人性化产品，营造可持续发展的自然条件，将高品质和人文精神的元素源源不断地灌输到企业开发的每一类产品中，致力于为客户缔造美好舒适的生活工作环境。

10.3 青岛政建投资集团有限公司

青岛政建投资集团有限公司，是以地产投资开发为主业，集商业市场运营、酒店管理、餐饮连锁、物流贸易、医疗机构、教育及投资为一体的大型综合性集团。

截至目前，公司已成功开发了中韩国际小商品城（25 万平方米）、世纪美居家居建材园（23 万平方米），青岛国际动漫游戏产业园（12 万平方米）、多瑙河四星级国际大酒店（3 万平方米）、投资兴建北京电影学院（青岛）现代创意媒体学院项目，占地 510 亩，建筑面积 25 万平方米。

集团目前正在开发的项目：城中城商业综合体，规划建筑面积约 30 万平方米，集五星级酒店为辅、中型超市、电影院、餐饮/娱乐/休闲、主题商业、酒店式公寓、住宅于一体的区域综合体；青岛星河湾项目，是集团控股与国内高端住宅开发商广州星河湾集团联合投资开发的高端项目，占地面积约 1200 亩，规划建筑面积 200 万平方米，项目总体以精装住宅为主，商业、五星酒店的综合项目；同时，集团正在筹建占地 2000 亩，投资 15 亿元的影视基地项目。至此，公司已完成或正在开发面积超过 400 万平方米。

集团目前在青岛、济南、河北投资了三家专科医院，以小专科、大综合逐步进入医疗领域。同时，参与投资企业及项目有：支付宝（阿里巴巴集团创办的第三方支付平台）；欧陆之星钻石上海有限公司（全球最大的钻石生产贸易商）；北京德美艺嘉文化产业有限公司（融艺术解决方案、艺术推广、艺术金融、艺术公益于一体的全产业链商业模式的专业机构）。

在集团多年成功地产开发的基础上，正逐步向酒店服务、商业运营、医疗、教育、影视文化服务、收藏和投资为主转型。

10.4　贵州黔中铁旅文化产业发展有限公司

贵州黔中铁旅文化产业发展有限公司是中国中铁旗下的核心企业之一。公司注册资本金为2亿元人民币，拥有12家全资子公司，与美国、瑞典、日本和中国台湾等国家和地区国际公司合作，主要承担中铁国际旅游度假区内太阳谷养生养老项目的整体开发，项目占地面积1600亩，总投资约100亿元。

10.5　中国新兴（集团）总公司

中国新兴（集团）总公司于1989年经国务院批准成立，为全军最大的企业集团，1998年与军队脱钩重组，1999年3月列为国务院管理的中央企业，2009年10月新兴集团战略重组整体并入国有重要骨干中央企业——中国通用技术（集团）控股有限责任公司，成为其全资子公司。

中国新兴（集团）总公司的经营范围包括建筑地产、贸易物流、医药制造三大主营业务，同时还兼营煤炭开采、宾馆餐饮、物业出租、资产管理等业务。集团在长期的发展建设中，形成了鲜明的企业个性。一是在国家和军队重点工程建设上具有独特的优势；二是具有国务院、中央军委授予的军需后勤装备出口专营权；三是国家军援、军贸任务的重点承担单位；四是国家和军队特殊装备进口任务的重点承担单位；五是国家军事交通运输战略预备保障单位；六是国家血液制品定点生产单位。

新兴集团建筑企业有60年服务军队和建设祖国的光荣历史，被建设部首批核准为国家房屋建筑工程施工总承包特级资质，拥有公路工程和机电安装两个总承包一级和装修装饰、钢结构等六个专业承包一级，以及建筑装饰、建筑幕墙、钢结构三个设计甲级资质，拥有对外承包工程经营资格证书，营业资质达到了国家建筑施工行业的顶级水平。

新兴集团所属进出口贸易企业，长期担负对外军援军贸任务，在国家计划单列，是国家工商总局和海关 A 类管理企业，享有国务院、中央军委授予的军需与后勤装备出口专营权。与全球 100 多个国家和地区建立了稳定的军品贸易关系，在海外军需品市场上形成了良好的声誉和影响。

新兴集团所属血制品生产企业，是国家批准的国内 30 余家定点生产企业之一，具备年 300 吨血浆处理能力，设有博士后工作站，科研和新产品开发能力处在国内同行业前列。企业主导产品被列入国家火炬计划，并被认定为国家重点新产品、上海市新产品和上海市高新技术成果转化项目。

截至 2010 年 12 月，新兴集团总资产 114.54 亿元，2010 年度实现营业收入 141.21 亿元，净利润 2.24 亿元。

10.6　建业住宅集团（中国）有限公司

建业住宅集团（中国）有限公司，是香港建业住宅集团有限公司于 1992 年 5 月在国内创办的专注住宅产业开发的独资企业，公司具有国家房地产开发一级资质，是香港上市公司——建业地产股份有限公司的全资子公司。

建业住宅集团定位为中原城市进程和社会全面进步的推动者，坚守“让河南人民都住上好房子”的企业理想与使命，并逐渐形成了“森林半岛”“联盟新城”“壹号城邦”“桂园”及“建业十八城”等产品系列，提升了河南各城市的人居水平，为河南城镇化进程的推进做出了重要贡献。与此同时，公司整合相关物业、教育、酒店、足球、商业、绿色基地等资源，构建“私人订制”式大服务体系，开启由城市综合开发企业向城市居民新型生活方式服务企业的转型。

目前，建业住宅集团已进入河南的 18 个地级城市和 22 个县级城市。截至 2014 年 12 月 31 日，本公司开发项目累计竣工建筑面积约 1380 万平方米，拥有在建项目共 43 个/期，在建总建筑面积约 446 万平方米，土地储备建筑面积约1996万平方米，其中权益建筑面积约1695万平方米。报告期内，新开工面积约284万平方米，销售面积约218万平方米。

建业连续十多年蝉联河南省房地产行业纳税冠军，2014年企业纳税总额突破23亿元人民币，在国税和地税纳税排名中双双位居河南省房地产行业榜首，系唯一入评河南省国地税纳税总额前十的房地产企业。2014年3月19日，2014中国房地产500强评测成果发布，建业获评2014中国房地产开发企业500强第26位，并连续六年位居区域运营十强第一名，蝉联中国房地产上市公司经营绩效五强；2014年9月17日，2014中国房地产品牌价值测评成果发布，建业品牌价值以新高的68.36亿元继续位居河南房企第一品牌，也是入围榜单50强的唯一河南本土房企。

10.7　中国武夷实业股份有限公司

中国武夷实业股份有限公司（以下简称中国武夷）是以房地产业为基础、投资开发为重点、外向型经济为主导的资金、技术、管理密集型国有控股大型企业；由福建建工集团总公司独家募集设立，于1997年7月15日在深圳交易所挂牌上市的股份公司（股票代码：000797）。经营范围涵盖国内外房地产投资开发、物业管理；国内外工程承包；境内外投资、兴办实业；资本运营、融资、BOT；高新技术开发、合作；装饰装修；国际贸易、建筑材料、设备进出口；国际经济技术、劳务合作等。

中国武夷先后在我国香港、澳门地区及菲律宾、马来西亚、澳大利亚、美国、加拿大、肯亚、赤道几内亚、坦桑尼亚、南苏丹、加纳等国家和地区以及北京、南京、长春、重庆、福州、厦门、泉州、漳州、南平等城市设立子公司、合资公司和分支机构，在境内外承接了大量道路桥梁、机场、医院、会议中心、市政建设等当地有影响力的大型公共基础设施、大型房屋建筑、装饰装修等工程，投资并开发了房地产项目。1994年以来，中国武夷连续每年被美国《工程新闻记录》评为国际最大

225家承包商之一并荣获“国际知名承包商”奖牌，先后多次受到国家部委、福建省政府表彰，连续被福建省工商局评为“守合同、重信用”单位，1998年通过ISO9002国际质量管理体系认证。公司拥有国家建设部批准的一级房屋建筑工程施工总承包资质和国家一级房地产开发资质。

10.8　山东天泰建工有限公司

山东天泰建工有限公司创建于1965年，现为房屋建筑工程施工总承包一级企业。主要承包工程为房屋建筑、装饰装修、机电设备安装、钢结构、建筑幕墙和起重设备安装等工程。

公司拥有总资产2.3亿元，注册资本金5120万元，在册职工3600人，其中：技术工人2744人（四级以上技工1474人），管理人员856人，其中高级工程师12人，工程师71人，助理工程师172人，会计、经济师10人。大、中专毕业生346人，技术员245人，固定资产净值7082万元，主要施工机械设备445余台，其中：大型起重机械QTZ－60自升式起重机5台，QTZ－40塔式起重机26台，QTZ－31.5塔式起重机30台，HBT40砼输送泵2台，JZS350砼搅拌机56台，WY－100挖掘机5台，解放20吨自卸车13辆，解放8吨自卸车8辆，总功率达7004.44余千瓦，人均技术装备率7100余元。设备齐全，工种配套，技术精良，是建筑之乡和全镇的支柱企业。能承揽化工、机械、纺织、商业、文教等系统的各种工艺复杂、超高层、大跨度的工业与民用建筑及工业设备安装工程。

10.9　卓达房地产集团有限公司

卓达房地产集团有限公司创建于1993年7月，现净资产超过千亿元，企业员工达1.5万余人。卓达集团业务涵盖新型材料、养老健康产业、现代农业、卓达物业、旅游产业、文化产业、创意产业、低碳智慧城市建设、港口建设及运营等实业，拥有新型材料、竹钢、木钢、养老等方面数千项专利与技术，项目遍及全国二十几个省市，并且走出了国门，分别在马来西亚、俄罗斯等国进行大开发。

以国际视野统揽海内外市场，以大需求规划集团大战略，是卓达集团高速发展的保障。瞄准国际国内30万亿元绿色建材、绿色建筑市场旺盛需求，卓达集团创新科技，填补世界空白，自主研发高科技绿色新型材料和模块化组装式绿色建筑，掀起建筑业、建材业和房地产业革命，被国家住建部确定为“国家住宅产业化基地”，产品风行世界，仅在俄罗斯，卓达新型材料一举通过联邦合格认证、防火认证、卫生检疫合格认证三项国家认证。

经过8年探索，卓达集团独创“居家＋社区＋机构”三位一体的全龄化养生养老社区模式，集团在京东南开发建设了中国首家养老示范基地——卓达太阳城养老示范社区，共建集养老、文化、生态休闲、健康、教育等于一体的养老社区，目前已被列入民政部确定的五大养老基地之一。卓达集团也已成功走向海外，在马来西亚麦迪尼开发总面积达100万平方米国际高端住宅项目，开创国际化发展的新兴之路。

11 金融

11.1 嘉实基金管理有限公司

嘉实基金管理有限公司，是由广发证券有限责任公司、北京证券有限责任公司、吉林省信托投资公司、中煤信托投资有限责任公司共同发起设立，经中国证监会批准成立的基金公司，旗下已有十几个基金产品。嘉实基金是中国知名的基金管理公司，目前总共管理规模近6000亿元。

2002年年初与英国保诚集团公司签订技术合作协议，英国保诚集团是拥有150余年历史的英国最大规模的金融服务集团之一，该公司旗下管理的全球基金规模超过2500亿美元。

2003年10月，经中国证监会证监基金字〔2003〕55号文批准，公司股东广发证券股份有限公司将其所持公司出资额转让给中煤信托投资有限责任公司，公司增加注册资本 600 万元，公司新增股东——立信投资有限责任公司。

嘉实投资是嘉实基金旗下的私募股权管理公司，2014 年以创新方式 150 亿元领投中石化销售公司混合所有制改革，2015 年以来先后投资中国顶级科技孵化企业、医药企业、城市租车等，并将继续围绕科技创新和国企混改开展股权投资，支持中国“一带一路”等重大战略。

11.2　亚洲基础设施投资银行

亚洲基础设施投资银行（Asian Infrastructure Investment Bank，简称亚投行，AIIB）是一个政府间性质的亚洲区域多边开发机构，重点支持基础设施建设，成立宗旨在促进亚洲区域的建设互联互通化和经济一体化的进程，并且加强中国及其他亚洲国家和地区的合作。总部设在北京。亚投行法定资本 1000 亿美元。

2013 年 10 月 2 日，习近平主席提出筹建倡议，2014 年 10 月 24 日，包括中国、印度、新加坡等在内 21 个首批意向创始成员国的财长和授权代表在北京签约，共同决定成立亚洲基础设施投资银行。

2015 年 4 月 15 日，亚投行意向创始成员国确定为 57 个，其中域内国家 37 个、域外国家 20 个。

2015 年 6 月 29 日，《亚洲基础设施投资银行协定》签署仪式在北京举行，亚投行 57 个意向创始成员国财长或授权代表出席了签署仪式。

2015 年 12 月 25 日，亚洲基础设施投资银行正式成立，全球迎来首个由中国倡议设立的多边金融机构。

2016 年 1 月 16—18 日，亚投行开业仪式暨理事会和董事会成立大会在北京举行。

亚投行初期投资的重点领域主要包括五大方向，即能源、交通、农村发展、城市发展和物流。

11.3　万贝科技发展集团有限公司

万贝科技发展集团（天津）有限公司，成立于2011年，集团注册资本3.7亿元。集团是集保险金融、国际保险经纪、互联网电商、国际贸易、国际货运代理、平行进口车、企业咨询、融资租赁经纪服务等众多行业为一体的大型股份制公司。已在印尼、泰国、巴基斯坦、坦桑尼亚，北京、上海、广州、深圳等国内外40多个城市设立分支机构，未来将在国内外陆续设立超过100家分支机构。

集团以国际保险经纪业务、平行进口车业务两大主营业务为核心，同时集发展保险金融、互联网电商、国际贸易、国际货代、企业咨询、融资租赁经纪服务等为一体的民营集团公司。

万贝国际保险经纪公司是经中国保险监督管理委员会批准的一家全国性专业保险经纪公司。公司成立以来与瑞士再保险、人保、平安、太平洋等国内外40余家保险（集团）公司签订战略合作协议，先后为国家海外大型水电项目、国内外大型建设工程项目以及银行金融产品等提供保险经纪服务，累计保费超过300亿元。

平行进口车业务是万贝集团与天津天保控股（国企）合作，共同打造的进口车质保、延保、三包服务平台，是目前国内能承接平行进口车“三包”服务技术实力最强，网络覆盖最广的唯一平台，也是唯一能实现平行进口车免费“首保”的售后网络，将平行进口车从单一销售产业向汽车销售、售后服务、保险金融、配件零售等综合性、多元化、链条式产业发展。

11.4　复星集团

复星创建于1992年。作为一家致力于成为全球领先的专注于中国动力的投资集团，复星先后投资复星医药、复地、豫园商城、建龙集团、南钢联、招金矿业、海南矿业、永安保险、分众传媒、Club Med、Folli Follie、复星保德信人寿等。2007年，复星国际（00656.HK）在香港联交所主板上市。2011 年，复星投资企业纳税 89 亿元，提供就业岗位 8.9 万个，年度员工薪酬超 50 亿元人民币。20 年来，复星已累计向社会捐赠超 6 亿元。

复星坚持扎根中国，投资于中国成长根本动力，积极践行其“中国动力嫁接全球资源”的投资模式，矢志向“以保险为核心的综合金融能力”与“植根中国、有全球产业整合能力”双轮驱动的世界一流投资集团大步迈进。目前，复星的业务包括综合金融和产业运营两大板块。

在实践中，复星持续打造发现和把握中国投资机会的能力，优化管理提升企业价值的能力和建设多渠道融资体系对接优质资本的能力，形成了以认同复星文化的企业家团队为核心，以上述三大核心能力为基础的价值创造链的正向循环，成为复星业务稳定高速增长的坚实基础。

在追求经济发展的同时，复星也不忘与员工、社区、合作伙伴分享自身的发展，积极回馈社会，并一直积极投身中国商业生态和自然生态的改善，支持中国经济和中华文化的复兴。

11.5　昆仑银行

昆仑银行前身为成立于 2005 年 12 月 31 日的克拉玛依市商业银行，经中石油集团两次增资控股，中石油将其收购（92%股权）后，2009 年 4 月 20 日正式更名为昆仑银行，总部计划迁往北京。截至 2010 年年底，昆仑银行总资产为 826.04 亿元，同比增长 2.82 倍，是重组前的 21 倍。2012 年 7 月 31 日，美制裁伊朗的新措施殃及昆仑银行。

昆仑银行股份有限公司原来系经中国人民银行克拉玛依市中心支行批准，于 2002 年 12 月 9 日设立的克拉玛依市城市信用社。经中国银行业监督管理委员会克拉玛依监管分局及中国银行业监督管理委员会新疆监管局批准，于 2006 年 6 月 6 日整体改制为克拉玛依市商业银行股份有限公司，并承继原克拉玛依市城市信用社的全部资产、负债和业务。2009 年 4 月，中国石油天然气集团公司对克商行注资重组。经中国银行业监督管理委员会新疆监管局批准，克商行于2010年4月再次增资，增资后克商行注册资本变更为420387万元。2010年4月20日，经中国银行业监督管理委员会批准，克商行更名为昆仑银行股份有限公司。

2009年4月20日，昆仑银行正式更名。2009年12月乌鲁木齐分行开业，2010年6月9日大庆分行挂牌开业，2010年7月13日吐哈分行成立，2010年7月15日库尔勒分行成立，2010年12月16日西安分行正式开业。另外，2010年12月10日在四川成立了昆仑银行乐山村镇银行；2011年8月24日在新疆成立了塔城昆仑村镇银行。中石油成功收编克拉玛依市商业银行，并将其改名为昆仑银行，足以彰显其欲借打造金融帝国来实现全球扩张的野心。业内人士认为，如今的中石油在全球范围内拥有越来越多的石油资源，同时依靠其自身的金融板块打造能源金融一体化的“综合性国际能源公司”，其影响力将不可低估。

昆仑银行正在全力健全公司治理、完善管理基础、加强风险管理、强化内控建设、拓展主营业务，经营呈现跨越式发展态势，主要指标保持在优良水平。依托石油石化能源产业，昆仑银行的特色业务初见规模。服务于石油石化产业链，贸易融资贷款模式已经形成规范。面向央企等大型优质客户，银团贷款业务正在多个市场展开。服务于石油企业区域化资金管理，提供资金清算、结算、担保等集中化管理服务。与代发工资业务相结合，提供多样化高附加值的理财服务。与改善矿区建设、改善职工住房条件相结合，开展多样化的个人住房贷款和住房开发融资服务。与石油天然气终端销售战略、大型石化基地建设、储运港口码头建设战略相协同，积极向上下游客户提供金融服务。与加油站网点结合，打造结算、信用、加油一体的“昆仑卡”的战略性项目已经启动。

昆仑银行已经在克拉玛依、独山子、乌鲁木齐、库尔勒、吐哈、大庆、西安等地开办了分支机构，北京、沈阳、哈尔滨、成都等分行也在筹建之中。昆仑银行通过特色业务和金融服务，为油气主业发展提供支持，为地方经济发展做贡献，为驻地居民生活提供便捷优质的服务。

11.6　香港招商局集团有限公司

招商局集团（以下简称招商局）是国家驻港大型企业集团，经营总部设于香港，亦被列为香港四大中资企业之一。招商局业务主要集中于交通（港口、公路、能源运输及物流、修船及海洋工程）、金融（银行、证券、基金、保险）、房地产三大核心产业。

招商局是内地和香港交通基建产业的重要投资者和经营者，已基本形成全国性的集装箱枢纽港口战略布局，旗下港口分布于珠三角的香港、深圳，长三角的上海、宁波，渤海湾的青岛、天津，厦门湾的厦门及西南沿海的湛江，并在国际化战略上迈出了坚实的步伐。目前在全球 14 个国家和地区拥有 27 个港口。2014 年，招商局旗下港口集装箱吞吐量为 8084 万 TEU（其中内地港口集装箱吞吐量为 5956 万 TEU，占全国市场份额约 30%）；散杂货吞吐量达到 3.63 亿吨。招商局同时在北京、上海、江苏、广东等 18 个省市投资有总里程 7437 公里的高等级公路、桥梁、隧道。

招商局物流业积极、审慎地进行了全国性的网络建设工作。截至 2014 年年底，招商局物流在全国重要城市设立了 72 个物流网络运作节点，全国性物流网络布局初具规模。招商局还通过收购澳大利亚路凯（Loscam）公司成功进入托盘共享租赁行业，并与全球最大冷链物流服务商 Ameri Cold 建立合资公司“招商美冷”，构建综合性冷链物流网络体系。

招商局的金融业包括银行、证券、基金及基金管理、保险及保险经纪等业务领域。招商局发起、目前又是作为最大股东的招商银行，是中国领先的零售银行。目前，在国内 110 个大中城市设有分支行，2420 家自助银行；在香港地区设有香港分行，并拥有永隆银行及招银国际两家全资子公司；在台湾地区设有代表处；在美国设有纽约分行和代表处；

在英国设有伦敦代表处。招商证券为国内AA级券商之一，目前，招商证券在全国60个城市（不包含香港）开设了100多个营业网点。2014年，招商证券股基权交易量市场份额为4.36%，市场排名第7位。2012年招商局成立招商局资本，推进集团内部基金整合，建立直投基金管理的统一平台。

招商局在工业、贸易、科技产业投资等领域也都有着雄厚的实力。招商局拥有香港最大规模的修船厂；2008年投资的世界一流的大型修船基地在深圳孖洲岛建成投产；2013年，完成收购江苏海新重工船厂资产，进一步壮大了海工建造实力。招商局创办并为其第一大股东的中集集团是世界最大的集装箱及机场设备制造商；旗下香港海通有限公司在中国交通海事贸易领域内有着成熟的市场网络和丰富的经验；招商局在高科技风险投资领域也走在了全国的前列。

11.7　中国平安财产保险股份有限公司

中国平安财产保险股份有限公司是中国平安保险集团长期以来经营和发展的基础，27年来，平安产险业务规模逐年攀升，业务发展稳健。2014年，公司获中国保监会核准同意，股本达到210亿元人民币。经营区域覆盖全国，在国内各省市、自治区设有41家分公司，2200多个营业网点；此外，还在世界150个国家和地区的近400个城市设立了查勘代理网点，与中国再保险集团公司、汉诺威再保公司、安联再保公司、慕尼黑再保公司、瑞士再保公司等国内外160多家保险公司、再保公司建立了业务往来。

2014年，平安产险实现保费收入1428.57亿元，同比增长23.8%。依据中国保监会公布的2014年中国保险行业数据计算，平安产险的保费收入约占中国产险公司原保险保费收入总额的18.9%。以保费收入衡量，平安产险是中国第二大财产保险公司。车险保费收入首次突破1000亿元，成为车险第一品牌。面对竞争日趋激烈、行业盈利能力面临下行压力的产险市场，平安产险坚持创新发展，持续提升专业技术水平，盈利能力保持良好，综合成本率为95.3%。

平安产险经营业务范围涵盖车险、企财险、工程险、货运险、责任险、信用险、家财险、意外及健康险等一切法定产险业务及国际再保险业务，近年又适时开发推出了电话营销专用车险、环境污染责任险、食品安全责任险、安全支付责任险、董事及高级职员责任险、光伏组件能效损失补偿责任险、诉讼财产保全责任险、国内贸易信用保险、移动通信费用信用险、运动员失能保险、境外旅行意外伤害保险、个人账户资金损失险、非机动车综合险、宠物保险、装修类保险、租房类保险、奶粉保险等符合市场需求的新险种，截至2014年年底，经营的主险已达642个。

11.8　启迪控股股份有限公司

启迪控股股份有限公司是清华科技园的开发、建设、运营单位，是清华控股有限公司旗下的国有控股混合所有制企业，是启迪桑德（000826）、启迪古汉（000590）、启迪国际（00872）、世纪互联（VNET）的第一大股东，是紫光股份（000938）、中文在线（300364）、汉邦高科（300449）等的重要股东。公司旗下控参股企业200多家，管理总资产逾1500亿元。

经过22年的发展与探索，启迪控股积累了丰富的科技园开发与运营经验，形成了一支高素质的经营管理队伍，积极推动创新资源与区域经济的有机互动，成功构建起辐射全国的以科技园区为载体的创新体系，辐射网络覆盖50多个城市及地区，并已在中国香港及美国、韩国、俄罗斯、以色列等地建立了国际化的孵化网络基地群，成为中国创新体系中的一支生力军。

作为启迪控股的旗舰产品，清华科技园北京主园区是目前世界上单体最大的大学科技园，已经成为清华大学社会服务功能的重要平台，成为推动区域自主创新的重要平台，成为中国乃至世界科技园行业的知名品牌。

启迪控股响应国家创新驱动发展战略，落实清华大学服务社会职能，在“致力于成为科技服务业的中国引领者和全球典范”这一总体目标下，依托已经形成的科技创新创业服务平台、园区与新型城镇化建设平台、金融资产管理平台，逐步形成了以启迪科技服务、启迪科技城投资开发、启迪科技园及孵化器运营管理、启迪科技金融平台为核心，教育、传媒、酒店等为支撑的业务架构，已经成为中国新型城镇化进程中的一支生力军，成为拥有丰富经验和智慧、具备全面业务能力的科技服务提供商。

启迪控股通过整合内部的孵化器、创业投资和科技实业等业务，同时并购重组了桑德环境和紫光古汉等外部知名企业，组建了启迪科技服务集团，启迪科服集团业务聚焦节能环保和大健康领域，建立了中国独特的具备“孵化+金融+云服务”生态概念的中国新经济生态系统——科技服务生态系统；并通过整合内部地产资源，成立了启迪科技城集团，负责利用创新思维推进科技新城的开发建设、运营。

11.9　湖南高新创业投资集团有限公司

湖南高新创业投资集团有限公司（以下简称高新创投）成立于2007年9月，注册资本20亿元，系湖南创新财政管理模式、推动高新技术产业发展的重要载体。集团秉承“服务科技，发展高新，促进新型工业化”的经营宗旨，主要从事创业投资、基金管理、资本运营、资产管理等业务。

经过9年的发展，集团已成为国内少数几家覆盖创业投资全产业链的综合性投资控股集团，在全国多省均设有分支机构，拥有全资、控股或控制二级公司7家，投资类业务涵括天使投资、VC、PE、并购基金、定增基金，累计投资项目200多个。其中15家已投资企业成功上市，22家企业在“新三板”挂牌，14家企业实现成功退出；累计支持300余项科技成果产业化。

通过联合社会资本，高新创投先后设立各类基金和基金管理公司 60 余家，总规模超过 200 亿元。其中，受托管理的湖南省创业投资引导基金实现了近 9 倍的杠杆效应。在项目投资方面，高新创投通过国有资本市场化运作，引导社会资本跟进投资累计 140 亿元。针对湘电新能源项目的投资，集团通过出资 4200 万元，向社会融资 6.47 亿元，对湘电新能源完成 6.89 亿元的股权投资，放大倍数达 17 倍，首开湖南结构化融资进行股权投资之先河。

11.10 中国华夏文化遗产基金会

中国华夏文化遗产基金会是享有海内外募资资格的公募基金会，是我国文化遗产发现研究、保护的社会组织之一。基金会于 2007 年 8 月 28 日在民政部正式注册登记，由文化部作为业务主管单位，以“唤醒公民保护文化遗产的意识及责任，配合政府调动民间力量修缮和保护中国文化、历史遗迹，推动社会发展和经济建设”为宗旨，以“取之于民，用之于民，造福人类”为原则而成立。

基金会发挥优势平台效应，自成立之初便致力于同与中国友好的各个国家进行深层次的国际文化交流活动，基金会品牌活动“东方之韵”已成为中国对外友好活动的一张亮眼名片。同时，基金会还积极探索“一带一路”下的民间文化交流。基金会自 2014 年开始，已连续两年举办“两岸四地青年牵手丝绸之路行”活动，通过组织香港、澳门、台湾及大陆十几所高校的百余名师生重走甘肃、新疆的古丝绸之路，获取深入体验与感受，建立属于青年人互动、交流的新丝绸之路，主动承担起振兴丝绸之路的文化责任。

通过深耕“一带一路”沿线地区和国家，针对“一带一路”文化及文化产业，基金会已累积深厚的学术研究和文化项目生产能力，首先提出了“中巴文化走廊”的概念，并得到了巴方的认可，更好地为“一带一路”的发展打下坚实的根基。

11.11 宝能集团

宝能集团创始于1992年，总部位于深圳，历经20余年稳健经营和高效发展，现已发展成为涵盖物业开发、科技园区、现代物流、综合金融、医疗健康五大核心产业的大型现代化企业集团。目前产业布局覆盖长三角、珠三角、环渤海和东盟自贸区以及“一带一路”的核心节点城市。集团资产规模超过4000亿元，净资产逾1000亿元，市值逾5000亿元，2015年实现净利润213亿元。宝能集团旗下包括五大板块：

（1）物业开发板块。凭借“开发、经营、管理”一体化的运作模式，深度布局中国最具活力的珠三角、长三角、环渤海湾等多个区域，发展至深圳、北京、天津、合肥、扬州、沈阳、石家庄、南宁、无锡等20多个重点城市，形成立足深圳、辐射全国的发展态势。

（2）科技园区板块。以园区为平台，以金融为纽带，推动产业升级，提供从企业创立、孵化、加速成长到总部基地的全周期、全方位服务。

（3）现代物流板块。旗下深业物流集团是中国最早开展现代物流服务的企业之一，在产业、商业、物流综合运营等领域积累了专业且丰富的服务经验，多个产业园区和专业市场的规模及效益均位居深圳行业前列。

（4）医疗健康板块。着力打造中高端以三级综合医院为主的医疗服务体系，启动广州、南宁、西安、石家庄等地综合性医院的建设项目，整合优质养老服务资源，为大众提供高端的养老服务。

（5）综合金融板块。涵盖人寿保险、财产保险、公募基金、私募基金、互联网金融、第三方支付、小额贷款、战略投资等业务，目前已初具规模。公司已成为万科、中炬高新、南玻集团、广东韶能四大上市公司的第一大股东，并同时作为华侨城、中国金洋、南宁百货、合肥百货等企业的重要股东。

11.12　深圳盛世华房股权投资基金管理有限公司

深圳市盛世华房股权投资基金管理有限公司总部位于深圳，是一家致力于文化旅游、健康养生养老、商贸物流和环境环保等核心领域投资的基金管理公司。

盛世华房是一个巨大的孵化器。基金牵头，控制稀缺资源，精选各产业价值链的领军企业为合作伙伴，共同量身定做细分板块的战略投资运作规划，强强联合、专业分工，重资产开发与轻资产运营相结合，实体经营与资本运作双轮驱动，打造契合未来发展趋势的生态圈。

在此基础上，盛世华房以真正股权的形式投资于符合四大产业的高成长型企业，在我们所控制及所影响范围内，为其提供包括但不限于资金、市场、渠道、独家授权等各项资源，帮助其成长、孵化，并通过产业并购、IPO、反向收购上市公司等方式，实现项目的顺利运营、价值的整体提升及增值退出，最终实现股东回报最大化。

对于盛世华房来说，物业景区开发建设的完毕，仅仅是整个产业链条的开始，内容制作、企业孵化、境内外资本运作才是关键。以用户的感受、体验和互动为核心的人本主义互联网思维，在盛世华房基金运作的全过程中，得到充分体现。

12　园区港口

12.1　杭州东部软件园

杭州东部软件园位于中国东部经济最为发达的长江三角洲区域城市——杭州，成立于2001年，园区以“企业化管理、市场化运作、专业化服务、国际化道路”的运行模式，实施专业化园区开发、投资、管理、服务，将政府政策的导向功能与企业的市场提升能力有效结合，赋予园区以思想与生命力。阿里巴巴、神州数码、中兴通信、华为杭研所、联想科技、Amdocs、CSK、Webex等国内外著名的高科技企业云集于东部软件园，天夏科技、中正生物、家和智能、星软科技、国芯科技等一大批中小型科技企业在东软得到快速的成长。整个园区呈现出科技企业集聚、科技氛围浓厚、创业环境优良、创新活力强盛、中小企业快速成长，创新服务显著的生动局面。东部软件园已成为国内具有相当影响力的高科技聚集辐射中心。

杭州东部科技投资有限公司创立于2006年，是一家按照国家颁布的《创业投资企业管理办法》《公司法》等有关法律法规组建的科技创业投资公司。

公司以具有市场发展前景的高新技术企业为核心投资方向；以初创成长型高新企业为投资重点；为中小高新技术企业的快速成长提供资源、资本、管理、推广等各方面的支持，帮助投资企业实现市场价值的最大化，致力于成为高科技企业走向资本市场的桥梁，成为各方投资者整合资源优势、发挥行业特长的载体，为高新技术企业实现市场价值，为投资合作者赢得最大投资回报。

12.2　克拉玛依云计算产业园

克拉玛依云计算产业园区于2012年11月15日经自治区人民政府正式批准成立，2013年5月19日开园奠基，是自治区“天山云”计划的核心基地，也是自治区目前批准的唯一一家云计算产业园区。2014年，园区建设项目被列为国家重点项目；2015年，园区管委会获得工信部颁发的首届“云帆奖”之“2014—2015年推动云计算产业发展突出贡献单位”。

园区近期规划用地10.84平方公里（起步区3.5平方公里），中期规划用地20平方公里，远期规划用地30平方公里。将重点发展云计算、大数据、服务外包、电子商务、软件研发、物联网、地理信息等产业集群。预计到2020年，将建成拥有3.5万个机柜数的大型云计算数据中心和灾备中心聚集区。

目前，园区已聚集了华为云服务数据中心、中国石油数据中心（克拉玛依）、新疆维吾尔自治区重要信息系统异地灾难备份中心、中国移动集团（新疆）数据中心等大型数据中心项目以及国家信息中心电子政务外网西北数据中心和灾备中心、国家天地图克拉玛依数据中心暨北方灾备中心、中国航天集团西北卫星通信网基地、新疆亿赞普科技有限公司“亚欧跨境电子商务平台”、中心通信、清华同方、北京超图等国家重点项目和业内重要企业。

今后，园区将通过推进全球云计算数据中心基地、全国大数据应用基地、全国云计算应用示范基地、中亚信息服务外包基地建设，支撑市“石油中心”建设以及新疆丝绸之路经济带核心区建设，同时，向丝绸之路经济带沿线上的国家和地区提供优质、低廉的云服务。最终将克拉玛依建成丝绸之路经济带信息中心。

12.3　日照港集团有限公司

日照港是国家重点发展的沿海主要港口，新亚欧大陆桥东方桥头堡，“一带一路”重要支点。1982 年开工建设，1986 年投产运营。2006 年吞吐量突破 1 亿吨，2015 年完成 3.37 亿吨，居中国大陆沿海港口第 8、世界第 11 位，现拥有石臼、岚山两大港区，53 个生产泊位，年通过能力超过 3 亿吨。

日照港集团有限公司成立于 2003 年 5 月，现有固定员工 9000 余人，拥有各类子、分公司 47 家，业务涵盖港口业务、物流贸易、建筑制造、金融服务四大板块，总资产超过 500 亿元。2006 年 10 月，日照港股票在上海证交所首发上市，实现了港口发展生产经营与资本运作的“双轮驱动”。秉承“合作凝聚力量，携手创造价值”的理念，日照港与中石化、中石油、新加坡裕廊港、亚太森博、山东钢铁等 70 多家中外大型企业成功合作。日照港集团成立以来，先后荣获全国文明单位、全国质量奖、山东省长质量奖等荣誉称号。

日照港区位优势显著。地处中国海岸线中部，山东半岛南翼，环太平洋经济圈、黄（渤）海经济圈和新亚欧大陆桥经济带的接合部，“一带一路”交汇点，隔黄海与韩国、日本相望，在中国生产力布局和全球能源、原材料运输格局中具有重要战略地位，是中国中西部地区乃至中亚、西亚国家和中蒙俄经济走廊主要出海口。

日照港建港条件得天独厚。湾阔水深，陆域宽广，建港条件优越，适宜建设包括20万—40万吨级在内的大型深水泊位200余个，是难得的天然深水良港。后方陆域平坦开阔，可为临港工业和现代物流业务发展提供广阔空间。

日照港集疏运便捷高效。海上航线可达世界各港，已与100多个国家和地区通航。陆上通过新菏兖日铁路、陇海铁路向西经新疆阿拉山口和霍尔果斯出境可达中亚、西亚国家及荷兰鹿特丹，通过瓦日铁路向西经甘其毛都出境直达蒙古；日兰、沈海2条高速和4条国道干线直联港口，通往全国各地。日照至江苏仪征、日照至山东东明和已列入规划的日照至河南洛阳3条输油管线年总运力7600万吨，直接连通原油码头与石化企业。港口码头与临港企业通过皮带机相互连接。日照港已形成整合航运、铁路、公路、管道、皮带等多种运输方式、大进大出、集疏运便捷的综合运输格局。

12.4 巴中苏斯特口岸有限公司

巴中苏斯特口岸有限公司（以下简称“苏斯特干港”）是经中华人民共和国商务部和巴基斯坦政府有关部门批准，由中外运长航集团新疆有限公司与巴基斯坦丝路口岸有限公司合作建立。注册地址：巴基斯坦吉尔吉特。主要经营范围：汽车运输，海、陆、空国际化货运代理，进出口贸易，仓储，集装箱（货柜）中转，专业报关，宾馆，旅游。

苏斯特干港是由中方控股的中巴贸易口岸，于2004年竣工，2005年

5 月正式营业。巴中苏斯特口岸干港项目，是两国企业间的经济项目，更是关系到国家利益的政治战略项目。苏斯特干港与瓜达尔、卡拉齐、卡斯木港为贯穿巴国南北的重要陆港和海港。

苏斯特干港有力改善了中巴陆路口岸的通关环境，辅助中巴企业更顺利地进行跨境贸易，对促进巴基斯坦北部地区的经济发展、扩大就业，以及促进中巴友好交流都起到重要的纽带作用。

12.5　鲁巴园区

2006 年 11 月 26 日，在巴基斯坦旁遮普省省会拉合尔访问的中国国家主席胡锦涛和巴基斯坦总理阿齐兹共同为巴基斯坦和中国境外经济贸易合作区暨巴基斯坦海尔—鲁巴经济区揭牌，这是我国在境外正式挂牌的首个经济贸易合作区。

该合作区以现有的巴基斯坦海尔工业园为基础进行扩建，海尔集团与巴基斯坦 RUBA 集团合资建设，中巴股比为 55∶45。双方均以现金方式出资，共同购买土地、进行园区建设。规划面积 1.03 平方公里，分 3 期建设，总投资约 2.5 亿美元，建设期 5 年。合作区的产业定位以家电产品为主，包括相关配套产业和营销网络，吸引优秀家电企业入驻，形成品牌家电产业集群。

12.6　巴基斯坦瓜达尔港

瓜达尔港位于巴基斯坦俾路支斯坦省西南部，为深水港。中国政府应巴方的请求为该港口建设提供资金和技术援助。该港口于 2002 年 3 月开工兴建。2015 年 2 月，瓜德尔港基本竣工，2015 年 4 月中旬全面投入运营。中国石油运输路程将缩短 85%。瓜德尔港地理坐标 25.2°N、62.19°E，地区面积 12637 平方公里，人口 8.5 万人。

2015 年 9 月中国获租巴基斯坦瓜德尔港 2300 英亩（约 9.23 平方公里）土地，为期 43 年。巴基斯坦瓜德尔深水港一期工程（Gwadar Deep Water Port Project, Phase 1 in Pakistan）位于俾路支斯坦省瓜德尔镇，东距卡拉奇460公里，西距巴基斯坦伊朗边境120公里。该深水港是巴基斯坦的第三个主要港口，对巴基斯坦西部、北部地区的经济发展起到重要作用。瓜德尔港口一期项目工程包括三个泊位兼顾滚装的多用途码头。设计吞吐量为10万标准集装箱/年、杂货散粮72万吨/年。码头结构按5万吨集装箱船设计，总长度为702米，采用高桩预应力梁板结构。

12.7　陕西西咸新区发展集团有限公司

西咸新区是经国务院批准设立的首个以创新城市发展方式为主题的国家级新区。新区位于陕西省西安市和咸阳市建成区之间，区域范围涉及西安、咸阳两市所辖7县（区）23个乡镇和街道办事处，规划控制面积882平方公里。西咸新区着力建设丝绸之路经济带重要支点，建设成为我国向西开放的重要枢纽、西部大开发的新引擎和中国特色新型城镇化的范例。2015年，国家发改委出台关于推动国家级新区深化重点领域体制机制创新的通知，其中明确要求西咸新区2015年要重点围绕推进“一带一路”建设的有效途径开展探索。

陕西西咸新区发展集团有限公司（以下简称西咸集团）成立于2011年9月，是由陕西省人民政府批准，西咸新区开发建设管理委员会组建的大型国有企业。注册资本100亿元人民币，业务范围涵盖土地开发和整理，基础设施、生态及水利工程建设，文化产业、农业、旅游、房地产项目的开发和经营管理，资本运营等。公司重点围绕“一带一路”沿线国家开展“一园两地”模式的园区开发建设及作为省级层面的跨境合作平台。

按照《西咸新区贯彻落实〈陕西省“一带一路”建设2015年行动计划〉实施方案》。西咸集团将从促进互联互通、加强科教合作、深化经贸合作、创新金融合作等七个方面，发挥西咸新区“一带一路”中心区域作用。为此，专门组建了以做实、做成、做精为核心竞争力，以促进互联互通、加强科教合作、深化经贸合作这三个方面为重点，以培育、参与、融合为抓手，以“抢在前、走在前”为精神指引的信息平台、资源平台、整合平台和服务平台的混合所有制的西咸新区“一带一路”商务咨询有限公司，公司已成为推动“一带一路”建设的串联机构和资源整合平台。

12.8　中新苏州工业园区开发集团股份有限公司

中新苏州工业园区开发集团股份有限公司（以下简称“中新集团”）由中国、新加坡两国政府于1994年8月合作设立，作为中新合作载体，为苏州工业园区开发建设做出了重大贡献。

中新集团以“筑中国梦想、建新型城镇”为己任，确立了以新型城镇化建设业务为主体板块，以房产开发和市政公用事业为两翼支撑板块，实现板块联动、资源集聚的“一体两翼”协同发展格局。目前集团旗下拥有中新置地、中新公用、中新教服、中新苏通、中新苏滁等40多家子公司，员工约2600人，总资产200亿元。

中新集团不断输出苏州工业园区成功经验，已在宿迁市、南通市、安徽省滁州市、常熟市海虞镇、张家港市乐余镇和凤凰镇等地实施新型城镇化建设项目。集团旗下中新置地专注于房地产开发，精心打造各类住宅、工业载体及商业地产项目，积极推进城市功能配套建设。集团旗下中新公用长期致力于水务、燃气、热电、环境技术等城市公用事业的运营，并围绕“绿色公用”发展方向，着力开发新型环保事业。

中新集团将不断聚集新型城镇化建设的核心资源要素，搭建战略合作平台，致力成为中国新型城镇化领军企业。

12.9　珠海横琴新区

横琴新区位于珠海市横琴岛所在区域，地处广东省珠海市南部，毗邻港澳。2009年8月14日，国务院正式批准实施《横琴总体发展规划》，将横琴岛纳入珠海经济特区范围，逐步把横琴建设成为“一国两制”下探索“粤港澳”合作新模式的示范区。2009年12月16日，

“横琴新区”管委会在珠海市横琴岛正式挂牌成立，为广东省人民政府派出机构并委托珠海市人民政府管理。2015 年 3 月 24 日，中共中央政治局审议通过广东自由贸易试验区总体方案，横琴被纳入广东自贸区范围。

横琴新区的金融业发展迅猛，新区成立 6 年以来，金融业呈现跨越式发展态势，从只有 1 家农信社分社，发展成为横琴新区重要支柱产业。2009—2015 年，全区金融业增加值从 0.3 亿元增加到 7.7 亿元，年均增速 91.4%；金融类机构从 1 家增加到 2018 家，年均增速 350%。截至 2016 年 8 月末，金融类企业达 3077 家，占全市金融机构数量的 94.5%，注册资本达 4350 亿元。2016 年 1—7 月金融业纳税 26.85 亿元，占全区税收比重为 34.54%。2016 年上半年横琴金融业增加值 5.86 亿元，占全区 GDP 9.2%。

12.10　青岛欧亚经贸合作产业园区

青岛欧亚经贸合作产业园区设立于 2016 年年底，将按照“政府引导、企业主体、市场运作”的原则，通过设立面向欧亚地区的产业园区，加快推进与欧亚国家的经贸合作，深入融入国家“一带一路”战略。

园区的设立，一是培育面向欧亚、对接日韩的国际多式联运转口贸易通道。依托胶州多式联运海关监管中心，对接新亚欧大陆桥和泛亚铁路大通道。开展与匈牙利、罗马尼亚在海外仓和海港、内陆港合作，拓展中东欧贸易通道。与新疆阿拉山口、霍尔果斯陆路口岸合作建设口岸物流集散基地，与新疆喀什陆路口岸合作对接中巴经济走廊、孟中印缅经济走廊，拓展巴基斯坦、柬埔寨等南亚、东南亚贸易通道。发挥青岛港国际多式联运综合贸易枢纽功能，发展多边转口贸易。

二是建设面向欧亚市场的现代国际贸易集聚平台。借助欧亚关税联盟一体化的政策优势，引进“丝绸之路经济带”沿线的国际贸易平台、区域结算中心、服务外包机构、国际金融机构及中介机构集聚发展，打造欧亚大市场贸易集聚中心。结合中国青岛跨境电子商务综合试验区建设欧亚互联跨境商务平台，推动青岛西海岸亿赞普跨境交易结算中心、京东电商产业园建设。

三是深化与欧亚国家的国际产能双向合作。支持海尔、海信、澳柯玛等有实力的企业在俄罗斯圣彼得堡市和鞑靼共和国喀山市、白俄罗斯中白工业园、吉尔吉斯斯坦比什凯克市合作建设家电加工装配园区；支持双星、永诺皆美等企业在哈萨克斯坦阿拉木图市合作建设橡胶轮胎、现代农业产业园区；与匈牙利中欧商贸物流中心、罗马尼亚康斯坦察港合作建设境外品牌展示、装配加工和港口物流基地；支持海尔、海信、青建、华通等企业与德国曼海姆市合作建设面向欧洲的技术研发、维修服务、品牌中心和海外仓基地。引进中亚国家的航天科技、新材料等高端制造和技术创新项目，推动科技成果转化、智慧创新等产业发展。用好青岛财富管理金融综合改革试验区有关政策措施，拓展与日韩金融机构合作。

四是境内外统筹搭建欧亚经贸合作产业园区联盟。加强与俄罗斯圣彼得堡保税区、哈萨克斯坦阿拉木图工业园、吉尔吉斯斯坦比什凯克工业园、匈牙利中欧商贸物流中心、巴基斯坦旁遮普省青岛工业园、柬埔寨青岛产业园等境外产业园区的对接合作，建立欧亚经贸合作园区合作联盟。建设欧亚产能合作平台和欧亚技术转让互助平台，推动国际产能合作和高新技术合作。

13　矿业

13.1　中国五矿集团公司

中国五矿集团公司是一家国际化的矿业公司，公司主要从事金属矿产品的勘探、开采、冶炼、加工、贸易，以及金融、房地产、矿冶科技等业务，主要海外机构遍布全球34个国家和地区，拥有17.7万名员工，控股7家境内外上市公司。2014年，中国五矿实现营业收入3227.57亿元，位列世界500强第198位，其中在金属类企业中排名第4位。

中国五矿成立于1950年，总部位于北京，曾长期发挥中国金属矿产品进出口主渠道的作用。进入21世纪，公司深入推进战略转型，通过富有成效的国内外重组并购和业务整合，已从过去计划经济色彩浓厚的传统国有企业转变为自主经营、具有较强竞争力的现代企业，从单一的进出口贸易公司转变为以资源为依托、上下游一体化的金属矿产集团，从单纯从事产品经营的专业化公司转变为产融结合的综合型企业集团。目前，公司拥有有色金属、黑色金属流通、黑色金属矿业、金融、地产建设、科技六大业务中心，其中在金属矿产三大核心主业方面，公司上中下游一体化产业链基本贯通，形成了全球化营销网络布局；在三大多元化主业方面，公司优化产业结构，推进产融结合，加速经营布局，逐步提升对核心主业的协同与支撑能力。

作为联合国全球契约组织成员，中国五矿积极践行“全球契约”十项基本原则，勇于承担社会责任，“十一五”期间纳税总额233亿元，累计对教育、赈灾、扶贫等慈善公益事业捐款捐物总值过亿元；中国五矿长期坚持互利共赢，持续为利益相关方创造多元价值，努力实现企业与利益相关方的共同发展。

13.2 中国石化阿达克斯石油公司

2009年8月，中国石化以76亿美元从多伦多和伦敦股票市场整体收购原阿达克斯石油公司，这是中国迄今为止规模最大的海外油气资产并购之一。中国石化阿达克斯公司总部位于瑞士日内瓦，资产主要分布在尼日利亚、加蓬、喀麦隆等国家以及英国北海和伊拉克库尔德地区。公司共有67个勘探开发区块，剩余可采储量（2P+2C）1.2亿吨，员工1135名，来自36个国家和地区。其中，外籍员工占98%，主要来自欧美等国，具有壳牌、雪佛龙、道达尔、埃克森美孚等国际油公司工作背景；中方员工 23 名，占 2%，以高级管理人员为主。公司资产横跨陆地和海洋，海上的产量占 65%，是典型的高度国际化的油气勘探开发公司。

在国务院的关怀下，在国家部委的支持下，阿达克斯公司立足中国石化“国际化战略、资源战略和差异化战略”，积极实施国际化经营，全力促进中国石化海外上游业务的快速增值发展，实现了内涵式高效发展和外延式快速扩充：权益油产量稳步增长，年产原油近 1000 万吨；效益大幅提升，5 年来向中国石化上缴了 30 多亿美元；资产快速扩充，并购壳牌喀麦隆资产实现增值发展，并购塔利斯曼英国公司，实现中国油企首次进入北海富油区。阿达克斯公司成为中国石化海外上游产量规模最大的原油生产基地和效益最好的公司之一，也是中国石化国际化程度最高的油气勘探开发公司。

阿达克斯公司注重国际化声誉管理，通过开展多元文化融合，积极落实社会责任，对环境、安全和员工的利益负责，得到了资源国政府、当地人民以及员工的高度认可。通过中国石化 Addax 基金会积极参与公益事业，提升了中国石化高度负责任的国际化品牌和声誉。

2011 年和 2013 年，阿达克斯公司的文化融合和高效管理案例先后两次成为国资委中央企业海外并购整合发展经验交流材料；2012 年，瑞士洛桑国际管理学院 IMD（世界排名前三、欧洲排名第一）将中国石化成功并购整合阿达克斯公司经验编写为 MBA 全球经典案例；2013 年 7 月 6 日，阿达克斯公司荣获“瑞士 2013 年度最佳中国投资者奖”。

根据中国石化国际化战略和集团公司党组的要求，阿达克斯公司将会继续充分利用好自身高度国际化的平台优势，坚定不移地走“集群化、区域化、规模化”发展之路，加快打造中国石化海外开放式的国际化资产增值发展平台，成为具有世界领先水平的中国石化海外国际油公司。

13.3 中国有色金属建设股份有限公司

中国有色金属建设股份有限公司（以下简称“中色股份”，英文缩写为 NFC）1983 年经国务院批准成立，主要从事国际工程承包和有色金属矿业资源开发。1997 年 4 月 16 日进行资产重组，剥离优质资产改制组建中色股份，并在深圳证券交易所挂牌上市（证券代码：000758）。公司连续数年被《美国工程记录》杂志评选为全球 225 家承包商和 200 家设计公司之一，2008 年获评中国机电产品进出口商会首批大型成套设备 AAA 级信用等级企业和中国对外承包工程 AAA 级信用等级企业。连续荣登年度中国主板上市公司价值百强榜；累计 13 次当选深证 100 指数样本股；以优异成绩荣获“第十届（2007 年度）中国上市公司金牛奖百强、成长性百强和股东回报百强”3 项大奖；2008 年，入选中国最具竞争力的上市公司 20 强（第 16 名）。

中色股份是国际大型技术管理型企业，在国际工程技术业务合作中，本着“诚信为本、创新为实、追求卓越”的企业宗旨，凭借完善的商务、技术管理体系，高素质的工程师队伍以及强大的海外机构，公司的业务领域已经覆盖了设计、技术咨询、成套设备供货，施工安装、技术服务、试车投产、人员培训等有色金属工业的全过程，形成了“以中国成套设备制造供应优势和有色金属人才技术优势为依托的，集国家支持、市场开发、科研设计、投融资、资源调查勘探、项目管理、设备供应网络等多种单项能力于一身”的资源整合能力和综合比较优势。在有色金属矿产资源开发过程中，中色股份把环保作为主要考虑因素，贯彻于有色金属产品生产的各个环节，使自然资源得到更加合理的有效利用，促进社会经济发展，使人与自然更加和谐。

14 商会协会

14.1 中国五矿化工进出口商会

中国五矿化工进出口商会于1988年9月1日在北京成立，是在国家民政部注册的商务部的直属单位。中国五矿化工进出口商会有会员6000多家，集中了本行业经营进出口贸易的企业。会员的经营范围涵盖了黑色金属、有色金属、非金属矿产及制品、煤炭及制品、建材制品、五金制品、石油及制品、化工原料、塑料及制品、精细化工品、农用化工品和橡胶及制品等五矿化工商品。会员企业每年进出口总额在本行业中占据了近30%的比重，每年有250多家会员企业进入全国进出口额500强之列，基本代表了我国五矿化工行业的整体实力和水平。

中国五矿化工进出口商会的主要职能：遵守法律、行政法规，依照章程对会员的进出口经营活动进行协调指导；维护进出口经营秩序和会员企业的利益；组织对国外反倾销案的应诉工作；进行国内外市场调研，为会员企业提供信息和咨询服务；公正地调解会员企业之间的贸易纠纷；向政府积极有效地反映会员企业的要求和意见，并主动对政府制定政策提出建议；认真监督和指导会员企业守法经营；根据主管部门授权，组织进出口商品配额招标的实施；海外能矿投资的协调与促进；参与组织出口商品交易会；向政府有关执法部门建议或直接根据同行协议规定，采取措施惩治违反协调规定的会员企业；履行政府委托或根据会员企业要求赋予的其他职责。

14.2 清华房地产总裁商会

清华房地产总裁商会由全联房地产商会和清华大学联合发起成立，其核心成员由清华大学房地产总裁班学员构成。自2003年成立以来，迄今已有10多年历史。

目前，商会拥有房地产开发、投资、运营等各类企业会员4000余名，其中国有企业、上市公司、集团控股企业400多家，会员企业所在区域遍及国内200多个核心城市。商会已成为目前国内规模最大、直属会员最多、联系最紧密的行业商会之一，是“推动中国房地产产业升级的一支新生力量”。商会由班级分会、区域分会、专业委员会构成。现有班级分会50多个，区域分会6个，专业委员会12个。服务体系涵盖金融投资、联合（土地）开发、国际合作、专业服务等内容，已经形成了“培训+俱乐部+投资基金”三位一体的成熟发展模式。

自2002年起，商会下设华房商学院已开发清华大学房地产总裁高级研修项目、清华大学房地产总裁专题研修项目、清华大学房地产职业操盘手高级研修班、“华房国际房地产投资基金”全球精选课程等项目，培训内容涵盖房地产金融、产业地产、土地一级开发等与房地产行业密切相关的内容，积累了丰富的办班经验，严谨的课程体系，雄厚的师资力量，铸就“中国房地产高端教育项目首选品牌”，成为中国房地产高端培训的引领者。

自2007年起，商会与全国几十个城市展开深度战略合作，成功运营多个土地一级开发项目。在新城镇化建设的背景下，面向产业地产发起深入合作，在文化创意、工业园物流园建设、农庄经济、养老地产、旅游地产等多个方向，积聚了一批领头企业和众多的优质专业服务企业，也在与地方政府合作方面积累了大量经验。

自2009年起，商会下设的“华房系”基金已在香港、成都、重庆、海南、北京、深圳、上海7个城市成功落地，投资运作项目100余个，每年投资金额逾百亿元，是目前房地产行业内成立最早、发展十分稳健的基金公司，已成为国内房地产私募基金的先行者、创新者与实践者。

自2011年起，商会发起全国范围内的百城联动计划，重点布局新型城镇化建设背景下的地产投资开发战略转型。目前，商会区域联合开发投资成员企业已超过百家。此外，商会还为广大会员企业提供集中采购、战略投资、项目咨询评估、法律事务顾问等多方面的专业技术服务和平台支持。

14.3　中国开发性金融促进会

为促进开发性金融社会化，建立开发性领域的广大企业与各级政府、金融机构、科研院所的交流合作平台，更好地运用开发性金融方法推动市场建设、信用建设和制度建设，服务我国工业化、信息化、城镇化和农业现代化同步发展，服务我国开发性金融领域的各类市场主体，促进政府、市场、企业、金融合作，共同推进开发性金融事业发展，国家开发银行发起成立中国开发性金融促进会。2013 年 4 月，中国开发性金融促进会正式成立。

国家开发银行在近 20 年的实践中，把中国国情与国际先进金融原理相结合，探索出一条有中国特色的开发性金融之路，形成一套独特的开发性金融理念和方法，成为我国经济社会发展全局和金融体系中不可替代的重要力量。今天的开行发展成为我国最大的中长期投融资银行、最大的债券银行、最大的对外投融资合作银行和全球最大的开发性金融机构。

第十二届全国政协副主席陈元任促进会会长，促进会自成立以来，根据陈元会长“上为国家分忧，下为会员解愁，与开行协同发展”的办会方针，积极探索支持经济社会发展的新模式：一是开展“融资、融智、融商”综合服务，把促进会“融商”（招商、投资、并购等）与开行“融资、融智”相结合，协助企业完善产业链，帮助地方政府打造产业生态圈。目前，内蒙古包头、浙江台州等地“三融”试点效果显著。二是创办并连续举办六期开发性金融大讲堂，包括与中国城投公司联络会举办的“开发性金融与中国城市化”，与中国新闻文化促进会举办的“以开发性金融助推文化发展”研讨会，以及中法养老产业合作洽谈会等，大讲堂已成为集研究、宣介、项目对接等为一体的综合平台。三是以上海远东资信评估有限公司为平台，为会员企业提供规划、咨询、评级等服务，汇聚标普、穆迪、联合信用等国内外评级机构举办信用建设论坛，为构建民族品牌评级机构、服务民族企业评级需求奠定了基础。四是深化与行业协会、社团组织合作，与中国新闻文化促进会签署《合作备忘录》，与中国扶贫开发协会推进产业扶贫等领域合作。促进会还将在设立城市发展和产业基金，参与多层次资本市场建设等领域不断创新，为会员提供更丰富的综合服务。

中国开发性金融促进会实施会员与开行客户一体化管理，推动符合条件的会员向开行客户转化；在开发性金融理论和实践研究、开发性金融社会化与国际化、产学研交流、银政企合作等领域与开行协同发展，共同为开发性领域的广大企事业单位提供规划、投融资、信息咨询、信用评级、产业链合作等综合服务。

促进会发挥“提供服务、反映诉求、规范行为”功能，通过与其他行业协会、社团组织合作，创办论坛、投资洽谈会等社会平台，组织培训、讲座、经验交流等活动，为会员间的合作铺路搭桥；通过调查研究，向政府和有关机构建言献策，为会员发展争取更有利的政策环境。同时，促进会将建设信息化便捷高效的会员交流与合作平台，以社团自律引导和规范会员稳健经营和健康发展。

14.4 中国医药创新促进会

中国医药创新促进会成立于1988年，是经国家民政部登记注册的非营利性全国性一级社会团体组织。

目前，中国药促会有会长及会员单位60多家，主要由三方面的成员构成：一是在医药创新方面具有代表性的民族医药企业；二是从事医药研发的高等院校和科研院所；三是在新药临床研究领域具有较高水平，特别是承担“重大新药创制”科技重大专项新药临床评价研究（GCP）

技术平台的临床医疗机构。中国药促会将努力建设成为以研发为核心，以创新为宗旨，以临床需求为导向，“产学研用”紧密结合的促进医药科研开发的社会团体。

中国药促会的工作内容主要包括：一是通过举办各种论坛、发布会、大型会议等促进会员单位乃至整个医药产业互相交流、创新发展；二是通过与美国药品研发和制造商协会（PhRMA）等国外协会和外国驻华使馆合作，共同寻求推动中外医药产业领域的合作交流，为会员单位搭建国际交流平台；三是为会员单位提供医药信息搜集、整理、评价、咨询的服务，包括编辑双月刊刊物《医药科研开发信息》和《医药信息简报》《国际医药产业发展动态与研发信息简报》《行业热点评析》等内部电子刊物以及建设药促会官方网站等内容；四是开展医药政策研究工作，在卫生部、商务部、工信部、国家食品药品监督管理局等有关政府部门和医药科研学术机构和企业的支持下，为医改事业和医药产业发展建言献策。

14.5　北京市律师协会

北京市律师协会是依法成立的社会团体法人，是北京律师的自律性行业组织，依据《中华人民共和国律师法》《律师协会章程》，对北京执业律师实行行业管理。

北京市律师协会始建于1952年，恢复于1979年8月10日，1982年4月召开了第一次北京律师代表大会，宣告北京市律师协会正式成立，通过了北京市律师协会第一个《章程》。这是北京律师制度发展史上的一座里程碑。

从第一次北京律师代表大会到第三次北京律师代表大会，每届为4年，律师协会的领导都由司法行政官员担任。1995年第四次律师代表大会进行了改革，改为每届为3年，律师协会的会长、副会长、常务理事和理事全部由经代表大会选举产生的执业律师担任。2005年3月，第七次律师代表大会对律师行业管理体制进行调整，取消了常务理事会，会长由全体代表直接选举产生，形成了以律师代表大会、理事会、会长会议为主的三级组织构架，建立了代表常任制。截至2008年年底，协会共有团体会员1211家，个人会员18635人。

北京市律师协会的宗旨是：团结和教育会员维护宪法和法律的尊严，忠实于律师事业，恪守律师职业道德和执业纪律；维护会员的合法权益，提高会员的执业素质；加强行业自律，促进律师事业的健康发展，为依法治国，建设社会主义法治国家，促进社会的文明和进步而奋斗。

14.6　新疆律师协会

新疆律师协会始建立于1980年。1982年召开了新疆第一次协会代表大会，协会建立之初只有律师事务所71家、律师204人，新疆律师的业务基本以刑事诉讼案件为主。自新疆第五届、第六届、第七届律师代表大会以来，新疆律师协会加强了自身建设，积极开展了各项工作。

新疆律师协会于2012年4月召开了第八次律师代表大会，选举产生了由69人组成的理事会和23人组成的常务理事会，首次由执业律师担任会长。现有会长1人、副会长6人。截至目前，已经成立了15个地方律师协会，一个律协联络部，一个直属分会。

加强各专门、专业机构建设。新疆律师协会现有专门委员会18个：律师事务所规范建设指导委员会、律师参政议政工作协调委员会、复查委员会、扶持发展基金管理委员会、互助金管理委员会、青年律师工作委员会、宣传联络委员会、规章制度建设委员会、直属分会（新疆律师协会直属所工作委员会）、行业发展战略委员会、会员事务及文体福利委员会、律师权益保障委员会、律师业务指导及继续教育委员会、执业纠纷调处委员会、新疆女律师联谊会、惩戒委员会、财务管理委员会、少数民族律师工作委员会。专业委员会12个：民商专业委员会、刑事专业委员会、行政专业委员会、建筑房地产专业委员会、金融专业委员会、知识产权专业委员会、涉外法律专业委员会、公司及证券专业委员会、未成年人权益保障专业委员会、法律援助专业委员会、劳动法与社会保障专业委员会、消费者权益保障专业委员会。目前，参与各专门、专业委员会工作的律师达260人。

14.7　北京江苏企业商会

北京江苏企业商会是由江苏省在京企事业单位自愿联合发起成立，2006年5月经北京市社会团体登记管理机关核准注册登记的非营利性社会团体，接受业务主管单位江苏省人民政府驻北京办事处、社会团体登记管理机关北京市民政局的业务指导和监督管理。

北京江苏企业商会作为依法注册的社会团体法人，遵照中华人民共和国相关法律、北京市相关法规和商会章程，本着“自愿入会、自聘人员、自筹经费、自理会务”的原则，由加入商会的企业家自主管理、资助运作。现有团体会员四个（北京苏州企业商会、北京无锡企业商会、北京徐州企业商会、北京江阴企业商会），分会六个（建筑分会、靖江分会、淮安分会、金坛分会、沛县分会、兴化分会），会员企业2000余家。另设五个专门委员会为会员企业提供针对性专业服务：金融投资专委会、科教卫专委会、文化艺术专委会、法律维权专委会、商务合作专委会。

北京江苏企业商会始终遵循“凝心聚力，创新共赢”的宗旨；引导会员企业遵守宪法、法律、法规和国家政策，遵守社会道德风尚；以诚信为本，服务为基，团结全体会员企业，通过开展合作交流，开展各项活动，服务会员企业、服务家乡、服务社会，促进江苏、北京两地经济发展、社会和谐、文化繁荣；努力成为北京江苏两地经济技术合作的桥梁和纽带。

14.8　北京浙江企业商会

北京浙江企业商会，由在京浙籍企业家代表组成，经北京市民政局社团管理办公室登记注册，于2001年3月11日成立的非营利性社会团体，主管部门为浙江省人民政府驻北京办事处，指导部门为浙江省经济技术协作办公室。商会以“服务企业、服务会员”为宗旨，以“民主办会、两级办会”为方针，致力于推动京城50万浙商的共同发展。经过7年多的发展，商会不仅成为浙商共同议事解难的桥梁和维护浙商合法权益的平台，也成为凝聚浙商共同价值观、促进浙商紧密团结，连接京浙两地的桥梁和纽带。商会现有遍布北京各个区县的会员单位4000多家（含四个分会组织和一个团体会员单位）。会员单位涉足房地产开发、专业市场批发、服装、餐饮、珠宝、百货、建筑、钢铁、能源、文化产业、矿产等各个行业和领域，现已形成了市场专业化、产业规模化的投资特色。在商会“义利兼顾，德行并重”的倡导下，各会员单位不仅为首都经济增长和市场发展贡献了智慧和力量，而且在与京城商业文化的对接与融合中，成为了既有自身人文传承又与全球接轨的商业文明模范，成为新商业文明的积极塑造者和促进首都经济发展的一支重要力量。

14.9　中国对外承包工程商会

中国对外承包工程商会是由在中华人民共和国境内依法注册从事对外承包工程、劳务合作、工程类投资及提供相关服务的企业和单位依法自愿组成的全国性、行业性、非营利性的社会组织，代表行业，具有社会团体法人资格。

中国对外承包工程商会遵守国家宪法、法律和法规，遵守社会道德风尚，执行国家方针、政策，致力于促进我国对外承包工程、劳务合作、工程类投资及相关服务行业的发展。

商会职责包括：

（1）代表行业利益，表达行业意愿。参与相关法律法规、产业政策、技术标准和行业发展规划的制定，向政府反映会员的合理建议。代表行业进行对外交涉，维护会员企业及劳务人员的合法利益。

（2）实施行业自律，维护经营秩序。制定行业行为规范和公约，协调会员业务和会员关系，开展行业信用体系和社会责任建设，维护国家利益，维护经营秩序，保护公平竞争。

（3）开展专业服务，满足企业需求。开展行业研究，提供信息、咨询、培训服务，协助企业解决业务问题，组织市场考察和开拓活动。

（4）加强国际交流，促进同行合作。代表本行业参加国际同行业组织，出席有关国际会议，与相关国际组织和地区、国家同行业组织建立联系，促进行业的国际合作。

（5）履行政府委托的、会员共同要求的及行业发展所需要的其他职责。

14.10　中国石油和化学工业联合会

中国石油和化学工业联合会（以下简称联合会，英文为 CPCIF），是由石油和化工行业的企业、事业单位、专业协会、地方协会等自愿联合组成的自律性、非营利性的社会团体，是具有服务职能和一定管理职能的全国性、综合性的行业组织。主要任务是以行业发展为宗旨，对内联合行业力量，对外代表中国石油和化工行业，促进行业技术进步和产业升级，加强国际经济合作与交流，推动石油和化学工业更快发展；反映企业呼声，维护企业权益，为会员单位以及石油和化工全行业服务；加强与政府部门沟通，在企业和政府间发挥桥梁纽带作用。

联合会的主要业务包括：承担进口原油使用权资质审核和油品质量升级工作；规范行业行为，加强行业自律，维护行业利益和市场公平竞争；调查研究行业经济发展态势，向政府提出有关产业政策、经济立法和发展战略等方面的建议；开展行业数据统计与分析，定期发布行业信息；参与制定行业规划，对行业的重大投资与开发、技术改造、技术引进项目进行前期论证；开展国内外经济技术交流与合作，组织展览会、技术交流会与学术报告会等；参与相关产品市场建设，开展知识产权保护、反倾销、反补贴、打击走私等咨询服务工作。组织重大科研项目推荐、科技成果的鉴定和推广应用；参与制定、修订国家标准和行业标准，组织贯彻实施并进行监督；开展质量管理，参与质量监督等。

14.11 中国对外贸易500强企业俱乐部

中国对外贸易500强企业俱乐部主管部门为中国对外经济贸易统计学会，学会成立于1993年6月，是商务部领导和管理下的全国性非营利社团组织。主要负责开展对我国商务统计工作的调查、搜集、汇总、分析工作，为企业会员“走出去”拓展国际市场提供统计数据和调研支持。

俱乐部与亚洲区、亚欧区、拉美区、非洲区的80多个驻华使馆建立了合作关系，为俱乐部会员企业提供国别投资环境政策咨询。在500强企业中选择在相关区域和国别有丰富投资及运营经验的企业负责人，作为俱乐部的企业顾问，从企业的实际需求出发，与会员企业分享国别投资贸易经验，提示风险。

俱乐部与各国的主要银行有广泛的合作，邀请尼日利亚第一银行、智利银行、马来西亚银行、秘鲁国际银行等国别金融机构为金融顾问，为会员企业了解国别金融环境与风险提供顾问服务。

俱乐部的主管部门中国对外经济贸易统计学会作为商务部数据统计、调研的学术机构，可以根据会员企业拓展国别市场的需要，俱乐部整合政策、金融、法律、管理等顾问资源，定制国别市场研究报告。目前正在开展的专项研究有《一带一路沿线国家投资经商环境报告巴基斯坦篇》《中国企业走出去调研报告》《商务指标简要统计》等。

15 教育培训

15.1 商务部国际商务官员研修学院

商务部国际商务官员研修学院是商务部直属的唯一教育培训机构，由原外经贸部管理干部学院、亚太地区国际贸易培训中心合并而成。学院的主要职责是负责全国援外培训协调管理、援外培训执行、商务领域业务培训、党校培训和会议服务。

研修学院以服务商务发展为大局，以高度的政治责任感，认真做好全国援外培训项目管理和执行工作。根据商务部赋予职责，自 1998 年以来，学院承担对全国援外培训项目承办单位有关培训项目立项之后的管理、协调、监督与评估工作，均圆满完成工作任务。

自 1998 年以来，学院重点工作是开展对外援助项下的援外培训，承办了数百期发展中国家官员研修班，培训了来自世界 160 多个国家和地区的近两万名官员，其中包括部分部级及以上官员，工作语言涉及英语、法语、葡语、阿拉伯语、老挝语、俄语、西语、朝鲜语 8 种语言。

商务领域业务培训方面，学院紧紧围绕商务中心工作和热点问题，积极为商务部机关司局和地方政府量身定制开展多层次、多领域的干部人才培训，高质量地完成驻外人员培训、任职培训等培训班和专题特色培训班。另外积极开展国际合作，与国外知名培训机构探讨合作开展国际培训事宜，为学院进一步迈向国际化奠定基础。

与此同时，研修学院还承担着中共商务部党校培训的具体任务。在部党组及部直属机关党委等有关部门的领导下，党校积极探索新时期工作新举措，创新教学模式，凸显商务特色，增强教学效果。自 2008 年起连续被评为中央党校和中央国家机关分校教学管理先进单位，荣获 2006—2010 年度“优秀办学单位”称号，并获中央党校中央国家机关分校教学 ISO9000 质量管理体系认证，教学科学化管理水平大幅提升。

学院拥有规范的会务服务功能，已通过质量管理体系认证（ISO 9001）和环境管理体系认证（ISO14001），是中央党政机关和北京市党政机关会议定点单位。拥有 19 个不同规格的会议室、研讨室，可进行同时容纳 400—600 人的会议或培训。

学院自成立以来，锐意进取、改革创新、扎实奋斗，坚持“一切为推进我国商务事业的发展，一切为商务教育培训事业服务”的主导思想，培养了大批的优秀人才，为我国商务事业发展做出了积极的贡献。

15.2　国家卫计委干部培训中心

国家卫计委干部培训中心在原卫生部干部培训中心和原国家人口计生委培训交流中心基础上组建，是国家卫生计生委的直属事业单位。

中心组建以来，积极参与拟订并组织实施了国家卫生计生委直属机关管理干部教育培训工作规划和年度计划，并在国家卫生计生委、国家中医药管理局直属机关各单位党员干部教育培训方面开展了大量的工作。中心还承担了卫计委干部教育培训的教学研究、教材开发、教学基地建设和师资队伍建设，协助实施了卫生计生系统管理干部岗位的培训工作和卫生计生系统管理干部远程教育培训系统的研发与实施，并积极参与实施婴幼儿早期发展国家项目等。

中心同时也负责国（境）内外有关机构委托的卫生计生领域干部教育培训，在对外培训方面具有丰富的经验。

15.3　巨人教育集团

巨人教育始于1994年7月18日，是由一所培训机构发展成的大型综合教育集团机构，涉及的领域有教育培训、全日制教育、出版、加盟等。其培训覆盖幼儿、青少年、成人教育领域。集团结构完善、部门设置科学。拥有杰出的管理团队和优秀的师资队伍，同时拥有最具核心竞争力的教学研发队伍。目前开设科目涉及英语、中小学、文体艺术、计算机、职业认证、家教等各个领域，科目多达100余种，遍布范围之广，科目设置之多，在我国民办培训教育领域中独占鳌头，堪称典范。

巨人教育总部在北京，其教学点遍布京城，先后开设海淀总校、朝阳校区、西城校区、东城校区、昌平校区、石景山校区、宣武校区、顺义校区、崇文校区、丰台校区、通州校区等100多处教学区。近年来，巨人教育在上海、武汉、南昌、郑州、石家庄、西安、九江、黄石、吉安、贵阳、南宁、汕头、海口、赣州、包头等地先后成立分校并发展壮大。同时还并购地方大型综合教育培训机构，在全国形成了庞大体系。国际语言培训中心、中小学培训中心、文体潜能中心、冬夏令营中心、幼教中心、家教中心等内部机构日益完善。巨人教育旗下的巨人网下设12大子网站，构建了巨人庞大的网络体系。图书连锁、产品销售等事业拓展风起云涌，发展势头强劲。

15.4 北京传智播客教育科技有限公司

北京传智播客教育科技有限公司是一家专门致力于高素质软件开发人才培养的高科技公司。它依托程序员平台 csdn，整合了国内众多知名软件企业的资源，并邀请跨国公司和国内大中型企业架构师，系统分析师、企业培训师组成自己的团队。传智播客致力于为企业培养人才的培训理念，以“学员自学入门教程，通过基础考核后进行强化培训”为招生原则，以“针对企业需求，重视基础理论建设，强化高端应用技能”为教学目标，以“高薪保证强大的资深教育团队”为教学后盾，解决所有培训学员的后顾之忧，并解决用人企业难以招聘到合格人才的困扰。

北京传智播客教育科技有限公司简称传智播客，其旗舰学校为北京传智播客教育科技有限公司，在成都、广州设有教学中心，同时在山东、河南等地提供教学。

传智播客汇聚了张孝祥、黎活明、方立勋等名家名师，它依托程序员平台 CSDN，整合了国内众多知名软件企业的资源，并邀请跨国公司和国内大中型企业的架构师、系统分析师、企业培训师组成自己的精英团队。

传智播客专注于 Java、. Net、PHP、网页设计和平面设计、IOS、C + + 、网络营销、游戏开发工程师的培养，提供免费视频教程。2007

年，传智播客入选最受网友推崇的IT培训品牌名单。

15.5　大连海事大学

大连海事大学（原大连海运学院）是交通运输部所属的全国重点大学，是中国著名的高等航海学府，是被国际海事组织认定的世界上少数几所“享有国际盛誉”的海事院校之一。

大连海事大学位于中国北方海滨名城大连市西南部。学校占地面积136.6万平方米，校舍建筑面积87万平方米。学校拥有设施和功能齐全的航海类专业教学实验楼群、航海训练与研究中心、水上求生训练馆、教学港池、图书馆、游泳馆、天象馆等；拥有航海模拟实验室、轮机模拟实验室等100余个教学科研实验室，拥有2艘远洋教学实习船。

大连海事大学设有19个教学科研机构。在校本科生、研究生共计2万余人，同时招收攻读学士、硕士、博士学位的外国留学生。并校60多年来，学校为国家培养了各类高级专业技术人才9万余名，其中大多数已成为我国航运事业的骨干力量。

大连海事大学拥有一支整体素质好、层次结构较合理、相对稳定的师资队伍，现有专任教师1309名，其中教授330名，专职博士生导师162名，聘任二级教授34名，三级教授69名，并涌现了大批优秀中青年教师。在海上交通工程、航海信息工程、船舶智能化、船舶动力系统及节能技术、船机修造工程、通信与信息系统、海洋环境保护、海事法规体系等领域，集中了一批专业理论深厚、科研能力较强的知名专家、教授和学术思想活跃、富有创新精神的青年骨干。学校还聘请共享院士7名、“千人计划”教授2名、“长江学者”5名、讲座教授85名、客座教授491名，通过聘请国内外知名专家学者来校开展实质性工作与交流，使大连海事大学师生能够近距离接触各学科前沿理论，进一步拓展了视野，活跃了学术气氛。

大连海事大学十分注重对外交往和校际交流。改革开放以来，先后与俄罗斯、美国、加拿大、日本、英国、韩国、澳大利亚、瑞典、埃及、越南、斯里兰卡等33个国家和地区的114所国际著名院校、单位正式建立合作关系，在合作办学、师生交流、合作科研等方面一直保持着实质性联系，合作的领域正在不断拓宽。2005年3月学校与世界海事大学合作举办的“海上安全与环境管理硕士班”首次招生，进一步提升了学校国际合作办学层次。学校在斯里兰卡科伦坡国际航海工程学院建立了海外校区，并于2007年在斯里兰卡开始招生，实现了我国高等航海教育的首次输出。学校还与多个国际组织和机构保持了长期合作关系，不断拓宽合作渠道，引进相关资源。

15.6　山东师范大学

山东师范大学坐落在历史文化名城济南。建校66年来，学校自觉传承创新齐鲁文化，努力彰显教师教育特色，目前已发展成为一所学科专业齐全、学位体系完备、师资人才充沛、社会声誉优良的综合性高等师范院校。

学校现有25个学院，84个本科专业，9个博士后科研流动站，10个博士学位授权一级学科、29个硕士学位授权一级学科、15个专业学位授权类别，覆盖十大学科门类，学科、专业学位数量居省属高校前列。有1个国家重点学科、1个国家重点培育学科。目前，有全日制学生36456人，其中研究生5309人、留学生211人，另有成人教育学生19390人。

建校以来，培养近40万名合格人才，其中包括一大批爱岗敬业的优秀人民教师和教育管理者，以及许多严谨求实的科学家、德艺双馨的艺术家、远见卓识的政治家和搏击商海的企业家。人才培养质量受到上级主管部门、社会各界的充分肯定和高度评价。

学校是教育部批准的首批外国留学生定点招生单位，联合招收华侨、港澳台地区学生单位，与 22 个国家和地区的 108 所院校建立校际交流合作关系。有本专科中外合作办学项目 11 个。在韩国、肯尼亚、美国、巴西合作建设 4 所孔子学院和 1 所孔子学堂，是全国省属高校和师范院校合建孔子学院最多的高校之一。